北京官话区词汇研究

李薇薇 著

上海古籍出版社

辽宁省社会科学基金重点项目

"辽宁省方言交界地带语言接触变异研究"（L21AYY001）

分省（区、市）地图—河北省

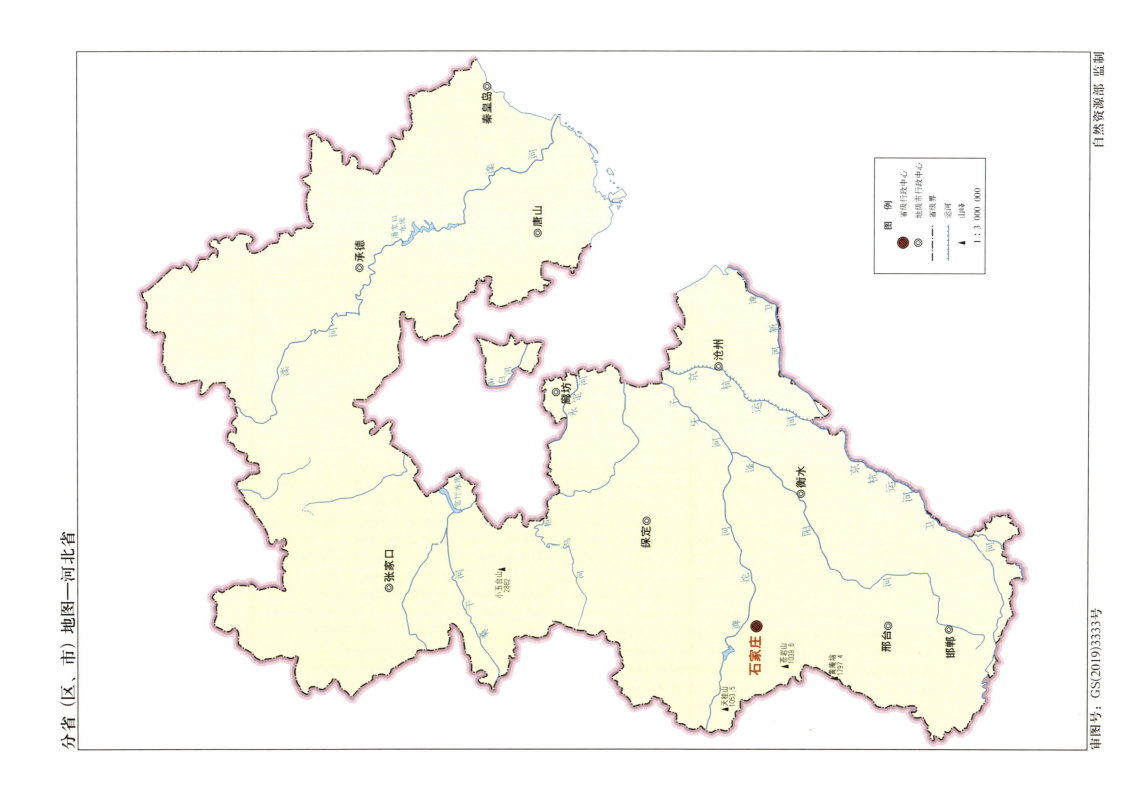

审图号：GS(2019)3333号　　自然资源部 监制

图　例

◉ 省级行政中心
◎ 地级市行政中心
---- 省级界
河 运河
▲ 山峰

1：3 000 000

秦皇岛◎

唐山◎

承德◎

潘家口水库

滦河

滦河

廊坊◎
永定河
北白河

沧州◎
南运河
新河

卫运河

京杭运河

张家口◎

官厅水库

洋河

桑干河

小五台山▲
2882

保定◎

唐河

沙河

滹沱河

衡水◎

漳河

卫河

天桂山▲
1053.5

石家庄◉
苍岩山▲
1039.6

黄崖垴▲
1797.4

邢台◎

邯郸◎

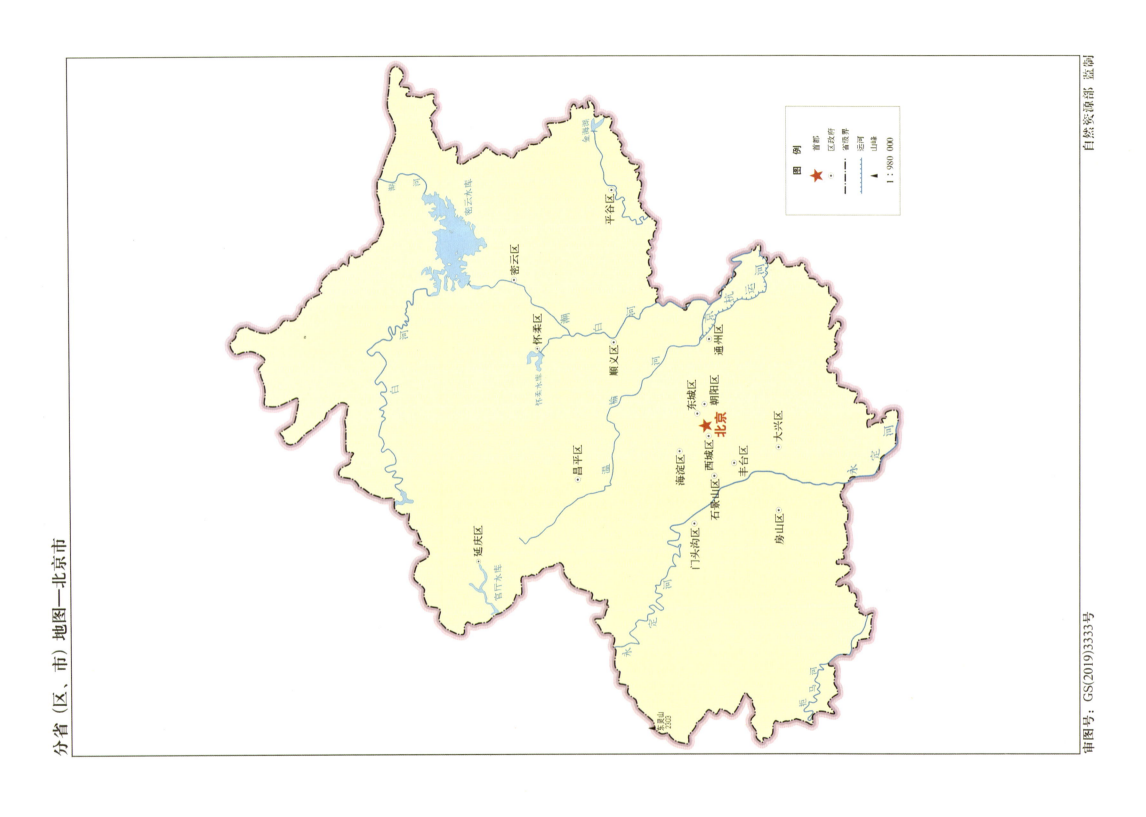

分省（区、市）地图—北京市

自然资源部 监制

审图号：GS(2019)3333号

图　例

首都　★

区政府　·

省级界

运河

山峰　▲

1：980 000

东灵山
2303

密云水库

怀柔水库

官厅水库

金海湖

平谷区

密云区

怀柔区

顺义区

通州区

昌平区

海淀区

东城区

朝阳区

西城区

北京　★

石景山区

丰台区

大兴区

门头沟区

房山区

延庆区

京杭运河

潮河

白河

潮白河

温榆河

永定河

拒马河

白河

桑干河

自然资源部 监制

乌苏里江

力
同
江

兴凯湖

松
花
江

龙
江
江

鹤岗○

双鸭山○

佳木斯○

七台河○

鸡西○

牡丹江○

镜泊湖

黑

伊春○

松
花
江

大秃顶子
1690

黑河○

呼

绥化○

松
花
江

○哈尔滨

嫩

江

乌
裕
尔
河

讷
谟
尔
河

呼
兰
河

大庆○

拉
林
河

齐齐哈尔○

嫩
江

额
尔
古
纳
河

黑
龙
江

图　例

● 省级行政中心
○ 地级市行政中心
—·—·— 国界
—— 省级界
▲ 山峰

1：5 500 000

注：大兴安岭地区行政公署驻内蒙古自治区加格达奇

审图号：GS(2019)3333号

分省（区、市）地图—吉林省

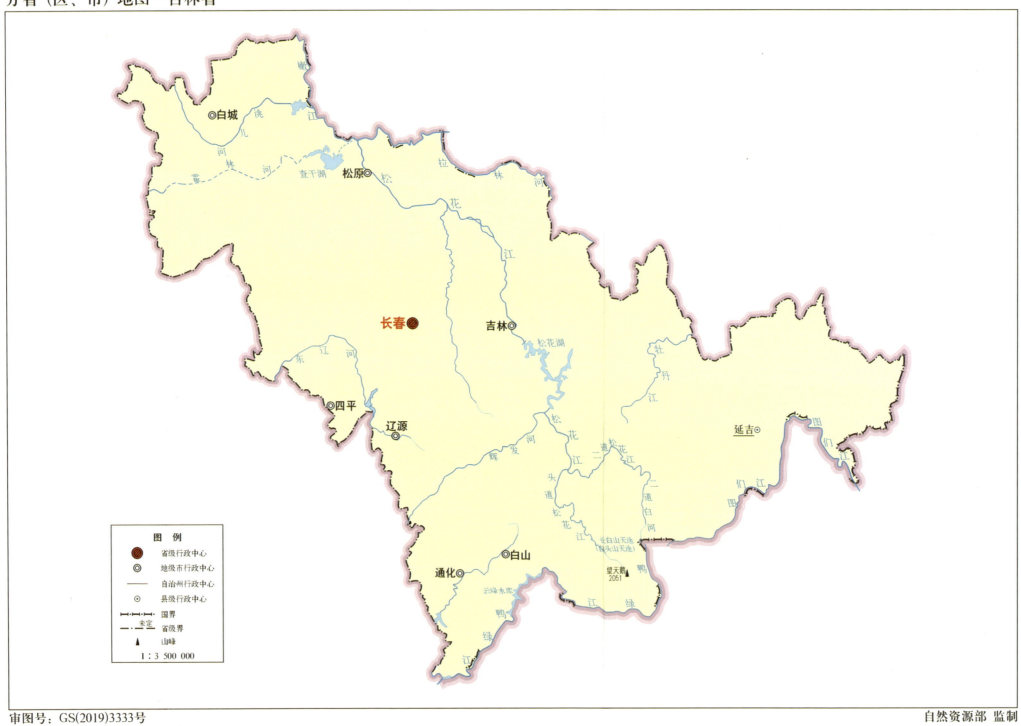

图例
- 省级行政中心
- 地级市行政中心
- 自治州行政中心
- 县级行政中心
- 国界
- 省级界 未定
- 山峰

1：3 500 000

白城

松原

查干湖

长春

吉林

松花湖

四平

辽源

延吉

白山

通化

云峰水库

望天鹅 2061

长白山天池（图头山天池）

审图号：GS(2019)3333号

分省（区、市）地图—辽宁省

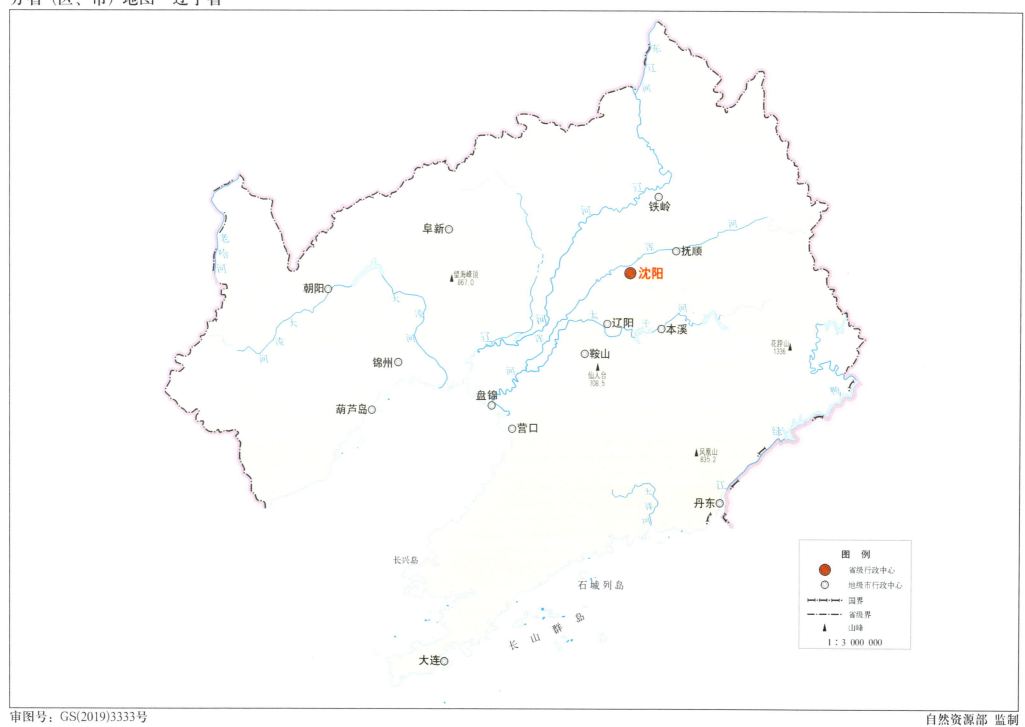

铁岭○

阜新○

抚顺○

望海峰顶
867.0

沈阳

朝阳○

辽阳○

本溪○

花豹山
1336

锦州○

鞍山○

仙人台
708.5

盘锦○

葫芦岛○

营口○

凤凰山
835.2

丹东○

长兴岛

石城列岛

长　山　群　岛

大连○

图　例

● 省级行政中心
○ 地级市行政中心
├─┤ 国界
·—·—· 省级界
▲ 山峰
1 : 3 000 000

审图号：GS(2019)3333号

分省（区、市）地图—内蒙古自治区

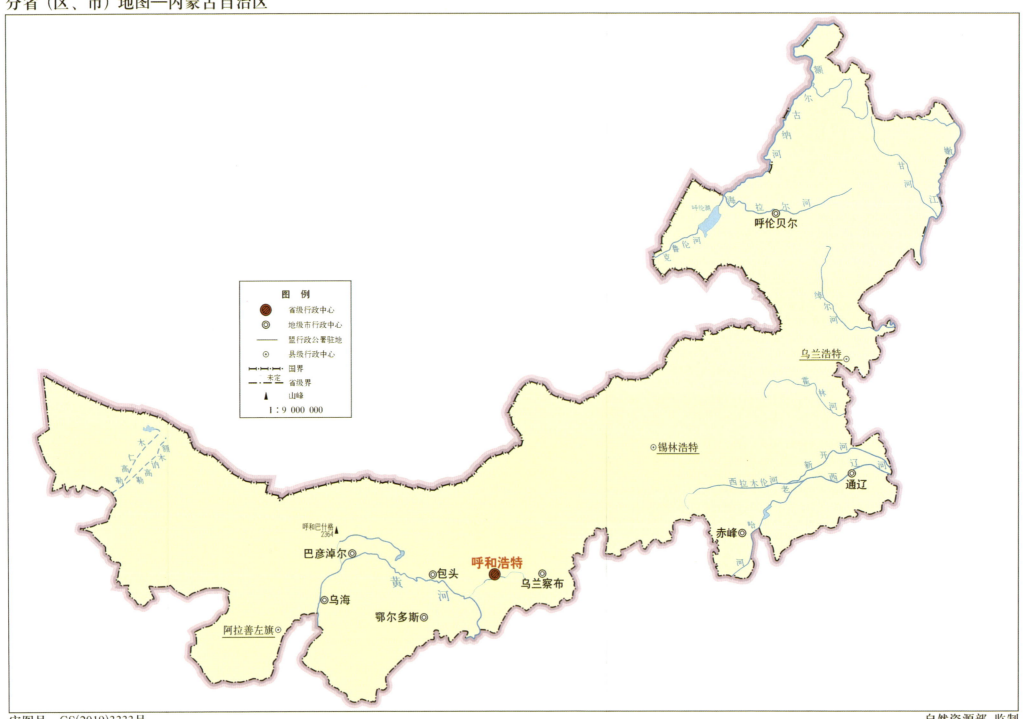

自然资源部 监制

序

戴昭铭

  李薇薇《北京官话区词汇研究》出版，我感到非常欣慰，有一种了却心愿的感觉。为什么呢？事情还得从 1981 年我在复旦大学写毕业论文说起。我的导师胡裕树先生给我定的题目是《现代汉语合成词的内部结构和外部功能的关系》。他借给我一本陆志韦的《汉语的构词法》，叫我回去好好研读。书中的语料都是 20 世纪 50 年代初北京话的词语。我发现这些词语和黑龙江方言的词语一致性程度非常高。因为当时我从浙江天台到黑龙江生活已经有二十来年，对黑龙江方言的词语非常熟悉，所以这一发现使我极为惊奇。再加上原来就有的一种感觉，即北京话在语音上与受其包围的河北话和天津话差别明显，而和遥远的哈尔滨话差别极小，于是我就猜想北京话可能和东北方言有更密切的源流关系。但是猜想归猜想，我深知从学术上加以证明并非易事。因为这要从人文历史、方言比较等多方面着手，工作量相当大。我的研究生同学朱晓农与我所见略同。毕业后他到北京工作，我回黑龙江大学工作。我们俩曾商量找志同道合的人合作，共同完成这件关系到汉民族共同语最近源头的大课题。不久他就在京城找了两位学者，并告诉我只需做北京话与东北方言的词汇关系方面的论证就行。然而不久后我们就读到了林焘先生发表在《中国语文》1987 年第 3 期上的论文《北京官话溯源》。此文尽管并未涉及具体的语言要素的比较，但从人文历史方面毋庸置疑地证明了北京话和东北方言的同源一体关系。于是我们几个都有了"崔颢题诗在上头"的感觉，不想再搞了。其实要想使学界建立共识，还有很多事情可做。几个月后林焘先生又发表了《北京官话区的划分》(《方言》1987 年第 3 期)，从语音尤其是调值上划清了北京官话的界域。2010 年张世方先生又出版了专著《北京官话语音研究》，论证更为详细。不过从词汇方面来作总体论证的研究仍告缺如。然而自己已然垂垂老矣，力不从心了。于是我就把希望寄托在自己的博士生身上。此时恰巧李薇薇从锦州的渤海大学来到黑大读博，我就帮她确定了《北京官话区词汇研究》这个选题。李薇薇的悟性还好，很快就进入了角色。尽管在调查研究和论文写作过程中有过困难和曲折，但总算完成了论证，并顺利通过了答辩。现在，经过修改的这篇学位论文终于要出版面世了，不免使我回想起四十多年前萌生的"初心"以及后来的心路历程。如果没有李薇薇的"接盘",我多年念兹在兹的心愿可能就"烂尾"了。李薇薇的工作使我心悬多年的一块石头落了地,因此觉得欣慰。

书是要出版了,然而李薇薇在书中做得怎么样?能否为学界认可并接受呢?这是一个重要问题。其实,只要读过林焘和张世方等人的相关论著,就知道北京话和东北方言的同源一体性已经不是"猜想",而是没有什么争议的共识了。之所以还要从词汇方面加以论证,仅仅是从科学验证的程序上讲,需要补上从词汇特征上概括而来的证据而已。就此而言,"怎么做"就成了成败的关键。机遇往往给予有准备的头脑。恰逢李如龙先生提出的"方言特征词"理论在学界已经发生影响,我告诉李薇薇研读李如龙的相关论著,以"特征词"的理论和方法解决问题。本书的创造性也正表现在这里。李薇薇在运用李如龙理论的过程中,发现他把"方言特征词"确定在基本概念词范围,认为这可能适用于南方方言的划分,而对北方方言区的划分无效。于是她对李氏理论作了修正,提出了适用于北京官话区划分的"方言特征词"的内涵和特征。其中的要点在于主张"方言特征词"必须是狭义方言词,不限于基本概念词。同时进一步把"方言特征词"分成狭义的和广义的两类:狭义的是"典型的方言特征词",用来划分方言区属;广义的是"非典型的方言特征词",用来判定方言区之间的关系,故又称"关系特征词"。在此基础上,结合工作实践,她又提出了一系列观点、原则和方法,使研究具有可控制性,结果具有可验证性,而不是一般的举例说明和不便验证的主观解释。比如规定狭义的"方言特征词"必须满足在区内的覆盖率广到方言点的70%以上,而在区外的出现率应该低于方言点的30%以下。她用这套方法和标准提取方言特征词,再用所提取的词语去验证北京官话区的存在,并进一步作出区内方言片界域的划分和验证,收到了预期的效果和结论。诚然,文中从各区片内外所提取并确定的"方言特征词"数量的多寡以及具体词项的当否,可能并非没有商讨的余地,然而若要从根本上否定其理论原则的科学性和适用性,以及方法、程序上的逻辑性和合理性,则既无必要,也非易事。由此可见李薇薇在此课题研究中的做法不仅适当有效,而且具有创新性,其成功正来自这一难能可贵的创新。

也许有人会想:不过是把"方言特征词"从基本概念词扩大到非基本概念词,这么点儿创新,何其简单,有那么大作用吗?其实大道至简,深藏的规律往往表现为简单的现象,科学研究就是从简单的日常现象入手探索深邃的原理。举一个简单日常的黑龙江方言词"捡笑"为例。这个动词所指的现象简单而生动,指不经意间遇见他人可笑之举而忍俊不禁。它的含义丰富到把与之近义的"见笑""失笑""好笑""可笑""招笑"等几个词加合起来仍不足以表现其所指情景,尤其是难以包含"不经意"和"忍俊"两层意思。它虽然常用,却肯定不是基本概念词。它还是个离合词,如可以说"捡了个笑""捡不到笑""捡什么笑"等等。如果用它作为方言特征词项来区分黑龙江方言和南方方言,仅此一词就够。用它来区分黑龙江方言和北京话呢？也可能成功。因为迄今所见北京方言辞书都未见收录此词。贾采珠《北京话儿化词典》收有"拾笑儿"一词，词义却是"见人笑也随之而笑"，与"捡笑"大相径庭。那么如果用它来区分北京官话与周边的天津话、河北话和胶辽官话，或者划分东北方言的下属区片，是否也有效用呢？这就需要做文献调查和田野调查。因为我只凭经验，知道黑龙江有这个词，其他更广大的范围未经调查就不能断言。然则显而易见，这样的调查是很费功夫的。从本书中可以看出，作者在文献调查和田野调查上花费的功夫确实不小，而这种功夫正是本项研究建立信度的可靠基础。

古人言：文如其人。这个"文"也包括学术文章。反过来我们也可以说：人如其文。因为文章是人做的，什么样的人做出什么样的文章。学术研究是做事，最终也是做成文章。在这个意义上可以说，什么样的事需要什么样的人去做，什么样的人才能做出什么样的事。事既须人做，事亦成全人。学术著作面世后，展示给学界的不仅是作品，同时还有蕴涵其中的学品、人品。为此，真正的学者面对学界总不免如履薄冰。李薇薇通过此项研究领略了何谓学问，也历练了品性修养。希望李薇薇能不以此书所取得的成绩为满足，一方面保持勤勉好学的品性，同时加强沉潜精细谨严功夫的养成，使今后的每一作品都臻于至善。更希望学界能以赞赏的态度欢迎这位后浪的加入，使她在一个顺利的学术环境里成长。

2024 年 1 月 30 日序于威海

目 录

绪　论

第一节　本研究的意义和价值

官话方言作为汉民族共同语的基础方言，代表着汉语的发展方向，具有其他汉语方言无可比拟的地位和功用。而北京官话因其地理、历史、政治、文化等诸多原因在官话方言中又占据比较突出的地位。现代汉语标准语普通话就是以北京官话区内的北京音为语音标准。词汇标准中的"以北方话为基础方言"实际上主要指的是北京官话。在某种程度上可以说，北京官话的发展方向基本上代表了汉语的发展方向。北京官话的名称最早见于《官话方言的分区》（李荣，1985），此文把官话方言分为七区，"北京官话"属于其中之一，特点是古清入字分归四声。林焘先生在《北京官话溯源》（1987）一文中首次区分了"北京官话"与"北京话"的概念：北京话指的只是北京城区话，北京官话指的是"从我国的东北地区（包括内蒙古自治区的东部）经过河北省东北部的围场、承德一带直到北京城区"这一相当广大的地区内的官话方言，大致相当于原来的东北方言（辽东半岛地区的胶辽官话除外）和北京话的加合。本书采纳前辈和时贤的见解，认为"北京官话区"包括北京市区和各郊县、河北省承德地区、东三省除辽东半岛之外的大部分地区以及内蒙古自治区赤峰等部分地区；"北京官话"即通行于上述地区的方言，包括北京话、东北方言及内蒙古东部地区的汉语方言。

以往对北京官话的研究，较多地沿袭了汉语方言研究的传统，重语音而略词汇和语法。不论是针对方言内外的分区，还是对方言系统内部的描写，不论是方言区内外的共时比较，还是与古代汉语的比较，语音方面的研究成果都比词汇方面丰富得多。而北京官话区词汇的研究，或集中于方言片内词语的汇释与编撰，或泛泛描写某一地区的词汇、语法特征，或限于考释某地区与外民族语言借词，或比较某方言片点词汇与共同语词汇，其成绩毋庸置疑，也产生了一些好的影响，但不足之处也是明显存在的，主要在于：尚缺乏对北京官话词汇系统历时和共时的全面考察。在历时层面，对北京官话词汇系统形成的历史、北京话和东北方言在词汇系统的同源一体性方面仍缺乏全面的总结和论证。在共时层面,对北京官话的词汇研究尚不够系统和全面,方言和普通话的比较研究较多,北京官话与非官话方言、北京官话与他官话方言的比较研究甚少,北京官话区内各方言片、方言点之间差异的研究也尚未展开。在比较研究方面,由于对共同语和方言的语音、词汇与语法的历史面貌和演化过程尚缺清晰的了解,因而往往抓不到要点,未能很好地展现出现代汉语的共性及方言的个性。

本课题的研究目标是分别从历时和共时两个角度论证北京话和东北方言在词汇系统方面的同源一体性。北京官话区自古以来多民族杂居、多元文化交融的人文历史为北京官话词汇系统的形成提供了多民族语言积淀的文化底层。历代的民族迁徙与融合都在词语的借用和变异中留下了痕迹。考察北京官话区词汇系统形成的历史,就是追溯北京官话区的民族融合史。语言史、民族史与文化史之间你中有我,我中有你,相生相长,相互印证。从共时角度考察北京话词汇与东北方言词汇的一致性,就是要从整体上概括出北京官话区词汇系统的特点、提炼出在北京官话区内大体一致,区外相对殊异的方言特征词。这些方言特征词一方面可以成为北京官话区迥异于其他方言区的区别性特征,另一方面也可以从共时角度,为北京话与东北方言的一致性提供词汇分布方面的证明。笔者在对北京官话区内、外70余个方言点实地调查的基础上,统计出本书第二章《北京官话区方言特征词》的分布数据,统计结果进一步证明了北京话与东北方言关系的亲密度要远远高于周边的河北方言及山东方言,北京官话具有较强的对内一致性和对外排他性。

本课题的研究意义和价值在于:

一、有助于汉语史的研究

本书通过梳理移民史、语言接触史,进一步从词汇系统的角度论证北京话与东北方言的一体性,以弥补以往仅单独从语音视角进行论证的不足。语言在不同地域的发展是不平衡的,在某些地方发展得快些,在另一些地方可能发展得慢些。观察词汇的地域差异,可以了解语言历史演变的过程。描写研究当前不同地域方言的词汇面貌,梳理不同地域的词汇差异,可以在共时平面观照词语的历时发展。通过对方言词汇中的承传词、变异词、创新词和借用词的考察,可以更加全面地了解古今汉语词汇的演变过程及规律。相对于其他官话区而言,北京官话区的传世文献资料匮乏且广泛深入的调查不足。此项研究通过记录语言"进行中的变化"来再现和还原历史,可以弥补上述不足。透视历史上已经完成的语言变异的时空联系,便于打通古今,进一步全面深入地认识和了解北京官话和汉民族共同语的渊源关联。

二、为汉语方言分区提供词汇材料的依据

　　方言分区最根本的依据就是各地方言异同的事实,调查和研究各地方言的异同是方言分区工作不可缺少的基础。某一地区的方言特征,只有通过与其他地区方言的比较才能显示出来,所以归纳某地方言的特征,需要了解其他地区方言的特征。考察北京官话的方言特征,离不开与周边其他方言的比较。通过比较,在差异中寻求北京官话的区别性特征,在共性中探求各方言之间的亲疏关系。

　　方言地理是一种人文现象,而不是自然地理现象。方言区域的划分具有一定的人为性和主观性。针对同样的语料,采用的标准和方法不同,所得结果会有所不用。方言的语音特征表现有时与方言的词汇特征表现并不一致,而且在方言分布的中心区域和边缘区域也常常表现不同。因此,仅仅依靠方言的语音特征来划分方言区有时候难免会产生一定偏颇。从方言的词汇特征入手,通过对比北京官话与周边其他官话方言的差异,寻找北京官话内部诸多方言点之间在方言特征词上的一致性,就能进一步确定划分北京官话区的词汇标准,揭示北京官话与周边方言以及北京官话区内部方言片之间的亲疏关系。北京官话区词汇标准的确定,是对语音标准的必要和有益补充,为以语音为主体的方言调查研究和以语音为主要标准的方言分区结果提供证实或证伪的材料,使方言分区工作更具科学性与实证性,从而使北京官话的区划研究得到推进。

三、有助于现代汉语词汇学和汉语方言史研究

　　现代汉语词汇系统包括共同语词汇和方言词汇两个方面,缺少其中任何一方面的研究都是不全面的研究。同语音和语法研究相比较,现代汉语词汇的研究成果显得薄弱,这与现代汉语词汇研究长期以来重视共同语词汇而轻视方言词汇不无关系。考察现代汉语词汇系统不能绕过方言。现代汉语的核心词和基本词的确定范围包括共同语和方言,特别是作为共同语基础的北京官话方言。如《北方话基本词汇集》(陈章太/李行健,1996)中所收的 3 200 多条词语中,经粗略统计,北方话各区共有的为 1 900 多条,约占三分之二,可证北方话词汇内部一致性较强,但该研究没有忽略那近三分之一的差异性词条。这三分之一部分恰可以作为研究方言词汇特征的切入点。这些生命力强、稳固性强、构词能力强且地域特征明显的词语往往可以成为区别一个地区与另一个地区的词语标志。找到了方言基本词汇与共同语基本词汇的共性特征和个性特征,才能对现代汉语基本词汇的特征有较为全面的把握。汉民族共同语词汇系统、词义系统以及造词法系统的研究都应

该借鉴方言词汇研究的成果。立足于共同语和方言词汇的比较研究,共同语和方言在基本词汇上的异同弄清楚了,现代汉语的词汇系统就弄清楚了。北京官话区词汇是北方话词汇的重要组成部分,是共同语词汇的基础。从这个意义上讲,北京官话区词汇的研究是共同语和北方方言词汇比较研究不可忽略的重要环节。北京官话区特征词的提取是共同语和北方方言词汇比较研究的有益补充,北京官话区词汇系统特点的研究可以进一步丰富汉语方言词汇学的研究内容,能够为现代汉语词汇学的研究提供更开阔的视野、更翔实的研究数据,同时为汉语方言史的研究提供有用的佐证。

第二节　国内外研究现状及存在的不足

一、国内研究现状

尽管北京官话概念正式提出于 20 世纪 80 年代,但是对于北京官话词汇的辑录、整理和汇释则始于清末民初,到改革开放以后逐渐形成研究热潮,主要表现在以下几个方面。

(一)方言辞书的编撰

据《北京市著述志·著述卷》载,目前可见的最早记录北京官话语汇的辞书是民国初年的抄本《北京官话详解:特别奇言解口语之笑谈》(浙江冯氏编)。《标准语大辞典》(全国国语教育促进会审词委员会,1935)、《中华国语大辞典》(陆衣言,1940)及《国语辞典》(黎锦熙/钱玄同,1937—1943)等虽不是专门收录北京官话的辞书,但其中北京话词语所占的比重非常大,对于研究北京话很有史料价值。陈刚曾在《北京话语词汇释·序》中评价前二部辞书是反映北京话口语最早的辞书之一。清末民初,东北方言汇的辑录汇释更多集中于官修方志中。一些迁居东北的文人、流人的见闻传记中也有所记载,如《柳边纪略》(杨宾,1707)、《黑龙江外纪》(西清,1810)及《东辎纪程》(聂士成,1893)中都记载了许多东北方中有特色的词语。1949 年,由上海开明书店出版的《北平音系小辙编》(张洵如编,又名《北平儿化词汇》)是关于 20 世纪 40 年代北京口语儿化词的汇编,它从明清以来的京味文艺作品中搜集儿化词 3 000 余条,并在卷首撰文探讨了儿化词词义和语法意义的变化。

1951 年出版的《北京话单音词词汇》(陆志韦编撰)收录了北京话的单音词汇及部分单音词根 6 000 余条,按音序排列,阴阳上去(轻)四声分列,是研究北京话单音词的经典之作。1957 年由中华书局出版的《北京话轻声词汇》(张洵如编著,陈刚校订)是较早研究北京话轻声的专书,其中的 4 000 多条轻声词均来自民间文艺小说和报纸。金受申的《北京话语汇》(1961,商务印书馆)是记录北京口语词汇分量较重的描写性辞书,收词虽仅 900 余条,但不少条目下列多条同义、近义词条,实际词条远不止此。该书 2020 年由北京出版社再版。

20 世纪 80 年代后,研究北京话的辞书纷纷问世,北京话的词汇研究进入一个全新阶段。由宋孝才主编,东京铃木出版社出版的《北京话轻声儿化词语辨义例释》(1983)收词非常丰富,且逐一辨义释例。《北京方言词典》(陈刚,1985)收词 6 329 条,词语使用的时间范围是 1900 年至 1981 年,所收词语除北京土话之外还有一些社会方言词,包括北京口语里独有的根词、在北京话里有特殊读音、特殊含义或特殊用法的普通词语、某些已经流通于北京社会的特殊语、太冷僻的行业术语、土产名称、风土(包括迷信活动)用语、游戏用语、科技方面的北京特有名称、通行于北京口语的借词等。释文对词的感情色彩和使用范围进行了标注,用〈褒〉、〈别〉、〈讳〉、〈宫〉、〈江〉、〈旗〉、〈反〉等分别表示褒义、别名、讳饰语、宫内用语、江湖用语、早年旗人用语、反语。在词条的排列上,以单词作为首列,把由单词组成的短语、熟语放在其中主要单词下面作为次列成分。轻声排在同形的非轻声后面。

《北京话语词汇释》(宋孝才,1987)是在《北京话语词例释》(1982)基础上增补而成的,收词 5 028 条,不收当下北京人口语中不再使用的方言土语,大量增收了北京地区近年产生的新语汇。张继华编著的《常用口语语汇》(1988)实际收录的都是北京口语语汇,收词语 1 000 余条,条目大部分出自现当代作家反映北京市民生活的代表作品。

《北京话儿化词典》(贾采珠,1990)是新中国成立后研究北京话儿化现象的首部著作,在音系的辨别和儿化韵数目的确定上,甄别、汲取了语音学的各种研究成果,收词近 7 000 条,依据词语发生儿化的音节的实际读音进行排序,并适当引证口语和书面语用例。书后有两个附录《北京话儿化与非儿化词语辨析》(约计 260 多条)、《北京话儿化音节表》,以此可以了解北京话儿化现象的全貌。2019 年出版的《北京话儿化词典》(增订本)增加了 500 多条儿化词语,有意增收了一些体现北京民俗、风土人情、独门儿手工艺、著名街巷、景区、城池的词语。如"花儿市""大栅栏儿""燕京八景儿""四九城儿""八大胡同儿""门墩儿""月亮马儿""鸽哨儿""绒鸟儿""鬃人儿"等。增订本修改了旧版本中一些意思不明确或失误的条目,对一些不太容易理解的老词儿、老旧事物作了适当解释,丰富了词典的知识性。有的词条还采用了书证补充释义,使词条的释义更加完善充实。

徐世荣编著的《北京土语词典》(1990,北京出版社)收词语 10 000 余条,不限单词,也收词组、熟语(不包括歇后语)等,包括当代"常用土语"和 1949 年前的"旧京土语",为研究北京话和北京民俗史汇聚了丰富的资料。书前作者代序称《北京土语探索》详细介绍了北京土音、北京土语、北京话语法的特殊之处。

齐如山的《北京土话》出版于 1991 年,其成书时间则在 20 世纪 40 年代,其中北京话词语来自各行各业各阶层的北京人日常口语,年代可上溯清朝中叶,下至民国初年。全书按名词、动词、形容词、成句(成语、熟语等)分成五章,其中第三章动词(下)已遗失,仅存条目,每条词语都有简单注释和例句,而且对部分词语的来源及出现年代均有考据,很多在当代北京话中已经消失的词语都能在这本辞书中找到记录,是研究北京话源流及北京近代社会历史的珍贵资料,例如:"犯抅(音茄)"注:"凡皇帝给的体面自己未得而私用者,不曰犯法,而曰'犯抅'。""改透咧"注:"改者贬也、糟蹋也……此语于光绪末年始由天津传来。""刮刮叫"注:"此语从前无之,清末始由南方传来。""抠门"注:"啬吝也……此二字民国初年始有之。""下三烂"注:"此语来自粮店磨房,因磨麦子面须磨五六次,面质方能出净,一次名曰一烂。……前几次的面较白,后两三次麸子亦烂,混入面中,则面较差矣。"

常锡桢的《北京土话》(1992)写作于 20 世纪五六十年代,分为土语类注、俏皮话例解、俗谚试说、旧儿歌选录、北京话的点滴研究及北京旧事几部分,其中土语类注又分为名词、形容词、动词、特别归类的词语几类,每类下面再分义类逐条进行注释。这部著作如同一幅生活画卷,生动地勾勒出了老北京的人情、风物、市井、民俗,是了解老北京语言文化不可忽略的丰富资料。以上两部《北京土话》的不足之处都是词条的排序上不甚合理,没有规律,查询起来较为困难。

《现代北京口语词典》(陈刚/宋孝才/张秀珍,1997)收词 11 000 余条,是陈刚从 20 世纪 40 年代起收集积累的北京话语词和宋孝才、张秀珍十余年来所收集研究北京话口语词的汇总。

21 世纪以来,董树人的《新编北京方言词典》(2010)在收词范围上依据当下北京辖区的现实状况,增加了郊区和北京方言片的词语,收录了许多现有北京话词典不收,河北方言词典也不收,但却活跃在京郊农民生活中的词语,如"打尖儿""翻秧""卫生田""爪镰""拿楼""看秋""布粪""落穰"等。对民俗词语的关注较多,如"殃榜""送三""吊纸""孝头""浆汁膏""倒头饭""倒头纸""催妆""过礼""喜歌儿"等。收词以时年 70 岁左右的北京人还在使用或虽不用但能听懂为时间上限,是对 20 世纪北京话研究成果的延续和有益补充。对于学界的研究成果,该词典也能够很好地择取,如北京话第二人代词"您"的第三种释义"在两性之间,表示距离",以及把"蛛丝马迹"中的"马"解释为"灶马"等,就是对语言学界研究成果的吸收。

高艾军、傅民主编的《北京话词典》(2013)收词侧重常见的北京方言词语,所有的条目及其例句都来自作品,所有的释义都有相应的文本资料支持。结合作品考察本字是其另一特色,如依据《红楼梦》确定词形为"替另"而非"提另",使字义与词义的关系一目了然。

周一民的《北京现代流行语》(1992)是首部描写汉语流行语的专著,收录了 20 世纪

80 至 90 年代的北京流行语 400 余条。《北京俏皮话辞典》(周一民,2000)收录的俏皮话包括谚语、歇后语和口头惯用语三种类型,对于北京民俗研究具有重要意义。21 世纪以来,侧重描写北京话中已经消失或即将消失的词语的专著不断问世,如《远去的词汇》(王秉愚,2005)、《老北京方言土语》(王子光/王薇,2008)、《老北京风俗词典》(王秉愚,2009)等。还有着重描写京西生活的词语汇编《京西斋堂话》(张万顺,2007)、有侧重北京话构词理据研究的《北京方言词谐音语理据研究》(刘敬林/刘瑞明,2008)等,北京话词语的研究逐渐由单纯记录描写向专题研究深入。

东北方言辞书的编撰,起步较晚。最早的当属《常用东北方言词浅释》(刘禾,1956),这部词典以吉林方言为主,收常用词语 1 000 多条,基本上反映了东北方言的总体风貌。20 世纪 80 年代以来,东北方言词典的编撰喜结硕果,一批有特色、高质量的辞书相继问世。《奉天通志》(王树楠/吴廷燮/金毓黻,1983)中收录的大量东北方言词语,成为目前所见地方志中收录东北方言最全面最系统的记载。其他词典如:以辽宁方言为主,收词3 500 多条的《简明东北方言词典》(许皓光/张大鸣,1988);以黑龙江、吉林方言为主,辽宁方言次之,收词 7 500 余条的《东北方言词典》(马思周/姜光辉 1991);以吉林方言为主,收词 6 000 余条的《关东方言词汇》(王博/王长元,1991);以辽宁方言为主,收词近千余条的《关东文化大辞典》(李治亭,1993);以黑龙江方言为主,释例皆有书证的《东北方言口语词汇例释》(王树声,1996)等。个别省、市的方言辞书、方言专著成果也较为丰富,如《黑龙江方言词典》(刘小南/姜文振,1991)、《哈尔滨方言词典》(尹世超,1997)、《黑龙江方言词汇研究》(聂志平,2005)、《黑龙江站话研究》(陈立中,2005)等,专书专题的研究显示出东北方言的研究进一步走向系统性,学术背景在不断加深的特点。上述研究在词源理据、造词特征、民俗风物、考据本字等诸多方面取得了可喜的成绩。2012 年尹世超主编的《东北方言概念词典》在前述研究成果的基础上,收词 12 000 多条,除了按词类和熟语进行体例编排外,还利用北京大学计算语言学研究所的《中文概念词典》等语义框架对该书的词语进行分类,揭示了东北方言与普通话及英语词语的基本对应关系。书后附《东北官话的副词》《东北官话的否定词》《东北官话的介词》《东北官话的应答词语》《东北官话词汇研究的人类语言学视角》五篇论文,详细总结概括了东北方言的词类特征。杜聿文主编的《东北方言大词典》,收词近 7 000 条,很多语料都来自作者在农村实地调研的一手资料。

上述研究各有侧重,大大丰富了北京官话区词汇的研究内容,但全面反映北京官话区词汇面貌的辞书和专著仍告阙如,多数成果处于词语汇释层次,欠缺理论深度和学术视野,大规模、全方位、有深度的系统研究仍需进一步展开。

（二）北京官话区方言词汇的比较研究

1. 北京官话方言词汇与其他官话方言词汇的比较研究

相对语音的比较研究,在官话层面对北京官话词汇与其他官话(胶辽官话、冀鲁官话、中原官话、兰银官话、西南官话、江淮官话、晋语)词汇的比较研究工作目前仍显薄弱。在为数不多的文献中,刘勋宁(1998)、李如龙(2001,2002,2003)、刘晓梅(2003)等均做过有益的探索。特别是李如龙关于方言特征词的理论假设和实践考察,为进一步推进官话方言区内、官话方言区之间的全面、深入的比较研究做出了重大贡献。选取词语的一个层面进行官话方言的全面共时考察,是突破以往官话方言词语研究泛泛对比的难得尝试,陈瑶(2001)、徐艳春(2015)、石慧(2020)等使官话方言的对比研究有了进一步的深入和拓展。

在全部官话方言区内进行一定规模词语比较研究的成果有:陈章太、李行健主编的《普通话基础方言基本词汇集》、钱曾怡主编的《汉语官话方言研究》。前著仅限于基本词汇的调查,后著中所选的词语仅仅是 80 个口语高频词。这些词语属于方言中的基本词汇,对于粗略地了解各官话方言之间的亲疏关系有一定帮助。而在北京官话区内基于非基本词汇以及方言特征词的深入调查工作仍需进一步展开,基于方言地理学理论观照下的各官话区、方言片、方言点之间的比较研究仍鲜有人问津。

此外,还有少数论文是关于北京话与其他官话区方言比较的,如郑有仪(1987)、杨宁(1999)、梁磊(2007)探讨的是北京话与成都话、重庆话、上海话、天津话等方言在某一类语言特征上的对比。上述跨方言对比的文章多从两种方言共有的特征(如儿化)入手寻找两种方言之间的差别。

2. 北京官话区内方言片之间、方言与普通话的比较研究

北京话与东北方言的关系是学界多年来一直关注的问题,由此生发的北京官话区是否包括东北方言的讨论从未间断。21 世纪初,一些学者陆续尝试从北京话词汇与东北方言词汇比较的角度探讨二者的关系。如聂志平(2004,2006)分别从方位词、后缀、代词的角度比较北京话和黑龙江方言,论证两者的同源一体性。张锐(2015)通过哈尔滨方言词与北京话方言词的比较也得出了相同的结论。张丽娟(2007)从锦州方言与北京方言异同的角度进行东北方言和北京话的比较研究。上述研究是直接从词汇比较的视角来探讨北京话与东北方言之间的关系,也有部分探讨方言区划的文章提及一些北京官话区片的特色词语,并通过这些特色词语强调方言区片之间的差异和界域划分之必要。如贺巍(1986)、郭正彦(1986)、孙维张/路野/李丽君(1986)、靳开宇/闫晶淼(2009)、刘爽(2020)等。个别学者利用 200 个核心词计算北方官话区内部分方言之间的亲疏远近,如张文(2008)、刘爽(2020)等。部分学者关注的是北京官话与普通话的异同,如胡明扬

（1986）、崔荣昌/王华（1999）、殷作炎（1992）、桂明超/刘涛（2011）等主要研究北京话与普通话的差异。另有学者关注的是北京官话内区片方言与普通话的比较,如范庆华/郎景禄（1999）、张素英（1995）、徐晶（2005）、王榕（2009）、杨松柠/王静敏（2010）、王爽（2012）等,上述论文分别涉及黑龙江方言、辽宁方言、铁岭方言等,旨在突出方言词汇的区片特色,显示各地方言的独立性。

与近代文学作品中所含的北京官话词语进行比较是方言词汇比较的另一个视角,如李凤仪（1995）、李雪（1996）、聂志平（1996）等对《金瓶梅》中东北方言词语进行考察;李无未等（2000）通过对《醒世姻缘传》中东北方言词的研究,探求吉林方言与昔日山东方言之间的关系;图穆热（2000）通过研究《红楼梦》中的东北方言词语,认为东北方言是清初北京话的活化石。以上学者主要关注的是近代文学作品中的东北方言词汇,另有一些学者主要关注近代以来文学作品中的北京话,如张伯闻（1980）、曹万春（2010）关注的是《红楼梦》与北京话词汇的联系,江蓝生（1995）重点探讨的是《燕京妇语》所反映的清末北京话特色,高纯（2007）侧重《儿女英雄传》中的词语与北京话词语的历时比较,李小贝（2016）、曹嫄（2018）、程亚恒/关乐（2019）、杨茜然（2020）则研究对清末民初《小额》等旗人小说中的北京话词语用法。

3. 北京官话底层词语和借词的研究

北京官话是在幽燕方言的基础上,不断吸收北方各民族语言成分融合而成的,词汇的底层至今仍保留着北方少数民族语言的印迹,其中以满语词居多,因此对北京官话中满语成分的挖掘是诸多学者关注的重点。有探讨满语和北京话关系的,如李葆瑞（1964）、张菊玲（1994）、赵杰（1993,1996）、王姝颖（2011）等;有考察东北方言中满语积淀的,如陈伯霖（1994）、许皓光/刘延新（1996）、黄锡惠（1997,2000）、关亚新（2000）、王颖（2004）、曹莉萍（2005）、包婷婷（2008）、孙旭东（2008）、尹世超（2010）、高杨（2010）、刘国石（2010）、苏婷（2012）、许秋华（2012）等。上述学者主要关注满语在东北方言中的留存、作用、影响及满族文化的渗透。陈洁（2006）、王岸英（2008）、吴雪娟（2008）、完颜雯洁（2011）、聂有财/冷翔龙（2011）、杨永旭/李佳静（2011）、吕丹（2014）等则是从东北地区现存的满语地名、山名、河流名称入手论述满语对东北方言词汇的影响。北京官话中其他民族语言的借词研究也是学者们关注的内容,如张清常（1985,1990,1991,1994）对"胡同"与蒙古语词"水井"的探源,张世方（2009）对北京话"伍的"与蒙古语关系的探讨,胡艳霞（2003）对黑龙江来自蒙古语的地名的考察,唐为喜（1996）对鄂伦春语地名的研究,丁石庆（1998）对达斡尔语地名的文化透视等,都是对上述内容的有益探索。此外还有学者对北京官话中的俄语借词进行研究,如谭静（2007）、苏春梅/胡明志（2007）、王婷（2010）、尹世超（2010）、奥丽佳（2012）等。

4. 北京官话区词语个案研究

（1）词类、语法功能研究

此类研究的特点是涉及的词类范围较广,对名词、方位词、代词、动词、形容词、副词、数词、介词、连词、语气词、助词、叠音词等各种词类均有关注。韩梅（2010）、聂鸿英（2015）分别关注名词和动词的比较;史文静（2010）、陈瑶（2001）、聂志平（2004）等都立足于东北方言、北京话或官话方言之间的方位词比较;徐艳春（2015）立足于动词兼方位词在东北官话、北京官话和江淮官话中的用法比较;潘登（2010）把名词、时间词和方位词统一为体词,概括出东北官话与普通话的差异性构词特点;钱雨（2011）、李炜/和丹丹（2011）、曹炜/蒋晨彧（2013）、曹炜/刘薇（2014）等关注人称代词的历时比较,且相对地集中于第二人称、第三人称及反身代词在句法、语义、功能等方面的探讨。在一些有争议的问题上,一些研究取得了突破。如《北京话"您"的历时考察及相关问题》通过对 12 部文献语料的历时考察得出结论:北京话"您"在清代晚期一出现就是第二人称尊称的形式,不表多数义。郭风岚（2008）在陈松岑（1986）关于制约现代北京人使用"你""您"的社会因素的相关研究基础上,总结了当代北京口语中"你""您"的三种用法:实指、虚指和话语标记,三种用法分别承载不同的功能,北京话第二人称代词承载的句法语用功能得到进一步揭示。关注北京话他称代词的研究多集中于语法功能方面,如方梅（1998）、陈满华（2007）、白鸽/刘丹青（2012）等。此外还有指示代词语法视角的研究,如方梅（2002）。

关注动词研究的如王红梅（2005）、姜文振（2006）、杨丽娜/盛丽春/高玉秋（2007）、梁玉琳（2009）、周红（2011）、沙莉莉（2011）、今福（2004）、康玉斌（2002）、李雄（2012）、邢娜/叶回苏（2012）、路杨（2012）、郭萌（2012）、聂鸿英（2013）、杨春宇/佟昕（2013）、李丹芷（2015）等,分别从概念整合、论元、构词规律、语法语义特征、来源、分类等角度考察东北方言动词,对东北方言通行的"整""造""打""忽悠""猫"等动词进行了较为深入的考察。朱晓旭（2015）在对东北方言中一些有特色的单音节动词进行分类描写的基础上,还对影响这些动词使用的主客观因素进行了社会语言学的调查与分析。形容词的研究中,关于东北方言中形容词生动形式的构词特点及规律的成果较多,如乔魁生（1978）、刘延新（1988）、赵丽娜/谭宏姣（2011）、刘晓微（2008）、刘倩（2005）等,分别就形容词的 Add-ddA 式、ABB 式、AABB 式等多种生动形式进行了探讨。关于形容词词缀的研究也是多年来关注的热点,如范庆华（1992）、聂志平（1998,2000）、邱广君（1998）、王红梅（2004）、盛丽春/韩梅/俞咏梅（2007）、林海燕（2010）、盛丽春（2012）等。此外,还有学者关注四音格的状态形容词以及某类形容词的词群研究,如黄平/于莹（2010）、胡华（2008）等。副词的研究主要包括北京话副词研究和东北方言副词研究两类,研究北京话副词的有魏兆惠/宋春芳（2011）、刘冬青（2011）、郝佳璐（2012）等。其中分量最重的是刘冬青（2011）的博士论文《北京话副词史（1750—1950）》，文章选取副词研究中的空白历史阶段——近代汉语与现代汉语之交，以此时期文学作品中的北京话副词为研究对象，梳理北京话副词的历时演变。程度副词是东北方言中有突出特色的一类，关注者较多，成果多为硕士论文，相比原有的研究在深度上有所进展，如常纯民（1983）、曹曼莉（2008，2009）、王晓领（2009）、李炜（2011）、韩彩凤（2011）、张兆金（2014）、滕永博（2014）、徐榕（2019）、王艺颖（2022）等。量词的研究文献不多，且不是传统意义上的词类研究，如姜天送（2015）对东北官话量范畴的研究中，量词只是其中一个小类。

其他虚词的研究也大有人在，介词方面的有聂志平（2003）、尹世超（2004）、张云峰（2011）、刘海宁（2013）、严宝刚（2011）、邵影（2015）、尹宝玉（2018）等，连词方面的有宋青/曹炜（2012）等，助词方面的有马希文（1987）、张世方（2010）等，语气词方面的有方梅（1994）、贺阳（1994）、陈姝金（1995）、尹世超（1999）等。还有将几类虚词综合起来进行研究的，如李璐言（2018）。熟语的汇释多集中于东北方言方面，如李雪（1997）、聂志平（1997，1998）、赵树权（1998）、赵世斌（2005）、王洪杰/原永海/王晓霞（2008）、陈薇（2012）等。其他有关北京官话区各地方言词语的语法特征、语言特色研究的论文也不在少数，但泛泛描写居多，深入的对比研究尚少。

（2）词语考释

词语的探源、考释历来是词汇研究的重点，北京官话区词语的探源工作也少不了这一项内容，对原有辞书的补正大大丰富和拓展了辞书研究的内容与深度，这方面的论文如：白宛如（1979）、王玲玲（1983）、俞敏（1988）、周一民（1989）、黄佩文（1990）等。对东北方言词语的探源，有学者从近代小说中追溯其历史来源，如聂志平（1996）、李无未（1998，2000，2010）、图穆热（2000）、吴红波（2006）、许秋华（2012）等。利用古代历史文献，特别是近代以来的口语文献考证官话方言词语的历史渊源及其亲疏关系，是印证官话方言词汇系统内部联系的一条可行性途径。目前需扩大口语文献的考察范围，对北京官话区常用词汇和特征词的全面比较的工作亦需进一步展开。

（3）词语的语用研究

方言词语的语用色彩及其修辞功能也是北京官话方言研究的一个重要层面，如许皓光（1994）、冯常荣（2008）、卢晓侠（2010）等。对于词缀语用功能的描写阐释，一直是诸多学者关注的重点。相关论文有聂志平（1994，1998）、邱广君（1998）、庞壮国（1999）、陈文娟/李琳/高玲（2007）、潘虹（2008）、闫岩（2008）、白利平（2012）、计超（2013）等。上述研究多停留在东北官话层面或其中的个别方言片层面，进一步延伸到与其他方言区、方言点的对比研究较少。目前所见较为全面、系统地比较汉语多方言语用词缀的研究只有马彪（2010）。

（三）汉语方言特征词理论的研究

汉语方言的分区是方言研究的基础问题。决定汉语方言区划合理性的关键是确立科学的分区标准。目前学者们普遍认同的是以方言的语言特征为内部依据，以人文历史情况为外部参考的分区标准。语音、词汇、语法特征是方言语言特征的三方面。而很多学者历来仅以语音为标准进行汉语方言的分区，这种做法有片面性。特别是，当以词汇、语法特征为标准与以语音特征为标准得出的结论不一致，甚至相互抵牾时，语音标准的唯一合理性便会受到质疑。北京官话区与东北官话区的分合问题，也是方言区划中的争议之一。北京官话区的范围如何界定，也关系到汉语方言分区标准的科学性与合理性问题。

关于北京官话区与东北官话区的分合问题，主张分的认为北京官话区只包括北京市区和各郊县、河北省承德地区、内蒙古自治区赤峰地区以及辽宁省朝阳地区，不包括东北官话，代表学者有贺巍（1986）、李荣（1989）、刘勋宁（1995）、张志敏（2008）等；主张合的认为北京官话区除上述各地区，还应该包括东北除辽东半岛之外的大部分地区，代表学者有林焘（1987）、赵杰（1996）、王福堂（1999）、侯精一（2002）、张世方（2008）、钱曾怡（2010）、戴昭铭（2016）等。双方都从语音角度进行北京官话区的划分，主张分的强调的是两个官话区的音感差异，主张合的强调的是两个官话区在与其他官话区的比较中具有的共性。

在汉语方言区划研究中，词汇、语法特征同样重要，特别是当语音标准无法解决方言区划的瓶颈问题时，可以把词汇、语法特征作为方言区划的参照。汉语方言特征词理论的提出为方言区划问题开辟了新的研究视角，是对以往方言分区理论的有益补充。在"方言特征词"概念正式提出之前，已有专家学者有过类似提法。如前辈学者李荣早就指出要"注意方言之间词汇的共同性和分歧性，注意研究方言的特征性词语"。詹伯慧（1991）谈及汉语方言分区的语言条件时，也提到了闽方言中的"箸"（筷子）、"厝"（房子）、"鼎"（铁锅）、"冥"（夜晚）这类"独特的方言词"，可以作为辨认闽方言的标志。1999 年，李如龙正式提出了"方言特征词"的概念，并对"方言特征词"理论进行了阐述。2001 年，又进一步完善了这一理论："方言特征词是一定地域里，区内大体一致，区外相对殊异的方言词。方言特征词批量的大小取决于不同的地域及其历史文化条件；根据区内覆盖面是否普遍、区外有否交叉以及区片大小、常用度高低等条件，可把特征词分为基本特征词和一般特征词。"其他学者针对方言特征词理论进行了深入的探讨，如：苏新春（2000）、张振兴（2004）、邢向东（2007）、王宏佳（2009）、汪化云（2009）、李康澄（2011）、童芳华（2014）、李如龙（2014）等。关于方言特征词理论上的分歧，集中表现在方言特征词的性质、数量、范围和构成几个方面。有关方言特征词的性质问题，争论的焦点主要在特征词"到底是对内完全一致，对外绝对排他"还是"对内大体一致，对外较为少见"。前者认为特征词的数量应该只有一两条或少数几条。后者认为方言特征词是批量的,根据不同的地域和方言区,可能有不同规模的批量。另有学者认为,方言特征词的多少跟所比较方言地域的大小成反比(张振兴,2004)。关于方言特征词的范围和构成,有学者认为凡是方言中的词、短语、固定结构、词根都具备进入方言词的结构资格(李康澄,2005);有学者认为特征词可以包括词的特征义项(汪化云,2009);也有学者认为特征词应该是常用基本词,而不是一般词、生僻词或语素(李如龙,2014)。上述关于方言特征词的范围、构成、数量及基本特征的认识,多来自对南部方言(特别是闽、粤方言)特征词考察的经验和总结。随着方言特征词研究范围由南向北不断扩大、调查点的不断增多和调查内容的进一步深入,特别是通过提取北京官话区方言特征词的研究实践,上述理论势必会得到进一步的修正、补充与完善。

在方言特征词的研究方法上,李如龙(2001)提出了"由点到面,由内到外的比较,制定分级的特征词表"和"重点考察,排除假象"以及"群策群力、反复修改"等方法。苏新春(2002)则提出了更为具体的频率选取法。苏新春认为方言特征词的研究可以分为"特征词的选取"与"特征词的考释"两个阶段。选取是基础,考释是目的,两者有密切的联系。

方言特征词理论的提出和不断深化使得汉语方言词汇的横向比较研究进一步深入,不断有丰硕成果相继问世。专著如《汉语方言特征词研究》(李如龙,2002)、《现代汉语方言核心词·特征词集》(刘俐李,2007)、《客家方言特征词研究》(温昌衍,2012),硕、博论文如《赣方言特征词研究》(曹廷玉,2001)、《湘方言特征词研究》(李康澄,2005)、《从特征词看桂南平话与粤方言的关系》(莫育珍,2007)、《南昌话特征词研究》(龚穗丰,2006)、《晋方言特征词研究》(刘玲玲,2010)、《上海郊县方言特征词研究》(赵枫,2005)、《新疆汉语方言特征词研究》(刘永华,2007)、《四川方言特征词研究》(沈益宇,2011)、《萍乡方言特征词研究》(姚奇,2014)、《兰州方言特征词研究》(张凌云,2015)、《烟威地区方言特征词研究》(刘辰雨,2017)、《重庆方言特征词研究》(文洋,2019)、《威海方言特征词调查研究》(周琳,2021)、《大连方言特征词研究》(张琳丽,2021)等,汉语方言特征词研究的范围由南部方言逐渐向官话方言扩展。北京官话区方言特征词的研究成果目前还较少,李薇薇(2016)考察的是北京官话区内的"辽西方言片"的特征词分布情况,李薇薇(2017)考察的是北京官话区的方言特征词的分布情况。两篇论文中的方言特征词都是在内、外部定点调查的基础上,进行综合性考察和验证性考察统计出来的。前文重点分析了辽西方言小片的成因,后文比较分析了北京官话同山东方言和河北方言的亲疏关系及其根源。作为官话方言的一个代表,北京官话区方言特征词的研究将使此类研究的范围进一步拓宽,程度进一步加深。北京官话区方言特征词的提取对北京官话的区划问题将提供词汇材料的有力佐证。

二、国外研究状况

关于北京官话区词汇研究的国外文献,主要见于英国传教士、朝鲜、日本等编写的学习汉语的教材和专书中,其中最著名的是《语言自迩集》,它是英国驻北京公使威妥玛在任外交秘书官时编写的供外国驻京使馆人员用的汉语教材,书中记录了大量清末北京话口语词,是研究近代汉语晚期词汇的重要文献资料。日本等国家曾依据此书编撰汉语的教学与教材。

朝鲜学习汉语的教材《华音启蒙谚解》《你呢贵姓》《学清》《华音撮要》《官话略抄》等,这些教材在汪维生编辑的《朝鲜时代汉语教科书丛刊》(2005)及《朝鲜时代汉语教科书丛刊续编》(2011)中均能见到。其中《华音启蒙谚解》的语言以东北方言为基础,又兼有北京话的某些特点,被作为综合性公务会话教科书。

日本的汉语教科书不仅数量众多,而且种类丰富。据张美兰(2007)统计,日本明治时期编撰的汉语教科书达300多种,主要有三类,第一类是借鉴别人成果的自编教材,如明治后首部日本人自己编写的汉语教材《亚细亚言语集(支那官话部)》(广部精,1879)、《总译亚细亚言语集(支那官话部)》(广部精,1880)、《(新校)语言自迩集》(1880)、《参订汉语问答篇日语解》(宫岛九成,1880)、《清语阶梯语言自迩集》(金子弥平等,1880)、《自迩集平仄编四声联珠》(福岛安正,1886)等。第二类是翻译日语材料成北京口语教材,如把日语的《伊索寓言》翻译成《北京官话伊苏普喻言》(中田敬义),郑永邦用北京官话将小幡笃次郎的日译本《生产道指南》改译为《生财大道》等。第三类是新编口语教材,分入门教科书和中级水平教科书两个级别,入门教科书有《清语教科书》(西岛良尔,1901)、《官话应酬新篇》(渡俊治,1907),这两本教材记录了大量的北京口语词,是学习北京口语的入门书。《官话篇》(宫岛大八,1903)是内容从初级到中级的教材。《燕京妇语》是驻北京的日侨女眷学习北京话用的会话课本,内容涉及京城满族上等旗人妇女的日常生活。《土商业谈便览》(上卷)([中]金国璞,1901)是编者在日任教时编写的汉语教材,属于《散语》类入门书。中级水平教科书主要包括《官话指南》([中]吴启太/[中]郑永邦,1881)、《(北京官话)谈论新篇》([中]金国璞/[日]平岩道知,1898)等。

日本明治时期编写的东北方言课本主要有《袖珍实用满韩土语入门》(平山治久著)、《满洲语会话一个月毕业》(石冢猪男藏著)以及《通俗满洲会话》(熊谷茂之助编),是了解晚清东北方言的第一手文献资料。《满洲土语研究》("伪满洲国"军政部军事调查部编,1936)是最早研究东北方言的专著之一。记录东北方言词汇的文献还有《日满会话》([日]宫岛吉敏/[中]包翰华,1937),该书反映了民国时期东北方言词语的基本风貌。

　　《支那谐谑语研究［谐后语］》(河野通一,1925)是日本研究北京官话的代表性辞书,汇录和诠释清末民初北京歇后语,共收词条1 279余条,按音序排列,所收都是当时地道的北京口语,对于研究北京口语、歇后语有重要的史料价值。《中国语轻声辞典》(香坂顺一／中岛干起,1995),该书包括序、凡例、对话一览、北京口语对话语料及北京口语语汇索引等,用计算机处理北京话口语语料。其索引可作为工具书使用,对于研究当代北京话口语词汇很有价值。《中国语拟音语辞典》(野口宗亲编著,1995),是一部近现代汉语普通话也是北京话的拟声词辞典。全书收词1 000余条,词条用日文释义,有中文例句。

　　通过对国内外研究现状的回顾,我们发现,对北京官话区词汇进行全面考察的文献较少,反映北京官话区词汇全貌的辞书、专著尚未问世。在北京官话区内进行的方言调查多限于基本概念词、常用词的考察。目前方言特征词的理论将方言特征词限定在基本概念词、常用词的范围内。由于历史的、地理的、民族的等诸多因素,南、北方言在构词形态、构词特征、词汇底层等多方面存在着巨大差异,研究北京官话区特征词,忽视北京官话原有的特色,而不切实际地套用适合南部方言特征词研究的条条框框,可能会削足适履,使一批真正能代表北京官话特色、长期活跃在乡土民间、生命力极强的词语被忽略掉。因此,方言特征词区词汇理论亟须修正、补充和完善。本书在原有的方言特征词理论的基础上,对方言特征词的来源、构成重新界定,尝试提出对南、北方言特征词均能适用的理论,并在此理论的指导下,进一步提取出北京官话区方言特征词以及北京官话区内方言片的特征词,从理论到实践上对方言特征词研究和汉语方言词汇的比较研究提供支持和补充。

第三节　研究目的、研究方法、调查过程、理论基础和创新之处

一、研究目的

　　关于北京官话与东北官话的分合问题,目前学界虽有争议,但主流意见仍是从合。继林焘(1987)用移民史证明了北京话与东北官话的同源一体性之后,张世方(2010)又进一步从语音角度证明了"从合"观点的合理性。方言分区除了移民史和语音材料的依据外,也应当有词汇和语法材料的支撑。汉语方言之间除了不同的语音特征之外,还有不同的词汇特征和语法特征。词汇特征和语法特征也应当受到应有的重视,特别是现有的语音标准难以突破方言区划的瓶颈问题时,词汇特征和语法特征能够为方言分区提供崭新的视角和借鉴。例如,争议多年的客、赣语的分合问题,如果单从语音特征来看,"客家话和

赣方言不存在真正能成为方言分区依据的语音差异"①。但是从词汇特征的角度出发,得出的结论却大相径庭:练春招(1998)在比较客、闽、粤、赣方言的 3 000 多个词条的基础上,得出客粤的词汇关系较客赣的词汇关系更近的结论②。王士元等(1995)利用《汉语方言词汇》的材料来测定各方言之间的远近关系,进一步证明了梅县客家话同广州的粤语关系最为密切③。李如龙、张双庆等(1992)通过对客、赣两种方言进行比较,得出的结论是:客、赣两种方言的语音共性非常多,但多数点共有的方言词汇却不多。一千多条词语中,客赣大体一致的只有 150 条,占 12%;明显相异的却有 478 条,占 40%。如果用语音特征作标准,很难把客、赣方言划分为两个区,但是如果考虑到上述词汇特征的比较,客赣方言又很难合为一个区了。可见,方言的语音特征和词汇特征未必有同样的表现④。只根据语音特征区分方言不可能做到没有偏颇。如果结合现有的语音标准,再进一步考察方言的词汇特征,一些有争议的方言分区问题,就可以得到很好的解决了。

本书拟从词汇角度出发论证北京话和东北方言自古以来的同源一体性。通过提取一定批量的"区内大体一致、区外相对殊异"的北京官话区方言特征词,可确定划分北京官话与其他官话方言的词汇标准。由于方言之间的接触和渗透,方言词汇在不同方言区存在着不同程度的交叉,方言特征词划分方言区的能力也有强有弱,因而对北京官话区特征词进行分级十分必要,典型的特征词——狭义特征词可以作为判断方言归属的词汇标准,非典型的特征词——广义特征词则用来判断方言与方言之间的亲疏关系。

北京官话区地域广大,由于其内部的人文历史、自然地理状况不同,内部方言仍有地域差异。特征词可以用来判断北京官话区内方言片的归属和方言片之间的亲疏关系。方言是一种地域文化最外在的标记,同时也是这种文化最底层的蕴涵。结合人文地理的历史背景进行考察,才能深刻理解北京官话词汇的内部差异。尽管北京官话区的词汇存在内部差异,但并不足以影响北京话和东北方言的一体性。

二、研究方法

(一) 描写法

对方言材料进行详细的描写是语言研究的基础,词汇研究也不例外。本书力求描写细致,尽量揭示出北京官话区特征词与其他方言区特征词的差别。

---

① 王福堂《汉语方言语音的演变和层次》,语文出版社,1999 年,第 61 页。
② 练春招《从词汇看客家方言与粤方言的关系》,《华南师范大学学报》,2000 年第 3 期。
③ 王士元《语言变异和语言的关系》,《汉语研究在海外》,北京语言学院出版社,1995 年。
④ 李如龙《汉语方言的比较研究》,商务印书馆,2012 年,第 107 页。

（二）对比法

在描写的基础上对北京官话区和其他官话方言、北京官话区内各方言片之间进行共时对比。同时,对方言之间亲疏关系的探讨离不开对移民史的梳理。通过共时与历时综合分析,进一步深入了解北京官话区与外部周边及区内各片之间词汇差异的缘由。

（三）计量统计法

在理论探讨的过程中确定计量统计的标准,然后依据调查数据进行计量统计,尊重统计结果,以统计结果印证假设。

（四）地图显示法

充分借鉴方言地理学的田野调查经验和制作地图的方法、理念,详细绘制出北京官话区特征词的展示地图,并在图中具体标注该词的分布情况、语音、词义及其他变异说法。

（五）归纳法

在综合比较的基础上归纳总结出规律、观点、特征乃至理论,归纳出的一切结果都源自对基础材料的调查、统计和综合、概括。理论和观点依据调查事实取得,而非向壁虚构。

三、调查过程

（一）制定方言特征词调查表

本书在研究过程中依据现有文献、辞书、地方志、方言志等制定了《北京官话区方言特征词调查预选词表》(1 275 条)、《北京官话区方言特征词调查词表》(116 条)、《京承小片特征词调查表》(162 条)、《锦兴片特征词调查表》(246 条)、《哈肇片特征词调查表》(95 条)、《黑吉片特征词调查表》(269 条)、《辽沈片特征词调查表》(214 条)①。其中《北京官话区方言特征词调查词表》侧重选取的是北京话和东北方言一致的词条,其他五个特征词调查表侧重选取的是各方言片有特色的词条。

（二）内、外部定点调查

为了提取北京官话区方言特征词,所选的方言点与调查各方言片所选的方言点略有

---

① 上述调查表词条详见附录。

出入。在北京官话区内抽样选取内部方言调查点 61 个,包括北京市门头沟区、河北省承德市(计 2 个),内蒙古自治区的赤峰、通辽、开鲁(计 3 个),辽宁省的凌海、锦州、葫芦岛、兴城、绥中、朝阳、喀左、建昌、义县、沈阳、法库、鞍山、海城、本溪、辽阳、抚顺、铁岭、昌图、阜新、西丰、开原、彰武、盘锦、北宁(计 24 个),吉林省的蛟河、舒兰、吉林、桦甸、柳河、梅河口、白城、延吉、长春、榆树、磐石、四平、公主岭、双辽、通化(计 15 个),黑龙江省的绥化、齐齐哈尔、海伦、伊春、佳木斯、宝清、密山、七台河、牡丹江、哈尔滨(香坊区、道外区、南岗区)、肇东、阿城、五常、呼兰、双城(计 17 个)。外部方言调查点(计 9 个)包括辽宁省的大石桥、大连(计 2 个),河北省的保定、石家庄、天津、昌黎、衡水(计 5 个),山东省的平度、龙口(计 2 个)。

其他各方言片调查选取的内、外部方言点均根据方言片所在地理位置布点,因而每片涉及的方言点不尽相同。如京承片涉及的内部方言点包括北京市区、门头沟区(计 2 个),外部方言点包括:保定、石家庄、昌黎、赤峰、牡丹、开鲁、通辽、建昌、北镇、本溪、凌海、兴城、通化、辽阳、新民、鞍山、兴城、海城、法库、铁岭、开原、公主岭、双辽、延吉、长春、四平、磐石、桦甸、吉林、蛟河、舒兰、齐齐哈尔(计 32 个);锦兴片涉及的内部方言点包括锦州、凌海、葫芦岛、兴城、绥中(计 5 个),外部方言点包括沈阳、北票、北宁、黑山、义县、辽阳、阜新、朝阳、法库、开原、鞍山、海城、本溪(计 13 个);哈肇片涉及的内部方言点包括哈尔滨市道里区、道外区、南岗区、香坊区、五常、双城、宾县、阿城(计 8 个)。外部方言点包括吉林、蛟河、舒兰、延吉、梅河口、柳河、磐石、桦甸、长春、四平、公主岭、双辽、榆树、七台河、海伦、齐齐哈尔、绥化、佳木斯、林口、伊春、牡丹江、密山、宝清、义县、北镇、本溪、鞍山、海城、开原、新民、辽阳、沈阳、法库、调兵山、铁岭、新民、兴城、凌海、朝阳、建昌、赤峰、喀左、阜新(计 43 个);黑吉片涉及的内部方言点包括齐齐哈尔、海伦、七台河、绥化、佳木斯、林口、伊春、密山、宝清、牡丹江、吉林、蛟河、舒兰、柳河、梅河口、磐石、桦甸、延吉、公主岭、四平、榆树、白城、长春、双辽、通辽、开鲁(计 26 个),外部方言点包括五常、通化、锦州、盘锦、沈阳、抚顺、沈阳、北宁、本溪、鞍山、海城、西丰、新民、彰武、辽阳、阜新、铁岭、法库、开原、昌图、义县、北京等(计 22 个)。

(三) 计量筛选

对调查结果进行计量筛选,严格遵照"区内大体一致""区外相对殊异"的判断标准,即内部方言点覆盖面达 70% 以上,同时与外部方言点的交叉率低于 30%。在此基础上,用《汉语方言大词典》对北京官话区方言特征词进行验证性排查,排除出现在非北京官话区较多方言点的词条。

四、理论基础

(一) 汉语方言比较研究理论

汉语方言词汇的比较研究是汉语词汇研究不可回避的问题之一。与方言词汇的汪洋大海相比,共同语词汇好比是一条小溪。汉语词汇的研究想加深拓宽,无法绕过方言词汇的比较研究。现代汉语方言学是从比较研究开始并由比较研究向前推进的。自汉语方言学建立以来,语音方面的比较研究取得了丰硕的成果,方言——共同语——中古音的三角比较研究方法甚至影响到语法学界,形成了"大三角"的语法比较研究观。同语音、语法研究相比,现代汉语词汇学的研究相对薄弱,现代汉语词汇的比较研究则更是薄弱。方言词汇的比较研究、方言词汇与共同语词汇的比较研究可以为现代汉语词汇学的研究拓宽通道,这是丰富现代汉语词汇学成果的一条必经之路。

(二) 方言特征词理论

方言特征词的比较研究为汉语方言词汇的比较研究提供了有益视角。进行方言词汇的比较研究是为了了解方言之间的差异,方言差异表现在词汇特征方面就形成了特征词。捕捉到了方言特征词,就捕捉到了方言之间的词汇差异所在。划分方言区、考察方言间亲疏关系的重要根据就是提取出一定批量的方言特征词。研究现代汉语基本词汇也离不开方言特征词这些基础材料。因此,方言特征词的比较研究是方言词汇横向比较研究的核心。全方位地开展方言特征词的比较研究,会使汉语方言词汇的比较研究产生全新的变化。

(三) 方言地理学理论

方言地理学的研究方法大大丰富和充实了方言词汇比较研究的内容。方言地理学主张通过有计划的调查,用绘制地图的方法研究某些语言现象(语音、词汇和语法)在不同地区口语中分布的异同。一般遴选出少量的语音、词汇或语言片段,选取较多的地点进行调查,记录其发音情况。最后针对每个调查项目制作成一张展示性地图。地图的制作要求如实反映调查的语言事实,对语言资料不能作任何修改。通过地图揭示词汇中反映出来的物质文化和精神文化现象。

方言特征词的比较研究就是寻找不同方言在词汇方面的突出差异,在对更多方言点进行调查的基础上,详细记录每个特征词的音、义及用法差异,绘制出详细的展示性地图,可以更直观、深入、细致地反映方言特征词的共时分布情况。方言特征词展示性地图的绘制会大大丰富特征词研究的内容,也会进一步充实方言词汇比较研究的内容。

五、创新之处

原有的方言特征词理论基本上是以南部方言(特别是闽、粤方言)为研究对象而构建起来的,由于历史的、地理的、民族的等诸多因素,南、北方言在构词形态、构词特征、词汇底层等多方面存在着巨大差异,适用南部方言特征词研究的理论在北方方言特征词的研究中难免会出现这样或那样的问题。研究北京官话区特征词,不切实际地套用适合南部方言特征词研究的条条框框,而忽视北京官话原有的特色,有可能会削足适履,使一批真正能代表北京官话特色、长期活跃在乡土民间、生命力极强的词语被忽略掉。一定的理论指导必不可少,但拘泥于理论而忽视活生生的语言事实,恐怕是本末倒置。方言特征词的研究,应该深深立足于本土的语言事实,从基本的语言事实出发,并依据实践而不断修正和完善理论。本书在原有的方言特征词理论的基础上,对方言特征词的来源与构成重新界定,尝试提出对南、北方言特征词均能适用的理论,并在此理论的指导下,进一步提取出北京官话区方言特征词以及北京官话区内方言片的特征词,从理论到实践对方言特征词的研究、汉语方言词汇的比较研究提供新的补充。

目前学界对于北京官话区方言特征词的研究,还集中在对个别方言点方言特征词的描写汇释和比较上,还没有在北京官话区内、区外进行覆盖面较广、规模较大的多点对比调查研究,本书的研究将是一项有益补充。

本 章 小 结

研究北京官话区词汇对于汉语史研究、汉语方言分区以及现代汉语词汇学研究都有着重要意义。以往的相关研究成绩巨大,但不足之处在于:对北京官话词汇系统的研究缺乏历时和共时的全面考察。本研究拟从以往研究的不足中选取一点,分别从历时和共时的角度论证北京话和东北方言在词汇系统方面的同源一体性。从历时角度论证两者的一体性,就是追溯北京官话区的民族融合史,依据历史文献和现存方言资料考察北京官话区词汇系统形成的历史过程。从共时角度论证两者的一体性,就是通过考察北京官话区词汇(特别是方言特征词)的共时分布,概括出北京官话区的词汇特征(方言特征词)和词汇系统的特点。

　　本研究拟实现的理论创新是：在原有的方言特征词理论的基础上，重新界定方言特征词的来源和构成，尝试提出对南北方言特征词均能适用的理论，并在此理论的指导下，进一步提取出北京官话区方言特征词以及北京官话区内方言片的特征词，从而使汉语方言词汇比较研究的方法进一步完善化。

第一章
北京官话区词汇系统形成的历史

　　方言的形成是一个历史过程,其演变途径和发展方向受地方历史文化的制约。"方言的演变是趋向保守或是趋向多变,不是取决于方言自身的结构特点,而是取决于社会的历史文化背景。"①

　　追溯方言形成的历史是考察方言形成的必要途径。社会的分化、人民的迁徙、地理的阻隔、民族的融合和语言的接触是方言形成的根本原因。北京官话区词汇系统的形成也离不开上述原因。"从历史来看,北京自古以来就是东北地区与中原地区的过渡地带,是不同文化、不同民族的交融地带。这种特殊的地理位置和文化背景,为北京官话区的形成创造了独特的人文地理环境。"②"从东北地区到北京,在历史上有两个共同特点:一是民族长期杂居,二是人口不断流动,这种情况持续将近千年,对东北方言和北京话的发展有极其深远的影响。"③北京话和东北方言一千年来相互影响,最终形成了一个包括东北广大地区和北京市在内的北京官话区,北京官话区词汇系统就是在此基础上逐渐形成的。

第一节　北京官话区早期的历史

一、北京官话区早期的人文历史

　　北京北部、西部、东北三面环山,主要通过古北口、卢龙塞、喜峰口、山海关等天然关隘与东北地区进行沟通,其东南部、南部与华北平原紧紧相连。这种特殊的地理位置使得北京自古以来就是沟通东北与中原的枢纽之地。地理位置上的要塞特征导致了文化的多元与交融。考古发现进一步表明:新石器时代伊始,北京即处于中原系统文化与北方系统

---

　　①　李如龙《汉语方言的比较研究》,商务印书馆,2001 年,第 25 页。
　　②　钱曾怡《汉语官话方言研究》,齐鲁书社,2010 年,第 64 页。
　　③　林焘《北京官话溯源》,《中国语文》,1987 年第 3 期,第 161 页。

文化的交汇折冲地带。不同的文化交汇于此,形成了错综复杂的旋涡地带。从出土文物显示的文化特征可以证明这一点,如上宅一期文化明显带有东北兴隆洼文化的色彩,而上宅二期文化一方面受到中原磁山文化的影响,另一方面可以看出北方赵宝沟文化的影响。①

自从三千多年前建立北京地区最早的城市蓟以来,北京地区无论是分封为几个诸侯国(周武王灭商后,分为蓟和燕),还是分属于不同地区(秦统一中国后分属于上谷、渔阳、右北平和广阳四郡),都不能改变其作为经济、文化交汇地的枢纽地位。南北文化在此地的汇合、交融透过出土文物的文化包容性得以显现。例如,从出土的燕国青铜器的风格可以看出,在青铜礼器上燕国与中原风格大体一致,以虎、牛等形象作为器足。而在青铜武器上,则出现了以鹰首、马头作为装饰的刀、剑、匕首、铜盔,体现出与北方草原游牧部落一致的风格。

一般来说,经济、文化交汇的中心地带都是人口密集、民族融合的地带。北京地区的经济、文化交汇也反映了北方少数民族与中原汉族的接触、碰撞与交融。两汉时期,蓟已经成为中原汉族与东北少数民族之间进行商业贸易的中心。居住在蓟城的主体是汉族,也有部分南迁的乌桓人和鲜卑人。魏晋十六国割据战乱时期,中原的汉族和久居塞内的其他各族人民纷纷流向北京地区。如刘裕时,进入幽州的中原流民达百万口。由于战乱和劫掠,北京地区的人口外流现象也时有发生。如后赵石虎分别于公元338年、340年强制迁徙蓟城居民上万家到中原,又从渔阳掠走大量人口。北京地区的汉族和其他各族人民一起,从魏晋时期开始,经历了近四百年的民族融合。直到公元936年,石敬瑭把燕云十六州割让给契丹,北京地区从此脱离中原汉族的统治,成为辽金两代少数民族政权的重镇。

"东北",在辽代以前指的是地理方位中的八方(东、西、南、北、东南、西南、东北、西北)之一。传说禹时代就用八方标志九州的地理方位,冀州地处中央,称东北为幽州。从辽代开始,东北的方位名称逐渐成为行政区域的名称。中华人民共和国成立之后,仍继续沿用"东北"的名称,如在东北地区曾专设过行政机构"东北局"。东北的另一俗称"关东",是指山海关以东的地方。源起于明初修山海关后逐渐形成的地理概念。人们约定俗成,将处于山海关以外的东北地区,包括今辽、吉、黑三省,统称为"关东"。"东北"和"关东"的地理方位在内涵上基本一致。

古代东北地区东临大海,山川纵贯境内,气候严寒。宋代的沈括曾用"地寒多雨,盛夏重裘,七月阴霜,三月释冻"来描绘东北的气候,也有使者赋诗来描绘辽朝地区的寒风:

---

① 钱曾怡《汉语官话方言研究》,齐鲁书社,2010年,第63页。

"北海蓬蓬气怒号，厉声披拂昼兼宵。百重沙漠连空暗，四向茅檐卷地飘。"东北地区的地理环境突出的特点就是山水相连、浑然一体。大兴安岭山地、长白山地及千山山脉分别贯穿黑、吉、辽三省，山地包裹的平川地带就是著名的东北平原、松嫩平原和松辽平原。东北地区南部濒海，直通山东，整个地势呈开放之状，与关内紧密相连。多山、多水、复杂的地理环境使得东北各地的发展很不平衡，呈现出游牧、渔猎、农耕等多种经济形态，聚居于山林、草原的渔猎或游牧民族不断向中间地带的平原、农耕地区聚拢。

东北自古以来就是多民族聚居地区，主要有汉族、东胡、肃慎、秽貊①等四大族系，东胡族系包括东胡、乌桓、鲜卑、室韦、契丹、奚、蒙古等，肃慎族系包括肃慎、挹娄、勿吉、靺鞨、渤海、女真、满族等，秽貊族系包括夫余、高句丽等。四大族系几千年来在东北地区繁衍生息、分化融合，从未间断过与中原地区广泛而密切的联系。古代东北各民族与中原华夏族的密切联系早在夏商周时期就有传说记载。《史记·五帝本纪》说舜"南抚交趾、北发，西戎、析枝、渠廋、氐、羌，北山戎、发、息慎，东长、鸟夷"。《说苑·修文》说禹"南抚交趾、大发，西析枝、渠搜、氐、羌，北至山戎、肃慎，东至长夷、岛夷，四海之内皆戴帝舜之功"。可见尧舜禹的部落联盟统摄的范围已经涵盖了东北地区的肃慎、山戎等大小族系、部落以及朝鲜半岛北部的长夷、鸟夷。《竹书纪年》卷二"帝舜有虞氏"条："二十五年，息慎氏来朝，贡弓矢。"②如记载可靠，则早在虞舜时代，生活在东北地区的肃慎民族就已经与中原汉族政权建立了联系，并向中原贡献弓矢——"楛矢"。自此绵延数千年，楛矢成为东北地方政权向中原王朝纳贡的典型器物，甚至成为代表东北地区入贡中原物产的象征。③《国语·鲁语下》的记载甚详：

> 仲尼在陈，有隼集于陈侯之庭而死，楛矢贯之，石砮，其长尺有咫。陈惠公使人以隼如仲尼之馆问之。仲尼曰："隼之来也远矣！此肃慎氏之矢也。昔武王克商，通道于九夷、百蛮，使各以其方贿来贡，使无忘职业。于是肃慎氏贡楛矢、石砮，其长尺有咫。先王欲昭其令德之致远也，以示后人，使永监焉，故铭其括曰'肃慎氏之贡矢'，以分大姬，配虞胡公而封诸陈。古者，分同姓以珍玉，展亲也；分异姓以远方之职贡，使无忘服也。故分陈以肃慎氏之贡。君若使有司求诸故府，其可得也。"使求，得之金

---

① 关于秽貊是否为古代东北与东胡、肃慎并列的族系，目前尚有争议，本书采纳的是史学界的通常看法。有另说认为秽貊是草原貊系民族进入东北夷人的分布区以后，与当地土著夷系民族相融合而形成的一个混血族群，其形成远晚于东胡、肃慎两大族系，也不具有独立的语族，在唐以后即不复存在。参见姜维公主编《中国东北民族史》，吉林文史出版社，2009 年，第 79 页。
② 徐文靖《竹书纪年统笺》卷二，《二十二子》，上海古籍出版社，1986 年，第 1053 页。
③ 转引自石云涛《古代东北民族与中原政权关系中的楛矢》，《暨南史学》，2014 年第 11 期。

楗,如之。①

据考证,商王朝的发祥地可追溯到西辽河上源的克什克腾旗白岔山附近,商人从这里逐渐南迁到中原地区并最终建立了商王朝。分布在辽河流域的夷人在夏商时代就已经归属中原王朝,并与中原汉族一直保持着密切联系。商末周初,箕子率五千殷遗民进入辽西,后来又经此东迁朝鲜半岛的大同江流域,据商周之际的史书记载,这是当时进入东北地区的中原移民中规模最大的一支。据张博泉考证,当时进入东北地区的中原移民除箕子所率民众之外,还有荷氏、舟氏、鱼氏、车氏、鬲氏、尹氏、姜氏、史氏、蔡氏等族群,这些族群多是从山东迁入今辽西地区的。② 迁入辽西地区的中原汉族族群与当地的山戎、孤竹、俞人、屠何等东夷各族逐渐融合,成为华夏族的重要组成部分。

西周至春秋时期,随着燕国势力向东北的扩张,特别是燕将秦开击东胡、攻朝鲜之后,燕国占据了辽河流域的大部分地区,并在这一带设立了辽东、辽西、右北平等郡加强管理,东北地区首次置于郡县管理体制之下。辽河流域的汉人与当地的土著杂居相处,在箕子朝鲜、秽貊、东胡居住的东北南部地区,建立起中原的统治方式,大大改变了东北地区的人口结构、经济和文化面貌。中原移民对东北的开发促进了东北地区与周边民族之间的贸易往来。《史记》中记载,上谷至辽东的燕地“有鱼盐枣栗之饶。北邻乌桓、夫馀,东缩秽、貊、朝鲜、真番之利”,燕已成为“勃、碣之间一都会”,表明当时燕国已经成为包括东北南部和朝鲜半岛北部地区的经济中心,东北南部的汉民和北邻的乌桓、夫馀、秽貊、朝鲜、真番等少数民族都能从中获利。③

自秦汉至南北朝,东北地区的汉族和其他各少数民族迅猛发展。秦朝从中原地区向东北派驻了许多军队用以巩固东北边疆,现今的出土文物就可以证实这一点:辽阳老城东部沙陀子村出土过秦戈(秦昭王四十年由上郡监造)、宽甸县太平哨乡小挂房村出土过秦戈(秦二世元年制造),庄河县出土的赵国的“春平候剑”是当时秦军缴获赵国的兵器。为躲避秦末战乱,中原居民大量移居东北,甚至数万移民进入朝鲜半岛北部的大同江流域,东北地区的首次移民高潮开始出现。《三国志·魏书·东夷传》记载:“天下叛秦,燕、齐、赵民避地朝鲜数万口”,表明山东、河北及山西的北部地区是移民的主要来源地。进入东北南部的中原移民逐渐成为当地的主体民族,与当地土著逐渐融合。④

① 《国语》卷五,上海古籍出版社,2008年,第99页。
② 张博泉《殷周辽西土著与客籍居民》,《箕子与朝鲜论集》,吉林文史出版社,1994年。转引自姜维公主编《中国东北民族史》,吉林文史出版社,2009年,第99页。
③ 姜维公主编《中国东北民族史》,吉林文史出版社,2009年,第103页。
④ 姜维公主编《中国东北民族史》,吉林文史出版社,2009年,第260页。

西汉时期,高句丽一直与西汉保持着密切联系。《三国志·魏书·东夷传》记载:"汉时赐鼓吹技人,常从玄菟郡受朝服衣帻,高句丽令主其名籍。后稍骄恣,不复诣郡,于东界筑小城,置朝服衣帻其中,岁时来取之,今胡犹名此城为帻沟溇。"在夫余、高句丽的影响下,东北其他少数民族也纷纷与中原建立密切联系,《后汉书·东夷传》载"建武中,东夷诸国皆来献见","其后秽貊率服,东垂少事"。①

两汉时期,中原王朝在秦朝郡县制的基础上新设了护乌桓校尉和辽东属国,以管理郡县统治之外的乌桓人和鲜卑人。从考古资料看,辽东属国内部民族成分比较复杂,不仅有少数民族人口,还包括相当数量的汉族人口。从现今的考古遗物和汉代遗址可知,汉代汉族的分布区域已经到达了吉林省的南部地区。西汉时期东北的汉族人口抵达了历史的高峰,人口总数应超过 120 万人。据《汉书·地理志》记载,辽东郡人口达 27 万,辽西郡人口达 35 万,基本都是东北地区的汉族;右北平郡人口 32 万,其中活动在今东北地区的应近半数;乐浪郡人口 40 万,除岭东七县外,也以汉族为主;玄菟郡下属也有部分汉族。东北地区的汉族族源主要来自土著和移民。土著民族主要包括山戎、屠何、古朝鲜人和秽人。移民主要包括殷商之际进入辽西地区的中原汉人以及后来的燕人、秦人,还包括来自内蒙古草原的貊族。从东汉末年至魏晋南北朝时期,东北地区的汉族和少数民族一直杂居相处,共同创造着东北地区的民族文化。

隋唐时期,统治者对相继归附的东北民族实行了全方位的册封,包括高句丽、渤海的国王,以及契丹、库莫奚、室韦、霫、流鬼诸族的大小首领。东北各民族通过商业贸易保持与隋唐王朝之间的经济往来,在文化上也相互渗透、融合。

二、北京官话区早期的语言状况

从北京官话区早期的人文历史概况可以得知,无论是北京地区还是东北地区,都不存在单一的民族分布,都是中原汉族与周边各民族之间长期交流融合的民族共同体。迁移到此地的中原汉族与当地土著、周边少数民族经过几千年的交流、渗透、分化、融合,早已你中有我,我中有你。在每一阶段的民族融合中,少数民族在接受中原汉族先进文化的同时,也潜移默化地将其文化融入汉民族文化当中。可以说,每一次少数民族经历"汉化"的过程,同时也是汉民族某种程度上"胡化"的过程。通过不断融化周围民族,经济形态、文化心理习俗相同、相近的种族在语言上逐渐趋同,融汇中原汉语及东北少数民族语言的民族共同语逐渐形成。据考古发现证明,燕文化是一种兼中原文化与北方文化在内的融

---

① 石云涛《古代东北民族与中原政权关系中的楛矢》,《暨南史学》,2014 年,第 11 页。

合型文化。文化上的融合势必引起语言上的竞争与融合，秦汉时期的燕方言就融合了北京、东北及周边民族语言的特征。有学者通过对扬雄《方言》中燕方言（北京地区的方言）词汇的研究，发现燕方言与东北方言的关系最为密切，其次与齐海岱（即今山东方言）相似点较多，而与其南部的赵方言（河北方言）关系比较疏远。①

人类学研究确认，大约在中石器时代，居住在今东北地区的主要是东亚种族类型集团、北亚种族类型集团与北极种族类型集团。与其对应的语系分别是原始汉藏语系、原始阿尔泰语系及原始亚细亚语。经过后来的分化、发展、演变，形成了今天东北地区的汉藏语系、阿尔泰语系和少数语系不明的语言。东北的阿尔泰语系民族语言后来又发展出满·通古斯语族，移居东北的中原汉族语言对应发展出东北地区的古代汉语方言。"至于东夷种族和北戎种族的语言，由于保留下来的语言资料很少，难以确定。"②

春秋战国时期，随着中原汉人的北迁，中原汉民族共同语——雅言逐渐渗透进东北各民族的语言中。汉语在渗入的同时，也在不断汲取少数民族语言的成分。东北的上古汉语和中原汉语虽同族同源，但经过对周围各民族语言的吸收、分化，在汉语基本结构不变的框架下，也发生着缓慢渐进的语言变异。

两汉魏晋时期，中原汉人大批移居东北各地。东北的东胡、匈奴等族在混战中逐渐分化、瓦解成各个小的族群，如乌桓、鲜卑、夫余、高句丽、东秽等。散居的部落群体易于被掌握先进经济文化的中原汉族移民同化。接受汉语、广泛借用汉语成分也就不足为奇了。满族的先民肃慎种族就是在较落后的原始文明形态中接触汉族和汉语的。鲜卑人入主中原建立北燕、北魏、北周政权后，自觉地融入汉文化，制定了一系列禁讲鲜卑语、提倡说汉语的措施，使得鲜卑语迅速融合在汉语中，形成"后魏初定中原，军容号令，皆以夷语，后染华俗，多不能通"的局面。东北中部的高句丽在征服汉族、夫余、肃慎的过程中，融合各民族风俗文化的同时，使汉语的通用功能日益得到彰显。少数民族的兴起及人口的流动，使得北京地区的方言也深受少数民族语言的影响。颜之推《颜氏家训》中提到的"北杂夷虏"反映的就是当时各民族杂居的实况。隋代陆法言《切韵序》指出"吴楚则时伤轻浅，燕赵则多涉重浊"，将燕、赵方言并举，表明当时的两种方言具有较强的一致性，北京方言与其南部的河北方言已经开始混杂。

隋唐时期是汉语言文化与北方少数民族文化进一步交融的黄金时期，特别是唐代对东北民族全方位册封后，更加促进了北方各族之间的文化交流。"渤海文化"就是在这一背景下迅速发展起来的。渤海国存在约 290 年，在文学艺术、科技建筑、社会习俗等方面

---

① 钱曾怡《汉语官话方言研究》，齐鲁书社，2010 年，第 64—65 页。
② 孙进己《东北民族源流》，黑龙江人民出版社，1987 年，第 8 页。

都与唐具有一致性,成为具有民族特点和地方色彩的唐文化的重要组成部分。在语言文字方面,更是主操汉语、使用汉字,崇尚儒学。仅从《贞孝公主墓志铭》一文就可见汉民族语言文化对渤海国文化的巨大影响。《贞孝公主墓志铭》采用中原墓志铭通行体制,以散文作志,以韵文为铭,达到了较高的文学水平。① "在中原汉族文化的熏陶下,高句丽的上层统治者和僧侣们的汉文水平也十分纯熟,所作诗词深得平仄音韵的精髓,意境可与内地盛唐诗人相媲美。"②

在渤海国影响下,肃慎族中接受其统治的一部分发展成为后来的女真诸部,即现代满·通古斯语族满语支诸族的前身。未接受其统治的另一部分发展成为后来的兀的改种族,即现代满·通古斯语族通古斯语支诸族的前身。东北各民族在吸收中原文化的同时,大量借用了不同历史时期的古汉语词汇。但由于地理环境、经济生产方式、文化习俗和心理素质不同,各民族对外族语言的吸收、融合能力均有差异,有的民族语言已经完全融入了汉语,有的则又分化、变异出新的语言,如满语。赵杰在《满族话与北京话》中曾对上古汉语、中古汉语、南方存古汉语和满·通古斯语族中的少部分基本词汇进行初步的语音比较,得出北京官话区的汉语和满语之间有源远流长的词语借用或同源关系的结论。

第二节　宋辽金元时期北京官话区的语言状况

一、宋辽金元时期北京官话区的人文历史

如果说隋唐以前是北京官话区形成的酝酿阶段,宋辽金元时期则是北京官话区形成的开创阶段。此时期的政治变动、政权重组促使北京官话区从整体上与其他方言区进一步剥离,北京与东北地区的密切联系进一步加强,不论在民族融合上,还是在地域文化上,都可见一斑。

契丹建辽之前,北京官话区就已经存在着大量汉人。契丹民族兴起于辽西,自古以来,这一地域就是以游牧为生的北方民族和以农业为主的汉人错居杂处的过渡地带。距今8 000年前的兴隆洼文化、距今5 000年前后的红山文化,以及距今4 000年前后的夏家店文化,都反映了这一带农耕传统的深厚及早期农业发展的成熟程度。据《辽史·太祖纪下》记载,到辽太祖的祖父匀德实当政的遥辇晚期,契丹社会已农牧并举,由此"国以殷富"。③

---

① 金禹彤《古代东北民族入主中原的文化解剖》,《东北史地》,2008年第3期。
② 姜维公主编《中国东北民族史》,吉林文史出版社,2009年,第124页。
③ 李月新《契丹统治下的汉人来源与分布》,《辽宁师范大学学报》,2007年5月。

辽建国前后,中原汉人或主动或被迫迁往契丹境内的活动一直在延续。五代十国之际,中国北方先后五十年处于割据战乱状态,不堪战乱与苛政之苦的北部居民纷纷北上,避居契丹。"是时(五代初年),刘守光暴虐,幽、涿之人多亡入契丹",阿保机"率汉人耕种,为治城郭、邑屋、廛市,如幽州制度。汉人安之,不复思归"。① 契丹通过北征,兼并或征服了北方的渤海、奚、乌古、敌烈、室韦、阻卜等部族,又通过南下,从中原劫掠了大批汉俘迁往东北。辽建国后,更是通过举迁中原州、县至东北的途径来建州置县。神册四年(919),辽太祖"修辽阳故城,以汉民、渤海户实之,改为东平郡"。神册六年十一月,辽太祖再次率大军入居庸关,"分兵略檀(今北京密云)、顺(今北京顺义)、安远(今天津市)、三河(今河北三河)、良乡(今北京良乡镇)、望都(今属河北保定)、潞(今北京通州)、满城(今河北满城)、遂城(今河北徐水东)等十余城,俘其民徙内地"。同年十二月,"诏徙檀、顺民于东平(今辽阳市)、沈州(今沈阳市)"。② 到公元936年石敬瑭晋献燕云十六州③之前,契丹已经通过不断蚕食,实现了对燕云部分地区的控制。据统计,到契丹接收燕云十六州时,可估算的燕、云汉人数量大约在30万户、150万口左右。④ 北方汉人与契丹、渤海以及周边部族在几百年的融合中相互同化,北京官话区的经济形态、文化习俗日益呈现出多元混合的特质。经济形态上以农业为主体、兼有游牧与渔猎;文化习俗上,各族之间相互效仿。如在餐具的使用上,契丹人在本民族刀、锥、盆、钵的基础上,吸纳了汉人的筷子;在酒具的使用上,除了本民族常用的牛脚坛、鸡冠壶、瓠杯之外,从中原传入的爵、樽、杯、盏也成为宫廷宴饮常用的酒器。若以酒作为北方游牧民族必不可少的饮品代表,茶则是中原饮品文化的典型象征。在中国的饮茶发展史上,最优雅、最讲究的饮茶方式当属宋代。在抑武扬文的宋代,对以文人为导向的文化和品位的追求就形成了以点茶和斗茶为特色的宋代品饮方式。这一品饮方式在辽代也为契丹等少数民族所吸纳。1971年河北宣化下八里村出土了辽代壁画茶道图及丰富的茶具。茶道图中包括点茶图、点茶前煮汤图、饮茶图、点茶后将进茶图、茶作坊图等;茶具中关于点茶必用的茶筅、汤瓶、茶盏,以及附带的唾盂、火盆、火炉、镘、杯、盘、托、碗、铛、匜等,如实地反映了中原茶文化对北方少数民族品饮生活的巨大影响。⑤ 契丹贵族的葬俗中还有一种用金属网络罩裹干尸、以金属

---

① 欧阳修《新五代史》,中华书局,1975年,第886页、第540页。

② 张九龄《曲江集》,商务印书馆,1983年,第17页。

③ "幽云十六州"分别指幽州(今北京)、蓟州(今天津蓟州)、瀛州(今河北河间)、莫州(今河北任丘)、涿州(今河北涿州)、檀州(今北京密云)、顺州(今北京顺义)、新州(今河北涿鹿)、妫州(今河北怀来)、儒州(今北京延庆)、武州(今河北宣化)、云州(今山西大同)、应州(今山西应县)、寰州(今山西朔县东北)、朔州(今山西朔县)、蔚州(今河北蔚县),据李月新《契丹统治下的汉人来源与分布》,《辽宁师范大学学报》,2007年5月。

④ 李月新《契丹统治下的汉人来源与分布》,《辽宁师范大学学报》,2007年5月。

⑤ 详见刘海文《试述河北宣化下八里辽代壁画墓中的茶道图及茶具》,《农业考古》,1996年6月。

面具覆盖面部的习俗,有学者认为可能与中原汉代的金缕玉衣有关。①

契丹人在汉化的过程中,汉人及其他各民族也日益受到契丹等少数民族的同化。渤海人用以御寒的火炕被包括契丹在内的东北各民族沿袭。因受拜日习俗的影响,契丹人和奚人把房门开在朝东的山墙上的传统也为渤海人所沿用。"胡服"在汉人中的流行、契汉通婚、汉族异辈婚的实行,充分表明汉人与契丹等民族之间的共性日渐增多,以至于凭军功获得官职已成为辽代汉人入仕的一条重要途径,可见北方游牧民族的尚武习俗对汉人的影响渐深,《辽代石刻文编》记载的韩瑜"便骑射而成性"是其真实写照。②

金代是我国历史上又一次民族大流动时期。金在灭辽侵宋、统治中原的 100 多年间,出现了数次大规模的移民浪潮。女真、契丹、奚等族不断迁入中原及东北其他地区,而中原汉族被迫强迁东北,以实"内地"。金朝进行军、政统治的组织形式叫"猛安谋克",平时督促生产,征收赋税,战时率军征战。据统计,金军南下时,迁入河北、山东的猛安谋克最多。1183 年(金世宗大定二十三年),入主中原的猛安约占总数的三分之二,约有 40 余万户、400 余万口,其中由女真、契丹和奚人组成的正口 300 余万。京畿所在的今京津河北豫北是女真等东北移民最多的地区。③ 汉人在辽代多分布于内蒙古东南部的西辽河流域及辽宁省境内,金代在此基础上,继续向东、北方向迁移大量汉人。上京会宁府、岭东等地、松花江流域以北及张广才岭以东地区均为迁入汉人的居住地。从太祖天辅六年(1122)到太宗天会五年(1127)大规模的迁徙汉人就有五次。仅 1127 年金军从汴京北撤时,一次就将数十万汉人掠到北方。据考证,金泰和七年(1207)版籍极盛时,天下有 7 684 438 户,东北地区户数则为 80 余万户,汉族人口大约有 316 万之多④,汉族人口已占据了金朝全部人口的绝大多数。

此外,金为防契丹在边生变,世宗在位时就数次大规模强迁契丹民族,或由东北西部迁往东部松花江流域,或由河北、山西等地迁往西部、北部草原,或迁入上京、济州、利州、乌古里、石垒部等处,与女真人杂处,互通婚姻。镇压渤海人大延琳叛乱后,又将大量渤海人北迁到契丹腹地,金代辽东半岛的渤海人已达十余万。为了便于控制和管理,大部分渤海人被编入猛安谋克,逐渐与汉族、契丹、女真等族融合。

元统一中国后,已弃牧从农、文化上与汉人逐步趋同的契丹人被统治者均视为汉人。而居于北部草原,仍以畜牧为业的契丹人则被视同蒙古人。⑤ 元朝中期后,东北地区的史

————————————

① 木易《辽墓出土的金属面具、网络及其相关问题》,《北方文物》,1993 年第 1 期。

② 向南《辽代石刻文编》,河北教育出版社,1995 年,第 94 页。

③ 姜维公主编《中国东北民族史》,吉林文史出版社,2009 年,第 304 页。

④ 王育民《金朝户口问题析疑》,《中国史研究》,1990 年第 4 期,转引自佟冬主编《中国东北史》(第二卷),吉林文史出版社,1998 年,第 690 页。

⑤ 程妮娜《地方史纲》,吉林大学出版社,2007 年,第 528 页。

料已经不见有关契丹人的记载,表明契丹族已经基本融合到其他民族之中了。① 居于辽宁和元大都附近的女真人除了户口籍册上还有女真族标识外,已同汉族找不到本质上的区别了,"故家遗俗,存复无几"②,非"自叙其为女真人",世人已绝不知其"非我族类"了③。在元代,改易汉姓已成为女真人的一种习惯。"据陶宗仪《辍耕录》载,改易汉姓的女真姓氏有三十一姓之多。"④

北京官话区各民族之间经过几百年的分化融合,大杂居、小聚居,你中有我,我中有你。到元朝统一全国时,北京官话区的民族特征渐趋一致,政治、经济、文化诸方面都实现了民族的大融合。仅以文化融合来管中窥豹,《新五代史·四夷附录》载,契丹族"初无文字,以刻木为契",到阿保机时,以汉字制成契丹大字,"汉人教之以隶书之半增损之,作文字数千,以代刻木之约"。"金人初无文字,国势日强,与邻国交好,乃用契丹字,太祖命希尹撰本国字,备制度。希尹乃依仿汉人楷字,因契丹字制度,合本国语,制女真字。"⑤女真建国之前,就开始通过契丹、渤海族等间接途径接受汉族文化。建国初,尽管竭力推行女真文化,但也无法真正阻挡女真汉化的趋势。统治阶层不但收降在辽为官的汉族士人教授女真贵族子弟儒家经典和诗词文章,而且搜求文籍、古书珍画和印刻经版。海陵王就是在儒家文化熏陶下成长起来的皇帝,不仅通晓儒家经史,而且诗词创作也冠于金朝。先进的中原文化给女真文化不断补充新鲜血液,大大加快了女真文化由奴隶制向封建制蜕变的步伐。到了章宗即位时期,开始全面推行汉化政策,正式确立儒家文化的正统地位。"金国之典章文物,唯明昌为盛",⑥标志着女真人汉化达到顶点。

民族融合是一个双向的过程,有强势文化对弱势文化的同化,也有弱势文化对强势文化的渗透。随着女真人与汉人接触的增多,在一些汉人居住区,女真人的衣着、发式逐渐流行开来。"民亦久习胡俗,态度嗜好与之俱化","男子髡顶,月辄三四髡","最甚者衣装之类,其制尽为胡矣。自过淮已北皆然,而京师尤甚"。⑦ 金朝后期,随着女真人与汉人之间通婚人数的增多,汉人也越来越多地接受了女真人的某些风俗习惯,如火葬的习俗。女真人的文化艺术形式也给汉族文化艺术注入了新鲜血液,更新和丰富了汉族文化,如女真人的诸宫调,与河北、辽东等地的慷慨悲歌曲调相结合,形成了新的说唱体文学形式散曲。

① 丛佩远《元代辽阳行省境内的契丹、高丽、色目与蒙古》,《史学集刊》,1956 年,第 5 期。
② 《济南路总管奥屯公神道碑》,《至正集》(卷五一),转引自赵杰《满族话与北京话》,辽宁人民出版社,1996 年,第 36 页。
③ 《古里氏名字考》,《静修文集》(卷一九),转引自赵杰《满族话与北京话》,辽宁人民出版社,1996 年,第 36 页。
④ 孙进己《东北民族源流》,黑龙江人民出版社,1987 年,第 198 页。
⑤ 金禹彤《古代东北民族入主中原的文化解剖》,《东北史地》,2008 年第 3 期。
⑥ 周密《癸辛杂识》,中华书局,1988 年,第 212 页。
⑦ 范成大《揽辔录》,转引自姜维公主编《中国东北民族史》,吉林文史出版社,2009 年,第 315 页。

演奏女真音乐所需要的乐器葫芦笛、番鼓等,也成为一些汉人的时尚物品。宋代诗人陆游曾作诗描写过汉人女真化的场面:

上源驿中捶画鼓,汉使作客胡作主。
舞女不记宣和装,庐儿尽能女真语。①

二、宋辽金元时期北京官话区的语言状况

从上述宋辽金元时期北京官话区民族接触的历史可知,燕云十六州割让给契丹以后,北京地区从此脱离中原汉族的统治,成为北方少数民族的南方重镇。自此,在政治上北京地区与宋朝统治的中原地区完全分离,与东北地区的联系却日益加强。经过三百多年的接触、融合,北京话与东北话的关系日渐亲密,生活在北京官话区的各少数民族语言和汉语逐渐渗透、融为一体。

《大金国志》卷四十记载,南宋许亢宗目睹:“自黄龙府六十里至托撒孛堇寨。府为契丹东寨。当契丹强盛时,擒获异国人则迁徙散处于此。南有渤海,北有铁离、吐浑,东南有高丽、靺鞨,东有女真、室韦,(东)北有乌舍,西北有契丹、回纥、党项,西南有奚。故此地杂诸国俗。凡聚会处,诸国人言语不通,则各为汉语以证,方能辨之。”这段记载表明汉语在宋辽金时期已经成为东北各族的通用语言。北方少数民族语言中最强势的女真语,其主体地位也逐渐让位于汉语。大定十年(1170)八月,完颜爽启曰:“殿下(皇太子允恭)颇未熟本朝语。”当时太子已有二十五岁,却“未熟本朝语”,表明太子在迁都前生活的语言环境是汉语而非女真语。可见,迁都前上京的女真贵族已经习惯了使用汉语。② 由此推知,最迟到金末,以女真语为底层的汉语官话已经在淮河以北的广大地区正式形成。北宋时期,都城开封所在地的汴洛方言是权威方言。到了金代,权威方言随着金定都北京而让位给了北京方言。金前后期词人的用韵变化可以验证这一点:“金人占领中国后,其前期的北方籍词人如蔡松年(真定人)、赵可(高平人)、王寂(玉田人)、党怀英(泰安人)、王庭筠(盖州人)、王特起(崞县人),以及那些山东全真道士,他们的词韵尚未有太多的特点。至元好问崛起,词韵始以较新的面目展现于世,我们揣测在 13 世纪初年北方汉语发生了较大的变化,元好问的词韵(及其近体诗韵)是反映这种变化的较早的可靠证据。其晚年

---

　① 陆游《得韩无咎书寄使虏时宴东都驿中所作小阕》,《剑南诗稿》(卷四),台湾商务印书馆,1986 年。
　② 林焘《北京官话溯源》,《中国语文》,1987 年第 3 期,第 164 页。

诸曲大家竞起,白朴的词韵(及曲韵)进一步反映了这一变化。他们的作品的用韵给汉语语音史留下了一份宝贵的文献。至14世纪终以周德清的《中原音韵》而集大成。"①很可能是所依据的方言发生了改变,词韵随之发生了变化。汴洛方言的基础方言地位被中都方言取而代之,北京方言的地位随之上升。

蒙古在入主中原之前,与汉族接触较少,受汉文化的影响也较小。蒙古人统治中国、迁都大都(北京)后,原住在大都的汉人及其他少数民族被迫与蒙古人杂居、交往。但是,两种语言的接触比较突然,文化背景差距较大,接触时间前后不到一百年。因而,汉语同蒙古语接触的层次较浅,蒙古语对元大都话并未产生太大的影响。"元白话碑中的所谓'白话',晦涩难懂,实际是杂糅进蒙语成分的不地道的汉语,是不高明的翻译。从元初到元末,这种'白话'始终没有明显的变化,这也可以从一个侧面说明在元代近一百年的时间内汉蒙两种语言的关系并不密切,现存的《老乞大》《朴事通》中确实有一些受蒙古语影响的痕迹,但有的恐怕只是'洋泾浜'性质的,不见得已在汉族人中通行。"②元大都话与金大都话差别不是很大。"所谓元大都话,实际是辽金两代居住在北京地区的汉族人民和契丹、女真等族经过几百年密切交往逐渐形成的,到元建大都时已趋于成熟,成为现代北京话的源头。"③

宋辽金元时期的俗文学作品极为繁盛,都是用口语写就的。在构词方面,常在词尾加上类似词缀的附加成分。如:把"老"作为身体某部的附加成分,组成"爪老""绿老"等;把"当"作为人称代词后的附加成分,组成"吾当""尔当"等。

第三节　明清时期北京官话区的语言状况

一、明清时期北京官话区的人文历史

明清时期是北京官话区正式形成的时期。明、清统治者无论实行军事征服,还是政治"羁縻",抑或开放与封禁边境,都会引发不同规模的民族迁徙与流动。少数民族的南下与中原汉人的北上在整个明清时期从未间断,北京官话区的民族融合达到了史上空前的程度。北方各民族之间的文化形态或共生、或交融,绽放出异彩纷呈的特点。

明代东北地区势力最强大的少数民族当属女真族。女真人的分布遍及东北三省,以

---

① 鲁国尧《论宋词韵及其与金元词韵的比较》,《中国语言学报》,1991年第4期。
② 林焘《北京官话溯源》,《中国语文》,1987年第3期,第168页。
③ 林焘《北京官话溯源》,《中国语文》,1987年第3期,第162页。

黑龙江省为最。明朝政府为了政治、军事需要,开始在黑龙江下游地区设奴儿干都司,并以颁发敕书、任命世袭官职等方式招抚、拉拢女真各级头目,又以贡市、互市的手段刺激女真族与汉族的民间贸易往来。这些举措在客观上促进了女真人与汉人的进一步融合。在明朝政府的安置、招抚政策下,女真大规模南迁。据《辽东志》载,仅东宁卫女真人户口就增至一万五千六百三十四人。① 女真人不仅南下辽东,而且留居京师不愿离去。为安置南迁的女真人,明成祖在开原特置"安乐""自在"两州,"专令抚安三万、辽海二卫归降鞑官人等"。其后来归的女真人口,动以千数。据文献统计,明代从女真地区迁至辽沈以南甚至关内的女真人口,约计三万余人。"内迁的女真人与汉族杂居相处,改变了原来的经济生活方式,渐习汉族习俗"②,"务农桑""屋食""火食"等生活习俗就是女真人浸染汉文化习俗的见证。受女真人的影响,当地汉人也"迫近胡俗,易动难安"③。汉人与女真人之间"安房而不相鄙,房安中国(汉区)而不为苦也"④。女真人"学习先进的中原文化,掌握了汉语言文字,有的还'习读经书,精知章句',特别是在明廷做官的女真人,更迫切于学习传统的中原文化,因为社会要求'学而优则仕',所以他们的子弟也'援例入国子监读书'。"⑤

在女真人南迁的同时,明政府为实边固防,又迁燕京及"江淮齐鲁之民"入居东北,致使明人足迹"遍于满洲之山川矣"。明嘉靖十六年(1537)到四十四年,短短29年间,移居辽河东西的汉族人口由二十万五千一百余口增至三十八万一千四百余口。到万历年间已达百万计。⑥ 女真人与汉族的杂居历史由来已久,"风气相习、胆气相并",汉族"浸染胡俗,气习相类",汉人"不畏贼(指女真人),故从之者众。"进入女真部落的大批汉人也逐渐在语言、相貌、姓名等方面女真化了。据资料统计,在朝鲜解送的女真部落的汉人名单中,21名汉人中,用女真姓名者14人,占67%;用汉族姓名者5人,占29%;保持汉姓,又取女真名者1人,占4%。到明代末年,"从族属看……几乎没有纯系女真部落"。⑦

努尔哈赤统一女真各部后,皇太极将"女真""诸申"等名改为"满洲"。自此,女真人以"满族"的名义开始了近300年的统治。后金至清初继续推行的"以旗统族"的政策,凡是编制在八旗之下的人,不论满洲、蒙古,还是汉军,都可称为"旗人",即满族,这就使得

① 任洛等《辽东志》卷三,转引自赵杰《满族话与北京话》,辽宁民族出版社,1996年,第41页。
② 赵杰《满族话与北京话》,辽宁民族出版社,1996年,第49页。
③ 《金辽志·叙》(卷4"风俗志"),转引自赵杰《满族话与北京话》,辽宁民族出版社,1996年,第49页。
④ 《皇明策程文选》(卷三,4页下),转引自赵杰《满族话与北京话》,辽宁民族出版社,1996年,第49页。
⑤ 转引自王兆兰《明代内迁的女真人》,《北方民族》,1989年第1期。
⑥ 滕绍箴《满族发展史初编》,天津古籍出版社,1990年,第206页。
⑦ 滕绍箴《满族发展史初编》,天津古籍出版社,1990年,第207页。

旗籍内形成了一个多民族融合的文化圈。"以旗统族"的共同命运和共同生活使得旗籍汉人自愿向旗籍满人靠拢,史称"天下视辽人如真满洲",恰好反映了东北汉人满化的真实情况。

有清一代的历史,也是一部满族南下、汉人北上的民族交流史。从顺治元年(1644)清军入关起,民族迁徙就一直贯穿于整个清代。清军的"从龙入关",不是一般意义的南迁,而是从辽沈大地到中原京畿的举国迁徙。"沈阳农民,皆令移居北京,自关内至广宁(今辽宁北镇市)十余日程,男女扶携,车毂相击。"①据推算,内迁总人口当在 90 万人以上。②

清军"从龙入关、尽族西迁"直接造成了辽沈地区的人口锐减、生计凋敝。当时北部吉林、黑龙江地区各族土著人口 16 万余人,东蒙古地区蒙古部落人口 16 万余人,而南部的盛京(沈阳)地区人口仅 3 万余人。除少量兵丁留守,辽沈大地一片荒芜。为迅速充实辽东人口,清政府先后颁布了《辽东招民开垦条例》等多道谕令:"州县卫所荒地,无主者分给流民及官兵屯种,有主者令原主开垦,无力者官给牛具籽种。""民人愿出关垦地者,山海关造册报部,分地居住。""辽东招民开垦至百名者,文授知县,武授守备;六十名以上,文授州同州判,武授千总;五十名以上,文授县丞主簿,武授百总;招民数多者,每百名加一级。所招民每名口给月粮一斗,每地一垧给种六升,每百名给牛二十只。"③政令颁布前后十五年间,东北地区出现了清代的首次移民高潮。据《盛京通志》记载,顺治十八年奉天府人口统计数字中,仅辽阳、海城的新增人口数就达 94%,表明人口的增加主要是移民大量迁入的结果。到顺治末年,宁远、锦州、广宁一带人口渐聚,奉天、辽阳、海城一带"稍成府县之规"。④

有清统治的二百余年,在东北的开发与封禁问题上始终矛盾重重,既希望东北的荒地得到垦殖,又担心龙兴之地遭到破坏。从康熙十五年(1676)到咸丰末年,清廷对出关或严令禁止,或权宜姑息,未能真正阻止中原汉人北迁的浪潮。因水、旱、虫灾而被迫迁徙的山东、直隶、河南居民,或从陆路进入山海关,一路向北;或从海路浮海,至辽东半岛;或私越长城,走辽西。到 1840 年,东北人口已突破 300 万,比一个世纪前猛增了七八倍。据曹树基《中国移民史·清时期》统计,从 1897 年到 1908 年的 11 年间,辽宁地区的移民人口增长了 500 万,吉林地区的人口增长应有 422 万左右。从总体上看,清末迁入东北地区的

① 吴晗辑《朝鲜李朝实录中的中国史料》(上编卷五十八),中华书局,1980 年,第 3756 页。
② 傅乐焕《关于清代满族的几个问题》,《辽史丛考》,中华书局,1984 年,第 408 页;张璇如《清初封禁与招民开垦》,《社会科学战线》,1983 年第 1 期,转引自韩光辉《北京历史人口地理》,北京大学出版社,1996 年,第 272 页。
③ 姜维公主编《中国东北民族史》(下卷),吉林文史出版社,2009 年,第 293 页。
④ 张璇如《清初封禁与招民开垦》,《社会科学战线》,1983 年,第 1 页。

移民及后裔总数在 1 000 万左右。

在频繁的接触中，汉族移民与东北各少数民族已经出现了语言上相互整合的趋势。清初时居住在黑龙江省北部偏远地区的索伦达斡尔语中"间杂汉语"，晋商与蒙古、索伦、达斡尔族交易时"皆通其语，问答如流"。"达斡尔族以前称大豆为'沙如博尔楚'，荞麦叫做'哈奥勒'，这些词汇逐渐地变成了废语，现在将前者称'黄豆'、后者叫'荞麦'觉得很方便了。"①地名常常可以反映移民文化，黑龙江省的许多地名，都是受汉文化影响所起，如以李、赵、张、王等姓氏命名的庄或窝棚（移民的一种简易住房），多是清朝汉族移民较为集中的地方。后面一字是"屯""店""堡""庄""子"等字，前面又冠以地理方位或姓氏的部落，也大多是汉族移民根据地理特点所起的名字。②

汉族大量进入东北地区，致使当地满族在语言、姓氏、宗教信仰等方面发生了明显的变化。这些民族文化核心要素的改变，使得满族这一民族不能再保有自己文化上的独特个性，汉族最终成为东北地区的主体民族。③ 汉文化逐渐成为东北文化的主导，并与当地各民族文化一起交汇融合，形成了一种新型的富有移民特色的文化形态。满族等少数民族文化从生产方式、风俗习惯、典章制度到语言文字等诸多方面都受到了汉文化的巨大影响。"满洲宴客，旧尚手把肉或全羊，近日点染汉习，亦盛设佳馔。"④"清朝二百六十八年的历史，就是萨满教与佛教融合的历史。在他们建立的王朝还存在和兴盛的时候，吸收其他宗教和自己的萨满教并存。"⑤沈阳故宫各殿的建筑风格及努尔哈赤陵的石雕艺术，都是仿明代汉族风格而建。皇太极时采用汉族"仿古大礼，祭天"。汉族"烧化纸钱""斋戒哭临"的习俗也被皇家贵族日渐吸纳。至于狮子舞等文娱之习，则在盛大节日中普遍出现于宫廷和民间。到辛亥革命时，满族老姓的消失、汉化已经由民间上升到政府高层。

受汉族民间说书艺术的影响，满族也产生了自己的说部文化，如代表家族秘传的说部故事《洪匡失国》，在清初由口头传承的形式变为以满文的形式录入家谱。从康乾时代开始，在某些家族中开始出现手抄本，如康熙朝始创的《萨大人传》，其手抄本经历了从满文传本、满汉相兼文本再到汉文本的过程，时间长达 270 年有余。⑥ 大量的满族或旗人作家以其娴熟的汉语进行文学艺术的创作，如纳兰性德的《饮水集》《侧帽集》、曹雪芹的《红楼

① （日）池尻登《达斡尔族》，转引自李德滨、石方《黑龙东移民概要》，黑龙江人民出版社，1987年，第 35 页。
② 李德滨、石方《黑龙东移民概要》，黑龙江人民出版社，1987 年，第 58 页。
③ 关学智《谈东北移民中的文化变迁所导致的满民族最终汉化》，《沈阳工程学院学报》，2008 年，第 3 页。
④ 李德滨、石方《黑龙东移民概要》，黑龙江人民出版社，1987 年，第 62 页。
⑤ 吕光天《北方民族的原始社会形态》，宁夏人民出版社，1981 年，第 348 页。
⑥ 高荷红《从记忆到文本：满族说部的形成、发展和定型》，《西北民族研究》，2016 年第 4 期。

梦》、文康的《儿女英雄传》等等。满清历代皇帝多是汉文化的积极倡导者和文学创作的能人。康熙皇帝就满汉双通,精通汉字书法。乾隆皇帝更是酷爱汉族文学,喜书汉字,御制汉诗五万多首。

满清贵族对汉文化的向往和推崇大大加快了满族汉化的进程。满、汉的接触、融合带来的是文化的共存与交融。受满族婚丧、生育等习俗的影响,育儿的摇车、采生、元宵节的走百病、守孝时简化治丧仪式、缩短守孝日期等习俗逐渐为汉人所接受。腌酸菜、窖藏蔬菜以及"满汉全席"等饮食文化也日益成为汉文化的一部分。今日的旗袍,其实是整合了满、蒙传统服装样式后又融入汉族服饰文化元素的结晶。

二、明清时期北京官话区的语言状况

明朝统治的二百多年间,女真文化与汉族文化在南征北战的过程中互相交融。女真文字创制于 12 世纪的金国,其兴衰过程较为漫长。在明初官方正式场合女真文字曾普遍使用,碑文、敕书、奏文昭然可见。在永乐宣德年间所撰,黑龙江省特林的《永宁寺记》和《重修永宁寺记》中,汉文、女真文、蒙古文并列。从明朝永乐年间编纂的《女真馆杂字》时女真文和汉文的并行使用,到明末茅端所辑的《女真译语》中只有注音和汉语,没有女真字,这一变化可以旁证与女真文字基本同步的女真语的衰亡过程,也从侧面折射出女真语汉化的过程。到正统九年(1444),在小部落和边远卫、所,已经无人会写女真文字了。玄城卫指挥向明朝政府奏折,女真有"四十卫无识女真字者",上奏的官文已经不能用女真语文,女真语的汉化程度已经初露端倪。到明末万历三年(1575),最后一个"能解番汉语"的人建州右卫王杲去世,女真文字才真正废绝。从金启孮的《女真语辞典·凡例》中可知,明代《女真译语》中从汉语中借入的词(包括借汉语语法组词)已达 10%,收入辞典的书面语多为定型的词语,而民间口语中借用汉语成分的形式和数量则要多得多。①

从明代开国到迁都北京的五十多年间,明政府从全国各地迁往北京的汉人络绎不绝,每户若以五口计,当有几十万人。移民范围近则直隶、山西、山东、沙漠地区,远则江浙、南京一带。"第民杂五方,里巷中言语亦有不可晓者",可见万历年间(1573—1620),北京话词语的来源已经相当复杂。沈榜在《宛署杂记》中收集的八十余条当时的北京方言词语,只有一半左右流传至今。其中有的来自外族语(如"不明白曰乌卢班"),有的来自其他方言(如"呼舅母曰妗子"),有的随事物消亡而消失(如"总角曰拐子头")。值得注意的是

---

① 赵杰《满族话与北京话》,辽宁民族出版社,1996 年,第 52—54 页。

父亲有三种称呼："父曰爹,又曰别$_{平声}$,又曰大"。其中"爹"大概为原有,"大"可能来源于山西,"别$_{平声}$"则来源不明,从中正可以看出当时各地方言对北京话的影响。① 《中原音韵》中的古清入声字都归上声,但在明代徐孝的《重订司马温公等韵图经》中,古清入声字已经分别归入了阴、阳、上、去四声,和现代北京话一样。据陆志韦(1947)分析,《重订司马温公等韵图经》中的音系可能是明万历年间的北京话音系的代表②,当时入声消失不久,北京话清入声字可能受不同方言读音的影响,形成了今天这种似无规律可寻的局面。③ 尽管明初的移民对北京话造成了一定影响,但并未中断北京话前后的一脉相承,从现代北京话与代表元大都话的《中原音韵》的一致性上都可以证明这一点。明初迁入北京的外地人口,多集中于军队、官员、富商和手工业者,普通百姓相对较少,这些人来源复杂,方言也不一致,所以他们的方言无法取代原来的北京话。④ 周一民(2023)通过对明代万历年间的词汇学著作《长安里语》进行考察,发现其收录的 23 类 343 条词语中,除一小部分已经亡佚或写法殊异之外,大部分词语跟今天的北京话一致。从而得出结论:"明代北京话与今北京话已十分相似,语音系统已经基本定型,轻声、儿化均已成熟,文明礼貌程度相当高。"⑤

　　明代女真人形成满族并发展壮大的过程,实则是满、汉、蒙、锡伯等族不断加入汇合的过程。为扩大反明势力,努尔哈赤不断把归降或投充的汉人纳入军中,并以"满、汉同为一汗之民"谕令诏告天下,"诸申(满人)、尼堪(汉人)合家居住"的情况日益增多,满军队伍中汉人数量日益扩大。从清初八旗兵员的两组数字可见,清初建国的短短三十几年间,汉军旗人已从不足五千人猛增至二十六万余人,比例亦大大超过了满洲旗人⑥:

初建八旗(1615 年)	民族人口百分比
满人 308(牛录)×300(丁)= 92 400 人	77%
蒙古人 76(牛录)×300(丁)= 22 800 人	19%
汉人 16(牛录)×300(丁)= 4 800 人	4%
共计 120 000 人	

---

① 林焘《北京官话溯源》,《中国语文》,1987 年第 3 期,第 162 页。
② 陆志韦《记徐孝重订司马温公等韵图经》,《燕京学报》,1947 年第 32 期,第 169—196 页。
③ 林焘《北京官话溯源》,《中国语文》,1987 年第 3 期,第 163 页。
④ 钱曾怡《汉语官话方言研究》,齐鲁书社,2010 年,第 67 页。
⑤ 周一民《长安里语和明代北京话》,《吕梁学院学报》,2023 年第 3 期,第 6 页。
⑥ 数据来自林焘《北京官话溯源》,《中国语文》,1987 年第 3 期,第 166 页。

续　表

顺治五年(1648)	民族人口百分比
满人 55 330 人	16%
蒙古人 28 785 人	8%
汉人 262 816 人	76%
共计 346 931 人	

汉族人口和文化的优势使得满语在与汉语整合的过程中发生着变异和同化,满语逐渐被汉语替换。顺治六年(1649)的《鞑靼漂流记》便再现了这一替换过程中满族人的语言实况,是正在融合的满语和汉语的真实写照:①

在鞑靼(关外)把饭叫 hota,把吃饭叫 sebu;北京叫 hang,把吃叫 chii,把吃饭叫 chiihana(吃饭哪);在鞑靼和北京把饼都叫 huku;豆腐在鞑靼和北京都叫 taufu;胡椒在鞑靼和北京都叫 fuuteu;芥末在鞑靼和北京都叫 keimo;在鞑靼把鸡叫 teuku,在北京叫 kii;在鞑靼把男人叫 niyama,把女人叫 harase,北京把男人叫“汉子”,女人叫“老婆”;两“国”把烟袋都叫 tahu;烟草都叫 tabako;向贵人问候,鞑靼称 yotsuko;北京称 moroko。鞑靼把海叫 motorimutsuka,mutsuka 是水,北京把海叫 daasui(大水)。

“鞑靼”指关外特别是关东边远地区。这段材料是当时一个懂满汉双语的日本少年记录下来的清兵所说的话。当时清朝刚定鼎北京五六年,留守在关东边远地区的满族人还讲满语,但这种满语有的已经明显受到了汉语或其他民族语言的影响。如规范的满语把饭叫“[puta]”,而关外的满族人却称“hota”,也许是受汉语“饭”声母“f”的影响,首先完成了 f-h 的对应转换,用“fo”实现了对汉语“fan”音节的仿音,又保留了满语中原有的部分读音,就形成了“hota”的说法。

关内外满族人所说的满语词相同的有 huku(饼)、taufu(豆腐)、fuuteu(胡椒)、keimo(芥末)、taha(烟袋)、tabako(烟草)。其中,“taufu(豆腐)、fuuteu(胡椒)、keimo(芥末)”三个词来自汉语,但有的却进行了满语式的改造,如“胡椒”中用“f”声母代替了“h”声母。“芥末”的“芥”,在《中原音韵》中读作“kiai”,在近代演变成了“jie”。满语的读音“kei”,

① 赵杰《满族话与北京话》,辽宁民族出版社,1996 年,第 71 页。

也许体现的正是"芥"字的声母由"k"向"j"腭化过程中的"k""j"混读的现象,受"k"声母读音的影响,介音"i"和主要元音"e"的位置发生了对调。金基石(2001)通过对18世纪朝鲜文献的对音资料进行考证得出一个结论:18世纪应该是见晓组与精组腭化的过渡时期。由此可以推测,"芥"(见母字)在进入满语的过程中,出现了腭化进程中的变异现象,这种变异也从侧面印证了满式汉语的存在。

有些满语词在关外和北京的说法已经有所不同了,如"饭""吃饭""鸡""男人""女人""酒"及"向贵人问候的称呼"。在北京话中,有的满语词已经变成了汉语词,如"吃叫chii""吃饭叫 chiihana""鸡叫 kii"。这些词的发音反映了当时汉语的语音特点,如从"鸡"的读音可以看出汉语的舌根辅音在前高元音[i]前还没有腭化的特点。

清王朝统治的近三百年间,在满汉杂居语言融合的氛围里,代表满族特征的"国语骑射"在高度发达的汉族农业经济的长期影响下,日渐式微。北京官话区的满语、汉语及其他民族语言之间不断吸收、融合,经历了满汉合璧、满汉相兼、以汉语为主,并兼容吸收满语成分等的复杂演变过程。及至清末,北京官话日渐成形,北京官话词汇系统开始形成。满语同汉语的融合历程,从清代不同历史阶段的作家作品及官方刊行的满汉对照双语教材可见端倪。子弟书是以满族八旗子弟为主创造的民间曲艺形式,产生于乾隆初年,到清末结束。子弟书等作品的语言变化形式及其满汉对照双语教材的语言变化,显示出满语汉化以及汉语兼容吸收满语的轨迹。

子弟书创作伊始,就是以满、汉语合璧的形式出现的。最初的子弟书曲艺语言是一句满语一句汉语,彼此之间不相互串词或借用,说书人根据自身喜好用满语或汉语演唱。两种语言的唱词都按照各自语言的特点进行押韵,如以汉族民间故事《孟姜女哭长城》为题材而创作的《寻夫曲》:

> minbe maktafi dengjan i fejile helmen i teile funcefi
> 抛的奴,独自在灯影儿里
> doboridori biya i elden tuhetele kemuni harga ašme bicina
> 每夜常随到月轮儿垂
> abka buten i ici karahai šanggiyan tugi farsi farsi
> 目断天涯白云片片
> fe jugūn i bolori edun dekdeci fulgiyan abdaha kiyalmaha kiyalmaha
> 秋风古道,红叶飞飞
> ere gese gūnin usacuka arbun muru ai mohon bi
> 似这样断魂景况何时了?

ai mini tere hesebun gosihon i eigen marikini ya aniya

叹我那苦命的儿夫何日归？

bi inemene emhun beye tumen bade eigen be baihanakini

奴不免，一身万里寻夫去

uthai gūwa bade bucehe seme fayangga oron aicibe inuemgi sasa

便死他乡，也落得魂魄随①

这段唱文中，满语和汉语都是隔行押韵，从中可见汉语文艺创作形式对满语的影响。满语押的是双尾韵 i 和 a，如开头四句中的"funcefi"与"farsi"，"bicina"与"kiyalmaha"，都是押最后一个元音。汉语押的"灰堆"韵辙，韵脚分别是"垂、飞、归、随"四个字。

从清初子弟书的文本语言形式可以看出，当时的北京满族青少年使用的语言是满语、汉语并用。如果八旗子弟都会满语，就无须再合璧上汉语文了。双语文本形式的并存，从侧面表明满语的地位开始下降。

随着子弟书的盛行和流传，子弟书又出现了新的语言形式——满汉相兼：在一句话中满语词和汉语词相兼搭配，交错成章。语法上能够有机结合，语音上能满汉合辙押韵。如《螃蟹段儿》中的片段（满语下面的汉字是上面词语的对译）：

那一日，yobo age baita akū de 出门去，udu ginggen 螃蟹 be udafi 拿到家。
　　　　戏谑 阿哥 无事　　　　　　　几斤　　　　买了
boode dosime 放在盒子内，bel ci 一见说："哎呀ere 可是ai jaka？" age injeme 说：
　进家中　　　　　跌婆　　　　　　这　什么 东西 阿哥 笑
"ere be 休问我，bi inu ferguweme，不认得他。"他夫妻，jing buhiyeme 胡捣鬼。那螃蟹，
　这个　　我也　稀罕　　　　　　正自猜疑
patar pitir seme 往外爬，这佳人 esukiyeme 说："往那里跑？"挽了挽袖子，hahi cahi
跳　挣　　　往外爬　　　　吆喝　　　　　　　　　着了急
下把抓；反被他juwe fali 夹住了手，bal ci 说："eniyegei monio 把我好夹。"疼的他，
　　　两 个　　　跌婆　娘的　猴儿
hamirakū 忙抬玉腕，那螃蟹fita saifi，把腿儿搭拉；age 一见说："ara waliyaha"往前就跑，
受不得　　　　　往死夹着　　　　阿哥　　　嗳　哟

---

① 用例取自赵杰《满族话与北京话》，辽宁民族出版社，1996 年，第 138—139 页。

ekšeme saksme 就把抓子拉。ele tataci ele cira 疼的更紧,eitereme lasihici 再也不撒。①
　慌忙　　　　　　　　　越拉越严　　　　　　任凭摔夺

　　这段唱词,满汉语兼融,交错出现。在韵律上,全段汉语押"发花"辙,如"家、他、爬、抓、夹、拉、撒"。第二句末满语词组"ai jaka"以最末元音"a"押汉语的"发花"辙。在语法上,满汉语句巧妙结合的同时,又遵照了两种语言的语法规律,如第二句"udu ginggen 螃蟹 be udafi 拿到家"意思是买了几斤螃蟹拿到家。其中,满语"几斤"(udu ginggen)修饰"螃蟹",符合汉语语法;"螃蟹"又作满语"买"(be udafi)的宾语,符合满语语法。udafi 是满语动词"udambi"的连续副动词形式,表示"买"的动作在先,"拿"的动作在后,②相当于在汉语连动句中做的满语语法标记。用词上,唱文中的大部分满语词都是基本词汇,如人名称谓词"阿哥、跌婆",表数量的词"几斤、两个",代词"这、我",感叹词"嗳哟",以及口语的骂人话"娘的猴儿"。剩下的满语词多数是连动式结构的前一动词,起副动词作用,如 dosime、injeme、buhiyeme、seme、esukiyeme、ekšeme、saksime、eitereme,这些动词都以相同的词缀"-me"作为语法标记。文中的汉语词义要相对抽象一些,通常表达满语不易说出或不便说出的内容。由此可以判断,当时的八旗子弟对满语的使用已经不如汉语那样顺畅流利、得心应手了。对满语文字的汉语译注也间接反映了汉语的主导地位和满语的衰落趋势。③

　　《清文指要》编写于清代乾隆时期,是清朝较早刊行的大型满汉对照的双语教材,现存较早的版本是乾隆五十四年(1789)双峰阁刻本,最常见的版本是嘉庆十四年(1809)夏三槐堂重刻本。这部书用一句满语一句汉语翻译的形式,记录了当时满族人的婚丧嫁娶、生老病死、亲友交往、做官当差、生活起居、家庭伦常、惩恶扬善、祭祀迷信等内容。在其汉语翻译中,除了使用大量北京话口语词外,还有少量满语词(阿、阿妈、章京、膊洛盖儿、肮星儿等)、有一些因受作者母语蒙古语和满语影响而高频使用的短语(表原因的"……的上/上头"、表原因的"……的时候"、表假设的"……的时候"),以及多用来表示祈使语气的句末语气助词"是呢"(是对满文动词祈使式常用形的附加成分-cina 语音上的对译),这些满语成分的使用恰恰反映了清代中前期满人入关后学习汉语和使用满汉双语时"满汉兼杂"的中介语状态,是语言接触的结果。④

---

① 用例取自赵杰《满族话与北京话》,辽宁民族出版社,1996 年,第 141 页。
② 赵志忠《清代满族曲艺子弟书的语言特点》,《满语研究》,1990 年 1 月。
③ 赵杰《满族话与北京话》,辽宁民族出版社,1996 年,第 143 页。
④ 张美兰《满汉〈清文指要〉汇校与比较研究》,上海教育出版社,2022 年 12 月,第 7—9 页。

在《清文指要》中，许多汉语句子表现出了以汉语为主体，附有满语语法标记的特征，具有过渡时期汉满语兼融的变异性。例如下面以"上/上头/的上/的上头"为后置词表原因的句子：

1. 既到门口就回去的。家里人说"我不在家"的话**上**恼了吗是怎么样呢？若不告诉出缘故来，怎么得知道呢？ （《清文指要》，卷下 30b）

2. 今日早起叫他们背书，一个比一个生，哼啊哼的张着嘴，格蹬格蹬的打磕绊，那**上头**我说："暂住，听我的话……" （《清文指要》，卷中 21a）

3. 昨日我去瞧**的上**，看那气色什么还说像先吗？……才要问时，他的一个亲戚去了**的上**，隔开了。 （《续清文指要》，卷下 20b）

4. 阿哥你是知道我的，他那求**的上头**，我的心就回了。 （《清文启蒙》，卷二 52a）

上述"（的）上/上头"是满语中的原因后置词在汉语语句中的标志，是满语语法格后缀-de 和原因后置词 jakade ofi 等及其相关语法成分的反映。①

据张美兰（2016）对《清文指要》及相关汉文译本共 8 种材料的对比研究，从嘉庆十四年夏（1809）到道光十年（1830）三个不同版本②的满汉文字对译材料可以看出，这时期的汉语译文还带有突出的满语特征，如"的上/的上头（满语位格标记 de/-de）""因此上/因为这个/因为那个/因为上头（满语表原因连词 tutto ojoro jakade）""的时候/后（满语时间后置词 manggi）""那边（满语处所后置词 cala）""望/向（满语方向后置词 baru）"等。而从 1867 年到 1921 年，西方、日本、朝鲜等国学习汉语的书籍中收录的《清文指要》③的汉语译文，就明显呈现出了"去满语形态特征"的轨迹，如下列不同时期版本的汉语译文：

（一）

1. **因那个上**我猛然明白了，心里想着，要是鬼，也有拿衣裳的理吗？ （1809 A 版）

① 祖生利《清代旗人汉语的满语干扰特征初探》，《历史语言学研究》（第六辑），商务印书馆，2013年，第 221 页。

② 三个版本分别是：A 版：嘉庆十四年夏（1809）三槐堂重刻本；B 版：1818 年《清文指要》（百章，西安将军署重刻本，两卷二册）；C 版：1830 年《三合语录》百章，道光十年五云堂刻本，自成顺序。

③ 即以下版本：D 版：1867 年英国人威妥玛编写的《语言自迩集·谈论篇（百章）》（哈佛大学外德纳图书馆藏本）；E 版：1879 年日本人广部精改写的《亚细亚言语集支那语官话部·谈论篇（百章）》（1879 年 6 月，小石川清山堂社）；F 版：1880 年日本人福岛九成改编翻译的《参订汉语问答篇国字解》（明治十三年即 1880 年 9 月，力水书屋藏版）；G 版：1921 年韩国宋宪奭编撰的《支那语集成》第六编《谈论》（大正十年即 1921 年，德兴书林和林家出版社）。正文援引例句来源的"D－G 版"均指上述版本。

2. 我那朋友,心里暗想,若果然是鬼,有拿衣裳的理吗? 　　　　(1867 D 版)

3. 他心里暗想,若果然是鬼,有拿衣裳的理么? 　　　　　　(1879 E 版)

(二)

4. 至于众论**的时候**,那才难了呢! 　　　　　　　　　　　(1809 A 版)

5. 赶到吵嚷开了,人人都知道了,你那才到了难处儿了呢! 　　(1867 D 版)

6. 若是吵嚷开了,都知道了,你那才到了难处儿了呢! 　　　　(1921 G 版)

(三)

7. 谁**望**着他讲长讲短了? 被他的话逼着叫我说呀。 　　　　(1809 A 版)

8. 谁和他说长道短了么? 本是他的话逼着叫我说啊。 　　　　(1867 D 版)

9. 谁和他说长说短呢? 是他把话来勾引我咯。 　　　　　　　(1921 G 版)

(四)

10. 口里虽说是**向**你好,背地里陷害的不轻。 　　　　　　　(1809 A 版)

11. 嘴里虽然跟你好,背地里害得你很不轻。 　　　　　　　　(1867 D 版)

12. 嘴里虽是说你好,背地里害人的了不得。 　　　　　　　　(1880 F 版)

(五)

13. 你是会汉书的人啊,学翻译狠容易**罢咧**。 　　　　　　　(1809 A 版)

14. 你是明白汉字的人啊,要学翻译很容易。 　　　　　　　　(1867 D 版)

15. 你本来是明白了汉字的文理,要学满洲文狠容易的。 　　　　(1880 F 版)

(六)

16. 白是个褂子名**罢咧**。 　　　　　　　　　　　　　　　　(1809 A 版)

17. 白有个褂子的名儿就是咯。 　　　　　　　　　　　　　　(1867 D 版)

18. 不过是貂皮的一个名儿。 　　　　　　　　　　　　　　　(1921 G 版)

(七)

19. **因此上**,我一则来求阿哥,再还有恳求老长兄的去处。 　　(1809 A 版)

20. **因为这么着**,我一则来瞧瞧兄台,二则还有奉求的事情呢。 (1867 D 版)

21. **因为这么着**,我来瞧瞧老哥,奉求一件事。 　　　　　　(1880 F 版)①

　　从以上《清文指要》不同版本汉语翻译的变化可以看出,清代中后期,早期夹杂着满语形态特征的汉语表达基本都消失了,取而代之的是更符合汉语习惯的表达。而最初由

---

① 以上汉语译文,均出自张美兰《从〈清文指要〉满汉文本用词的变化看满文特征的消失》,《中国语文》,2016 年第 5 期。

八旗子弟书创造出来的子弟书,在语言形式上也发生了明显的变化。整段曲艺文字见不到满语,仅用汉字作书写符号。其中少量使用的满语词或句子,也都采用汉字记音。满文作为一种书面形式在子弟书中已完全消失,满语退到了只为汉语篇章补充一些语言成分的辅助位置。如子弟书《查关》中的一段文字:

> 梭罗宴看看姑娘,瞧瞧太子,
> 说:"便宜你一顿舒拾哈摊他,看我的姑娘。
> 那南方的蛮子哥布矮,
> 矮哈拉,你要实说是牛、马、朱、杨。
> 西委居西呢阿妈是何人也?
> 亚巴衣呢呀啦妈住在那乡?
> 五都寨是七十八十或三两岁,
> 矮阿呢呀是狗儿、兔子合小猴王。
> 矮逼七鸡蛋合是往何处去?
> 最要紧,西你拔得可有了妻房?
> 你看他,弥呢鸡尊伴不睬,
> 倒把我,呀萨秃挖莫故意装伴。"
> 小储君半晌听呆全不懂,
> 身背后嫣然一笑是二姑娘。①

这段文字共十四行,用汉字记音形式的满语词有二十几个,主要是一些简单句子和词组,如:"矮哈啦"是满语"ai hala(什么姓)","亚巴衣呢呀啦妈"是满语"ya ba i niyalma"(什么地方的人),"五都寨"是满语"udu se"(多大年龄),"西你拨得"是满语"sini boode"(你的家中)等等。这段文字中遵从的韵律和语法也完全是汉语的,从中可见汉语对满语的同化在进一步增强。满语同汉语的接触、同化、变异、融合,历经了满主汉辅、满汉并行、汉主满辅、融入部分满语特征的汉语几个阶段。

清中后期文人创作的京腔小说中,汉语中融入满语语言特征的语言现象比比皆是,如咸同年间镶红旗人文康创作的《儿女英雄传》:

> 那女子走到<u>跟前</u>,把那块石头<u>端相</u>了,端相见有二尺多高,经圆也不过一尺来往,

---

① 用例取自赵杰《满族话与北京话》,辽宁民族出版社,1996年,第144页。

约莫也有个二百四五十斤重。原来是一个碾粮食的碌碡,上面靠边却有个凿通了的关眼儿,想是为拴拴牲口,再不,插根杆儿,晾晾衣裳用的。她端详了一番,便向两个更夫说道:"你们两个闪开。"李四说:"闪开怎么着? 让你老先生坐下歇歇儿。"那女子更不答言,她先挽了挽袖子,把那佛青粗布衫子的衿子,往一旁一缅,两只小脚儿往两下里一分,拿着桩儿,挺着腰板儿身北面南,用两只手靠定了那石头,只一撼,又往前推了一推,往后扰了一扰,只见那石头脚跟上,周围的土儿就拱起来了。重新转过身子去,身西面东又一撼,就势儿用右手轻轻的一摆,把那块石头就摆倒了。看的众人齐打夯儿的喝彩,就中也有嘡的一声的,也有嗐的一声的,都悄悄的说道:"这才是劲头儿呢!"当下把个张三、李四吓得目瞪口呆,不由的叫了一声:"我的佛爷老子!"他才觉得方才那阵讨人嫌闹的不够味儿。那跑堂儿的一旁看了,也吓得舌头伸了出来,半日收不回去。　　　　　　　　　　　　　　　　　　　　　　　(《儿女英雄传》第四回)①

　　这段文字中汉语的运用已经十分纯熟,其中运用的词汇不仅有明代以来的官话词汇,东北、北京的方言土词,还有融入满蒙等语言特征的儿化词、轻声词、"的字结构"、加儿化的"的字结构"等等。儿化词有:关眼儿、杆儿、歇歇儿、小脚儿、桩儿、腰板儿、土儿、就势儿、劲头儿、味儿。轻声词有:端详、约莫、碌碡、再不、衣裳、佛爷。的字结构的有:嘡的一声的、嗐的一声的、晾晾衣裳用的。的字结构加儿化的有:打夯儿的、跑堂儿的。东北满族地区和北京旗人用的土语词有:跟前、拴牲口、怎么着、挽袖子、布衫、一缅、一摆、方才。满语等少数民族语言词汇在潜移默化中渗入了汉语词汇,汉语的词汇系统在不知不觉中完成了对满语等少数民族语言的同化。

　　《儿女英雄传》中还有一些方言土语,在今天的北京话中已不用或少用,但在北京官话区的部分满族聚居区域(如吉林伊通满族自治县等)的方言中还用于日常交际,如:

　　一冲性儿:任性,听凭自己一时的冲动,为所欲为,也作"一铳子性儿"。"更加姑娘那等天生的一冲性儿,万一到个不知根底的人家,不是公婆不容,便是夫妻不睦,谁又能照我老夫妻这等体谅他?"　　　　　　　　　　　　　　　　　　　(二十三回5)

　　扎上口袋嘴儿:把人比作盛饭的口袋,扎上口袋嘴儿,即没有饭吃,饿饭的意思。从此衙门内外人人抱怨,不说老爷清廉,倒说老爷呆气,都盼老爷高升,说:"再要作下去,大家可就都扎上口袋嘴儿了。"　　　　　　　　　　　　　　　　　　　　(二回16)

　　不咱:"咱"也读作 jie,轻声。有二义:一,不然,要不。"俺姑娘这打扮可不随溜

────────────

① 用例取自赵杰《满族话与北京话》,辽宁民族出版社,1996年,第120页。

儿,不咱也给他放了脚罢?" (十二回 19)

　　二,放在动词后面的语尾助词,有"不惹是"的意思。也作"不则"。"真个的,我
也撒一泡不咱。" (九回 13)

　　不用澄了,连汤儿吃:澄谐音瞪,即不要瞪眼睛的意思。与此相类的还有一句是
"不用喝了,连汤儿扒拉罢",调侃"喝"字。"姐姐说话呀! 瞪甚么? 我怄姐姐一句:
'不用澄了,连汤儿吃罢!'" (三十三回 5)

　　打自得儿:心境舒畅、悠闲自得的样子。"一个笑着说道:你是甚么头口? 有这
么打自得儿的没有?" (六回 13)

　　叫短了:问短了,拙于应付,没有办法了。与今口语"叫秃鲁了""抻短了"义同。
"我只道你用个一百万八十万的,那可叫短了我了,一万银还备得起!" (十五回 31)

　　红姑娘儿:即灯笼草,又名苦灯笼。光绪《畿辅通志》:"灯笼草,燕京野果,名红
姑娘,外垂绎囊,中含赤子如珠,酸甘可食。'姑娘'乃'瓜囊'之讹,古音瓜、姑同音,
以娘、囊之音也相近也。此种野果消食去火,儿童又常取以揉搓致软玩弄"(另有一
种曰"赤包"者,也是供儿童玩的野果)。"你闪开,看我打他个败火的红姑娘儿模
样儿!" (六回 15—16)

　　守着钱粮儿过:清代旗人的薪俸曰钱粮,旗下寡妇照例也有,谓之"寡妇钱粮"。寡
妇改嫁,俗称"往前走",钱粮自然取消。所以北京俗语有"别走啦,守着针粮包儿过
罢",是"不走"的调侃语。"你那儿走哇? 守着钱粮儿过啵? 你又走啰!" (七回 13)

　　齐全人:即全口(ke)人,指父母、公婆、丈夫俱在的"有福气"的妇女。"舅太太那
时早已起来,急于要进房看干女儿,因等个齐全人踩过门,自己好进去。"(二十八回 27)

　　抖积伶儿:人将死前的回光返照现象,北京话叫做"抖积伶儿",此处转为在别人
面前振作精神、献殷勤的意思。"(公子)忙答应一声,一抖积伶儿,把作揖也忘了,左
右开弓的请了俩安。" (八回 7)

　　足(jù):聚,集中。"只见那先生望着姑娘,把眼神儿一足。" (十七回 27)

　　没溜儿:没正经的,有不着边际的意思。"从没听见姑娘说过这等一句不着要的
话,这句大概是心里痛快了,要按俗语说,这就叫'没溜儿',捉一个白字,便叫作'没
路儿'。" (二十七回 18)

　　丝丝拉拉:轻微的隐约的难受或不舒服。"你们姐儿俩里头,我总觉得你比他合
我远一层儿似的,我这心里可就有些丝丝拉拉的。" (三十二回 30)

　　一哗噜串儿:珠子结扣散开、珠子脱落,叫哗噜,以此比喻事情中途停辍,办不成
功。也有比喻说错了话、泄露机密、不敷用度、拖拉等多种意思。"请问这一哗噜串
儿,叫安老爷一家怎生见人?" (二十五回 20)

扎裹：打扮，收拾。扎裹的本意是指冥衣铺里制作冥人、冥器。"我放着我的女儿不会扎裹？我替你们白出的是甚么苦力？" （二十四回7）

掉歪：不听话，出坏主意。今训斥小孩常用此语。"甚么叫闹心眼儿，掉歪，他都不会。" （十五回13）

痒痒筋儿：一个人最喜欢听的话语或喜欢做的事情，即"搔到痒处"之"痒处"的意思。"这桩事不比听戏，可正弹在安老爷的痒痒筋儿上了。" （三十九回47）

逼扣(bīke)：逼迫、催使。"姑奶奶，越说叫你好好儿的合他说，别逼扣他，说结了，咱好给他张罗事情。" （二七回9）

填馅：本是泥匠砌墙时往墙内填充砖块泥料，后用作填空缺、白白送给、白做牺牲。有代人抵过，自我倒霉的意思。"委曲你们几个，算填了馅了，只是饶你不得！" （六回22）

滞碾：指语言动作迟慢拖拉，使人感到不耐烦。有折磨人、揉搓人的意思。"只是他天生的这样滞碾人，也就无法。" （十二回2）

溜扫(liùsou)：利索，手脚利落。"要不亏我躲的溜扫，一把抓住你，不是叫他敬我一乖乖，准是我自己闹个嘴吃屎。" （三十八回34）

疑相(yīxing)：本来是一片好心，但被人误解了，叫疑相；也有由于误解而把事情弄得有了分歧的意思。今口语中使用时，作"依性"。"公子见那女子这光景，自己也知道这两吊钱又弄疑相了。" （五回3）

㧟猪的一大嘟噜：㧟猪，今写作劁猪，即阉猪。劁猪者往往以一束马尾作幌子，兜揽生意，"一大嘟噜"，指劁猪人所持的马尾穗子。"褚大娘子说着，又望他胸前一看，只见带着㧟猪也似的一大嘟噜。" （十五回14）

噶点儿：赌誓。"师傅先合你噶下个点儿，——师傅这趟来京，叫我出不去那座彰仪门(今广安门，旧时来往北京均由彰仪门出入)。" （二十七回12）

踹落踹落：即跩拉跩拉，形容胖人走路左右摇摆的样子。"忽然见一个胖子分开众人，两只手捧着个大肚子，两条腿踹落踹落的跑得满头是汗。" （三十六回22）

翻梢：赌场中称钱为"梢"。赢回已经输掉的钱，叫翻梢，也叫翻本。此指重新振作、振兴起来。"你只看公公，正在精神强健的时候，忽然急流勇退，安知不是一心指望你来翻梢？" （三十回25）

蹩躠(piēxiè)：说风凉话。"无奈何，倒合人家闹了个蹩躠，眯缝着双小眼睛问道：'你这话大概也够着《万言书》了罢？'" （二十六回27）①

---

① 用例及释义取自赵杰《满族话与北京话》，辽宁民族出版社，1996年，第127—129页。

第四节　北京官话区词汇系统的形成

北京官话区词汇系统经历了一个漫长的形成过程,是在一千多年前幽燕方言的基础上,不断融合中原汉族和北方少数民族语言的成分逐渐形成的。到清末民初,日渐成形的北京官话其实就是融入了满、蒙等少数民族语言特征的汉语,包括随满、蒙、汉军八旗入关的东北话和融入了少量辽、金、元民族语言成分及周边方言的北京话(明代官话)。清代作家鹤侣在《佳梦轩丛著·括谈》中提到"常谈之语,有清汉兼用者,谈者不觉,听者不知,亦时习也",反映的就是清末满语融入汉语底层而不为世人所知的情况。到了民国时期,这种情况更为明显,满语的语音、语汇、语调零碎地嵌入北京话口语表达的情况屡见不鲜,甚至连满人也习焉不察。试以民国初期的京旗满族民谣为例析之:

上 轱 辘 台

上轱辘台,

下轱辘台,

张家妈妈倒茶来。

茶也香,酒也香,

十八个骆驼驮衣裳。

驮不动,

叫马楞,

马楞,马楞,喷口水,

喷到小姐花裤腿。

小姐,小姐,你别恼,

明儿,后儿,车来到。

什么车? 红轱辘轿车白马拉,

里头坐着俏人家——

灰鼠皮袄,银鼠褂,

双子"荷包"小针扎。

扒着车沿,问阿哥:

"阿哥! 阿哥,你上哪儿?"

"我到南边瞧亲家!"

"瞧完了亲家到我家，

我家没有别的，

达子饽饽就奶茶，

烫你'勾儿的'小包牙！"

这首民谣于北京口语中嵌入诸多满语词，如："妈妈"（汉义"祖母"，满语 mama 的音译）、"阿哥"（满语 age，对别人家"少爷"或自家青少年男子的称呼）、"饽饽"（满族传统食品的称呼）。另有一些词语保留了鲜明的满语特征，如：轻声词"衣裳""俏人家""亲家"，儿化词"明儿""后儿"，"的字结构""别的"等等。有些词语反映的是满、蒙、汉等民族的风俗习惯，如："马楞"这里指驯鹿，满语音译"堪答罕"；"达子"和"奶茶"是蒙八旗人专用的词语；"勾儿的"是地道的北京口语，常作为亲昵俚语使用，表面上带有骂人之气，实际上带有骂俏之情。①

到 20 世纪二三十年代，北京官话中的北京话、东北方言、满、蒙等少数民族语言成分进一步融合。金启孮描绘 20 年代北京旗人衣食住行等生活面貌的著作《金启孮谈北京的满族》中，记载了大量借入汉语的满语词和满汉混合语。如：

满语词：

戈儿塔："翼长"的满语说法。满语为 Galaida。

拨什胡："领催"的满语说法。满语为 Bosoku。

牛儿："佐领"的满语说法。

阿玛："父亲"的满语说法。

蠹搬："接骨匠"的满语说法。

挖单："包袱皮"的满语说法。

自自黑："雀"的满语说法。

温脯："蜜饯、红果"的满语说法。

妈虎子："妖怪"的满语说法。"妈虎"，满语指"鬼脸"。

满汉混合语：

牛儿毡爷：汉语指"佐领"作为官称。满语的"佐领"叫 niruijanggin。

上哪儿克：汉语指"上哪儿去？""克"是从满语 gene、genembi 的首音节 ge 音转化来的，实则是满语的"去"。

---

① 语料及释义参照赵杰《满族话与北京话》，辽宁民族出版社，1996 年，第 164 页。

克趑街：汉语指"上趑街"。"克"的用法同上。

祸搭：汉语指"祸首"。"搭"即满语 da，乃"首"义。

坏事搭：汉语指"常坏事的人"。"搭"的用法同上。①

其中有部分《红楼梦》中常见的詈语和称谓语,在 20 年代北京外三营(西郊的火器营、健锐营、圆明园以及北京城外关厢的八旗军屯驻的军营)仍然通行。如:

小蹄子：指"小畜生"。

烧糊了卷子：指"不像样""不中用"。

姨的：指"姨夫"。②

作者认为这些词语应该是乾嘉时期北京城内普遍通用的语言,后来才写进了《红楼梦》。到了清末,北京城内已没有上述用法,而外三营却因与外界相对隔绝使得这些词语能一直使用不衰。语言接触是一个渐进的过程,在满语和汉语进行替换的过程中,上述满语词和满汉混合语也逐渐退出生活,成为一种历史现象。

20 世纪 30 年代中后期,满族作家老舍的《骆驼祥子》等作品相继问世。透过作者驾驭娴熟的京腔口语可以看出,北京话、东北方言及满、蒙等少数民族语言的自然融合已经成熟。下列轻声词语在当代北京官话中仍在使用:

1. 胡胡涂涂的**扒搂**了两碗饭,他觉得非常的无聊。　　　　(《骆驼祥子》,P203)

扒搂：用筷子迅速往嘴里拨进。

2. 不错,这里必是有很多的钱;但是为什么单到这里来**鼓逗**钱,他不明白。

(《骆驼祥子》,P69)

鼓逗：反复调弄。

3. 能刚能柔才是本事,她得**潵泼**他一把儿……　　　(《骆驼祥子》,P155)

潵泼：māsa,今一般写作"摩挲",用手轻微地抚摩,借用作怀柔笼络人。

4. 房钱,煤火柴炭,灯油茶水,还先别算添衣服,也就将够两个人用的,还得处处**抠搜**,不能像虎妞那么满不在乎。　　　(《骆驼祥子》,P180)

抠搜：节俭。

---

① 以上语料取自金启孮《金启孮谈北京的满族》,中华书局,2009 年,第 24—25 页。

② 以上语料取自金启孮《金启孮谈北京的满族》,中华书局,2009 年,第 24 页。

再如下列儿化词语的使用,满、蒙等少数民族语言成分已经完全融入了京腔:

 5. **明儿个**要是不这么冷呀,咱们早着点出车。   (《骆驼祥子》,P90)

 6. 那点**别扭劲儿**又忽然回来了。   (《骆驼祥子》,P53)

 7. 年节越来近了,**一晃儿**已是腊八。   (《骆驼祥子》,P74)

 8. 我已经有了,祥子的!他上**哪儿**我也上**哪儿**! (《骆驼祥子》,P324—325)

 9. 鸡鸣犬吠,和小贩们的吆喝声,都能传达到很远,隔着街能听到些响亮清脆的**声儿**,像从天上落下的鹤唳。   (《骆驼祥子》,P217)

动词重叠形式的使用,已经相当成熟:

 10. 祥子的心还是**揪揪**着,不知上哪里去好。 (《骆驼祥子》,P143)

 11. 太阳平西了,河上的老柳**歪歪**着,梢头挂着点金光。 (《骆驼祥子》,P31)

 12. 虎妞刚起来,头发**髭髭**着,眼泡浮肿着些…… (《骆驼祥子》,P117)

 13. 他把棉衣**卷巴卷巴**全卖了。   (《骆驼祥子》,P225)

 14. 你横是多少也有个积蓄,**凑巴凑巴**就弄辆车拉拉…… (《骆驼祥子》,P70)

北京话词语和东北方言词语已经自然融为一体,无法分清哪些词语是北京话,哪些词语源自东北方言:

 15. 刚走到**门脸**上,灯光下走来个四五十岁的男人。 (《骆驼祥子》,P54)

 16. 您**横是**快六十了吧?   (《骆驼祥子》,P89)

 17. **怨不得**你躲着我呢,**敢情**这儿有个小妖精似的小老妈儿。

   (《骆驼祥子》,P76)

 18. 看祥子没动静,高妈真想**俏皮**他一顿…… (《骆驼祥子》,P70)

 19. 现在,每天只进一毛多钱的车租,得**干**赔上四五毛,还不算吃药。

   (《骆驼祥子》,P180)

 20. **就着**这个喜棚,你再办**一通儿**事**得了**! (《骆驼祥子》,P132)

 21. 一口下去,满嘴都是冰棱!**扎牙根**的凉,从口中慢慢凉到胸部,使他全身一颤。

   (《骆驼祥子》,P217)①

---

 ① 例1—21用例及部分词语释义取自老舍《骆驼祥子》,天津人民出版社,2017年。

上述例 15—21 中的加黑词语目前仍在北京官话区日常口语中使用。"门脸"读作儿化，一般指家宅大门或门前，这里指城门附近的地方；"横是"表估约、揣测，有"八成、大概"的意思；"怨不得"表示果然如此；"敢情"读轻声，表示原来如此；"俏皮"读作轻声，指善意的讽刺；"干"是副词，表示"白白地"；"就着"指吃主食或饮酒的同时佐以菜蔬；"一通儿"即一阵、一次、一顿；"得了"表感慨时含有无可奈何的意味；"扎牙根"指刺激牙神经，感到不适。这些词语时隔八十多年至今仍在通行使用，由此可见当时北京话与东北方言的融合之深。

20 世纪 40 年代出版的齐如山的《北京土话》，堪称描写近代北京话的扛鼎之作。这部著作详细记录了乾隆末年到 1948 年间北京人常用的口语词汇，从中可以透视 40 年代北京话的原貌。我们从中选取一些至今仍在北京和北京以外的东北使用的词语，从中可见当时北京话与东北方言的自然融合已相当纯熟，用例如下：

1. 古汉语有记载的词语：

溜：阴平，原字为"浏"，躲义。

烌：[ou^{51}]火不起火苗而有烟，称烌烟。熏蚊子称"烌蚊子"。乡间烧炕用烂柴不使其速燃，称"烌炕"。

嗑：原字为"磕"，轻咬，如"嗑瓜子"。

瞅：原字为"瞜"，看。

装：原字为"妆"，假作，如"装傻""装愣"。

扤：搔，如"扤痒痒"。

抻：原字为"捵"，将绳线等拉直，称"抻开"。

擀：用圆棍将物压碎。

崴：原字为"矮"，如脚给崴坏了或腿给崴折了。再如各铲、锹等器之柄，因掘地用力而折，也称"崴了"。

齁：原字为"呴"，食物太咸称"齁得慌"。

矬：原字为"蓬"，北方地区称身矮为"矬"。

艮：原字为"艰"，瓜类不酥而微硬者；说话太硬。

轻巧："巧"原字为趬，北方说轻，往往说轻趬。如此物很轻，则曰很轻趬。做事省力、容易亦曰轻趬。

寒碜：原字形为"顑"，不美观。人面貌不美，称"长得寒碜"。

晄当：原字形为"洸荡"，摇荡也。

扑拉：鸟欲飞。两翅扇动称"扑拉"。鱼用身体振动也称"扑拉"，或作"泼剌"。

　　屁：原字形为"巴巴"，屎、粪。

　　笑面虎：据《谈薮》记载："王公充，性甚和平，居常若嬉笑，人谓之笑面虎。"北京说"笑面虎"，下边多带"杀人刀"三字，但有时不说出口来。

　　一根筋：凡人怙滞，永远以自己主意为是，任人解劝而不肯回头者，则以此呼之。怙，音帖，见《礼记·乐记篇》。

　　死求白赖：读如"死鸡白裂"，"裂"，阴平。如做事做不成，可是一死儿非要做不可，便曰"死求白赖地要做"；如问人要东西，人不给而非要不可，亦曰死求白赖。说部中恒见此四字。

　　半瓶子醋：学问知识不够。

　　打耳掴子："掴"读如瓜，打耳光。

　　这些词语大多数是东北满族人从当时所接触的汉语中学来的，又经过改造、使用、扩大交际范围，从东北带到北京内城和畿辅方圆几百里的旗地庄屯，到20世纪40年代，已经融合成了笼统的"北京土话"。

　　2. 古汉语无记载的词语：

　　棍：强硬不讲理者。

　　货：与"东西"略同。

　　料：与"货"相似。

　　盯：原字为"丁"，看；抵抗；问；代人负责。

　　抖：多用"抖起来啦"，穷人骤富贵者或突然发财、升官等。

　　攥：原字形为"撰"，握。

　　撂：放下。

　　整：修理、收拾。

　　该：欠。

　　搂：阴平，取，挣。

　　抓：这里指"抓瞎"，遇事无主意无办法。

　　蹭：顺便占便宜。

　　搋：表示以手和面，以物置于怀中。

　　硌：坐卧处不平的感觉。

　　花子：要饭的。

　　娄子：乱子、是非。

废物：无能力之人。

年头：流年、时势。

家伙：物器。

邪门：原字形为"斜门"，性情怪谬，遇事违拗。

话把：原字形为"话靶"，行文之话柄，"把"去声。

饽饽：干粮。

心眼：居心，常指品德。

揉搓：以手揉物。

抖搂：摇动使之出。

作使：器具经久耐用者。

皮实：原字形为"皮使"，遇事皆能耐者。

死殃：办事心思太固执，不活翻。

要命：利害，严重。

有门：事有希望。

没辙：遇事没有办法。

白搭：枉费心、徒费力地添补。

二乌眼：不真会、不够好。

二尾子：不能男不能女之人。

碎嘴子：好说人或训教人者。

脚丫子：脚。

刺儿头：不合群、难说话之人。

一担挑：姐妹们的丈夫之间的关系，也称"连襟"或"连桥"。

小菜儿：懦柔被欺之人。

楞头青：粗莽之人。

下三烂：不务正业的下等人。

人来疯：越有客来越捣乱的小姑娘。

香饽饽：到处受人欢迎者。

地头蛇：在本乡本土有势力的人。

哈拉拉子：口涎，现多说哈拉子。

磕头碰脑：做事一味盲进。

仰巴脚子：后仰而倒至地者。

脑袋瓜子：头圆似西瓜而称之。

别叫真张：别当真或别认真。

一个劲地：做事不间断地。

豁出去了：拼着不要了。

翻脸不认人：浮躁轻怒，不留面子。

大眼瞪小眼：彼此互相看着发愣而无主意。

脸上下不来：被人说了之后无言答对，常说"抹不开"，"抹"，去声。

得了便宜卖乖：于无意侥幸中得来的便宜，而自己偏说用尽方法得来者。

有一搭没一搭：在有意无意之间做着事。

给个棒槌就纫针：别人说句话就当真，比喻太实、太直。

不知道自己吃几碗饭：比喻不能自知自明。①

　　类似上述至今仍活跃于北京官话区日常口语交际中的词语，在该书中所占比例相当大。可见，20 世纪 40 年代的北京，在语言上已经不分旗民与否，北京话与东北方言在词汇的使用上，已经达到了历史上高度的一致。在 21 世纪的当代，一些学者仍在考察北京话与东北方言的一致性，如聂志平（2006）通过比较黑龙江方言和北京话的词语后缀和代词，计算出两种方言词法的一致率为 95.24%。张锐（2015）通过对哈尔滨方言和北京话时间名词、方位词、代词、介词等封闭类词语的比较，得出两地方言词语在上述封闭性词类中的一致率均高于 80% 的结论。可见，经历大半个世纪的变化，北京话与东北方言虽然又各自发展出自身的特点，两者的共性特别是在词汇上的一致性仍然很高，这与两者自古以来的同源一体性密切相关。

本 章 小 结

　　本章通过梳理北京官话区古来的人文历史和语言状况，得出如下结论：

　　一、北京官话区词汇系统的形成是汉族与北方少数民族长期接触、融合的结果。

　　北京自古以来地处沟通东北与中原地区的交通要塞。自有史料记载以来，民族迁徙在北京—东北这片广袤的土地上就从未间断。汉族与北方各族在此交错杂居，多民族文化在此碰撞、交汇，互相渗透与交融。在多民族杂居的过程中，北方汉族的先进文化以其强大的优势不断影响和同化着周边少数民族文化。北方诸多少数民族先后融入了汉族。

---

① 　词条及释义取自赵杰《满族话与北京话》，辽宁民族出版社，1996 年，第 204—211 页。

曾经作为民族标志"国语骑射"之一的满语,也随着满族文化的式微逐渐让位给了汉语。民族与文化的融合是双向的,汉文化在同化其他少数民族文化的同时,也不可避免地打上了其他民族文化的烙印,形成一种兼容并包、多元复合的多彩文化。

二、北京官话区词汇系统的形成是汉、满、蒙等多民族语言词汇接触、同化、融合的结晶。

北京官话区词汇系统的形成是一个长期的历史过程。几千年来,北方少数民族语言与中原汉语历经数次交融,在"幽燕方言"的基础上,经过汉、满、蒙多语兼用的历史阶段,于清末民初北京官话区词汇系统正式形成。北京官话区词汇系统的形成是汉语与北方少数民族语言词汇、语法系统多元融合的产物。汉语在同化北方少数民族语言词汇的同时,也在不断地迁移和借用少数民族语言词汇的成分。这些同化和变异使得北京官话词汇以其自身的兼容性和多元性区别于其他官话方言词汇。

第二章
北京官话区方言特征词

汉语方言的词汇特征首先体现在方言特征词上,把握住了一种方言的特征词,就把握住了这种方言的主要词汇特征。提取出北京官话区方言特征词,就找到了北京官话与其他方言的区别性特征。考察北京官话区方言特征词的共时分布,可以进一步验证北京话与东北方言的内部一致性。

第一节　方言特征词理论及意义

一、对"方言特征词"理论的思考

(一)"方言特征词"是否基本概念词问题

特征词未必一定是基本概念词。基本概念词在南、北方言(特别是闽、粤方言与北方官话)分区方面有一定标识作用,但在北方方言内部,就很难将各官话区甚至区内的方言片划分出来。曹志耘主编的《汉语方言地图集·词汇卷》中详细描绘了 203 个基本概念词在全国各地主要方言点的分布情况。单就北方方言内部而言,差异不是很大。在 48 幅方言词汇地图中,99 个方言点的人称代词"我、你、他"几乎没有差别。很多重要的基本词(如站、玩耍、床、驴、脸、屁股、房子、东西、打闪等),除了词缀的差异,只有几处边缘地区的点有不同的词根。公牛、母猫等也只有表性别的语素的不同而无语素次序的差异。而这些词目在词汇地图条目中竟然占据了四分之一。在非官话方言区常有方言差异的词语如"哥哥、姐姐、眼睛、鼻子、舌头、瞎子、聋子、桌子、瓶子、这个、那个、洗澡、起床、地板、门坎、翅膀、尾巴"等,在官话方言区多数也差异不大。陈章太、李行健主编的《普通话基础方言基本词汇集》(1996)所显示的官话方言内部的差异也比非官话方言小得多。董绍克等从普通话基本词汇中选取最常用的一千个词,制定了《基本词汇千词表》与十个方言点进行比较,得出的结论是与普通话差别最小的方言点是济南和太原,占全部词表数量的

20%以上。再用这百分之二十的差异词在北方方言内部进行比较,差异就更小甚至在某些地区是微不足道了,这就意味着仅用基本概念词在北方方言内部划分方言区、方言片是不科学的。北方方言自古代以来比南方方言更直接地受到历代共同语的冲击、影响和覆盖,保留下来的古代承传词较少,沉积下来的共同语词汇较多,用基本概念词来为北方方言区进一步划分下位区界是难有成效的。

南方方言和北方方言的词汇系统有着不同的源流特点和表现风格。如闽方言,单字词、传承的古语词较多。而北方方言因历史上民族杂居的结果,词汇的构成上自然融入了北方少数民族语言的要素,双字、多字组合构词较为常见。词汇中残留的少数民族语言底层也常常以双字组、多字组的形式存在,丰富的情态语缀常常是区别此方言与彼方言的标识。因此,忽视本地方言原有的特色,而不切实际地套用适合南方方言特征词研究的理论框架,有可能会削足适履,使一批真正能代表本地区特色、长期活跃在乡土民间、生命力极强的词语被忽略掉。方言特征词的理论,应该建基于更加广泛的语言事实,兼顾各地的方言情况,不然只能适用于局部方言。

(二)"方言特征词"的构成

"方言特征词"在词形上可以包括单字词到多字词,即包括词和短语。在语法功能上,能独立担当句法成分,即词的独立性。

1. "方言特征词"的内涵

方言特征词有广义和狭义之分。广义特征词指在一定区域内常见、常用,在其他区域内也少量出现的词。这类特征词常常能反映某一区域与其他区域之间词汇上的联系,常常可以用来确定方言与方言之间的亲疏关系,因而又称"关系特征词"。狭义特征词指在一定区域内常见、常用,在其他区域内罕见、罕用的词。这类特征词是真正能代表本地区特色、具有区别作用的词。这类特征词因有较高的辨识度,往往能成为判断方言区属的词汇代表项。

2. "方言特征词"的特征

(1)必须是狭义方言词,不限于基本概念词。

(2)具有常用性,在一定区域内覆盖面广,使用频率高。

(3)具有地域性,只在所代表的区域内使用,较少溢出区界,可作为方言区的区别性特征。

(4)词的结构特征包括单字、字与字的组合。

(5)语义表达上,往往超越字面意义(或本义)而使用引申义,因此而使方言具有区域性。

（6）语法功能上，具有词的独立性，可灵活使用。

3.“方言特征词”的判定

本书用来划分方言区属的特征词是典型的方言特征词——“狭义的方言特征词”，用来判定方言区之间关系的特征词是非典型的方言特征词——“广义的方言特征词”（又称关系特征词）。典型的方言特征词——“狭义的方言特征词”对内覆盖面广、一致性强，对外交叉少、排他性强，因而具有明显的方言标识作用，常常可以作为判断方言区属的词汇代表项。

典型的方言特征词首先要满足的条件是：区内覆盖面广、对内一致性强。在方言词汇系统中，有些词语尽管对外交叉很少、排他性很强，但是由于对内覆盖面很小、一致性不强，有些词语只在少数几个地方使用，这些词语只能作为个别地区的方言特色词而不能进入方言特征词的行列。只有在一个方言区内覆盖面达到一定比率（覆盖区内方言点70%以上），才能判定一个词是否具有整体代表性。方言特征词的判定不能单凭笼统的印象，必须要经过定量统计和定性分析的检验。

典型的方言特征词要满足的另外一个条件是：对外交叉少，排他性强。这个条件是以“区内覆盖面广、对内一致性强”为前提的。“对外交叉少，排他性强”不能理解为对外没有交叉。方言的发展总会受到“纵向流变”和“横向渗透”两种推力的影响，“对内完全一致”且“对外绝对排他”的方言特征词很难找到。不能因为在区外偶见或有一定交叉，就因此而断然否认该词不具备方言特征词的资格。不了解古代汉语与现代方言之间的异地传承关系，就无法理解为什么在河北邯郸地区的官话中，会出现吴语的“侬、渠、鼻头”、闽语的“汝、伊”和湘语常见的“堂客”。① 方言之间不但有“异地传承”和“异地同变”，还会有彼此间的相互影响、相互借用，因而有些方言特征词就会内部覆盖不周遍、外部又有所牵连。如广东境内的粤、闽、客三大方言几乎都有“大楼大衣、鸡窦鸡窝、煲煮、铺头店铺、火水煤油、恤衫衬衣”的说法，但是广东以外的闽语和客家话却说法不同，这显然是闽、客方言受强势方言粤语影响的结果，但我们不能因此而否认“大楼”等是粤语的特征词。再如通行于闽语地区的特征词“厝”，在与闽语区紧邻的个别非闽语区（如江西玉山、福建泰宁等地在方言归属上分别属于吴语和赣语）也偶有与“厝”相关的说法，如江西玉山把家里叫“厝里”，福建泰宁把屋脊叫“厝栋”、把房东叫“厝东家”等，都是方言词扩散的结果。不仅词汇特征很难做到“对内完全一致”且“对外绝对排他”，语音特征也很难做到。例如保存全浊声母（帮、滂、并三分）是吴语的特征，但一些非中心区的吴语也有“全浊”声母清化了的，如江苏的丹阳、金坛，浙江的建德、淳安。在区外的闽北方言中也有保留全浊音的，如

---

① 在邯郸地区的官话中，内丘话称“你”为“侬”，称“他”为“渠”，广宗话称“你”为“汝”，大名话称“他”为“伊”，唐山丰润、天津宁河称“女人”为“堂客”，承德、邯郸一带称“鼻子”为“鼻头”。详见李如龙《汉语方言的比较研究》，商务印书馆，2001年，第108页。

浦城县南的闽语就保留着全套浊声母。①

方言特征词很难做到对外绝对排他,并不是说判定特征词就不需要考虑排他性了,而是要同样进行定量统计和定性分析才能确定其代表资格。特征词在满足区内覆盖面广(如覆盖区内方言点70%以上)的条件后,区外的使用率还应该在一定比率之内(如在区外方言点的出现率低于30%)。

方言特征词的提取要做到区内覆盖面广、区外交叉少,还要考虑到所选方言点的典型性问题。"方言区往往有典型的核心区和边缘区之分。方言特征词往往在核心区表现较为明显。而边缘地带则因受周围方言的影响而表现得不充分,因此考察方言特征词应该把重点放在核心区。"②

还有一种非典型的方言特征词就是"广义的方言特征词"。这类词在方言区内的多数方言点中都广泛使用,覆盖面非常广、对内一致性很强。但是它们与外区的交叉也比较多,因此对外的区别性不强。这些词语在区内的通用性使得它们不可避免地会扩散到周边的方言区,与外区发生一定交叉。考察这类方言特征词,可以判定方言区之间的亲疏关系。因此,"广义的方言特征词"在本书又称作"关系特征词"。例如把"人"称为"侬"是多数闽语区共有的词汇特征,但在吴语区,特别是南片的温、处、衢一带也有此说法,因为古代吴语也把"人"叫"侬",这正是吴语和闽语同源的表现。③ 再如,"厝"和"屿"是闽语区典型的特征词,但在湖南土家族使用的汉语方言中关于"房子"和"家"的说法也叫"厝"。在浙江沿海温州湾附近也有一些岛用"屿"命名,如霓屿、陈屿、两兄弟屿等等。据调查,这些岛屿的早期居民都来自福建的闽南地区,因渔业生产而定居,现在的居民有的还说闽南话,有的说吴语(但带有闽南话的强烈影响),这都与方言的同源现象有关。④ 通过考察有相同特征词的方言,往往可以探究方言之间的发生学关系。

二、方言特征词理论的意义

(一)在横向的共时层面,一方面为汉语方言的区划问题提供词汇学方面的依据,另一方面为现代汉语词汇学的深入研究提供有价值的资源。

方言特征词属于比较方言学的范畴,是基于现代汉语方言词汇的横向比较研究

---

① 李如龙《汉语方言的比较研究》,商务印书馆,2001年,第109页。
② 李如龙《汉语方言特征词研究》,厦门大学出版社,2001年,第3页。
③ 李如龙《汉语方言的比较研究》,商务印书馆,2001年,第108页。
④ 张振兴《闽语特征词举例》,《汉语学报》,2004年第1期。

而提出的。研究方言特征词的意义首先在于它可以为汉语方言的分区提供依据,特别是当方言的语音特征与词汇特征在判定方言分属问题上产生分歧时,只根据语音特征来区分方言可能会产生偏颇,词汇特征有时可以成为很好的补充依据。客、赣方言的归属问题一直是方言学界有争议的问题之一。仅以语音特征为标准,至今仍难以把客、赣分为两个方言区(王福堂,1999),但是如果加上词汇特征的比较,客、赣就难以合为一区了。李如龙、张双庆通过对客、赣方言的比较研究,发现客、赣方言之间相同的语音特征非常多,但多数点共有的词汇却不多。一千多条词语中,客、赣大体一致的词条只有 150 条,仅占 12%;客、赣明显相异的词条却有 478 条,占 40%。这一结论无疑表明方言的词汇特征与语音特征同等重要,在汉语方言的分区上同样可以提供依据。

汉语的词汇系统包括共同语词汇系统和方言词汇系统。同语音学和语法学相比,现代汉语词汇学的研究是最薄弱的。传统的汉语词汇学理论是以共同语词汇研究为基础建立起来的,研究对象主要是共同语词汇,方言词汇鲜有涉及。汉语方言词汇丰富而复杂,与共同语词汇的差异较大,许多现象靠传统词汇学理论难以解释清楚。因此,词汇学理论的丰富和发展离不开方言词汇的比较研究,建立现代汉语词汇学更有赖于共同语和方言词汇的比较研究。方言特征词的研究可以成为共同语和方言词汇比较研究的突破口。通过比较,找到各方言中有标志性的词汇特征,就找到了方言词汇与共同语词汇的最大差别。从差异入手,进行构词、语义、发展变化等多方面的考察,层层对比、综合分析,现代汉语词汇系统的特征与全貌才能一点点揭示出来。与无尽的、有价值的方言词汇资源相比,现代汉语词汇的研究只是开采了其中很小的一部分,未知领域比比皆是。以方言特征词研究为主导,全面揭示汉语方言词汇与共同语词汇的特点和异同,必将推进现代汉语词汇学的进一步发展。

(二)在纵向的历时层面,通过考察方言特征词的来源与历时演变,揭示方言词汇与共同语词汇此消彼长的演化规律,了解方言形成的历史时代和复杂过程,有助于汉语史的研究。

利用方言进行训诂一直是训诂学的重要方法。许多靠文献资料解决不了的训诂学上的难题,可以靠方言资料得到圆满的解决。有些现代的方言词很可能是古代的标准语词,而古代的方言词也可能变成现代的标准语词。如汉代的标准语词"虸蜉""促织"成了现代的方言词,而方言词"你""晒""坟""蟋蟀"等却成了当今的标准语词。① 通过考察方言特征词的词源,可了解方言特征词的历时变化。通过比较不同方言区的特征词在形成发

———————————

① 见董绍克等《汉语方言词汇比较研究》,商务印书馆,2013 年 4 月,第 218—220 页。

展过程中所表现的特点,可揭示汉语史上共同语词汇和方言词汇之间互相转化、更替、消长的规律。考释方言特征词的来源——是承传词、变异词还是创新词,就可以大致了解到方言特征词形成的历史年代、纵向流变与横向渗透。如吴语的人称代词,由南朝吴歌的第一人称代词"侬",到明代的"我侬、你侬、渠侬、谁侬",再到现代吴语的"我、侬(倷)、渠",甚至在江苏宜兴、溧阳、靖江一带,二、三人称竟有了"你、他"的说法。吴语人称代词经历了如下变化:第一人称由"侬、我侬"变为"我",第二人称由"你侬"变为"你",第三人称由"渠"变为"他"。这是唐宋之后中原共同语不断冲击、催化的结果(陈忠敏/潘悟云,1999;钱乃荣,1992)。① 再如受共同语的影响,原来《Chinese and English Dictionary》(W. Lobcheid,1869)中记载的100多条粤语逆序词,现已改成了共同语的说法,如:民人、地天、辉光、洋海、加添、收接、容纵、叫哭、备具、常时、少缺、告祷、机危、晒曝、气叹、心多、藏埋、程课、哑聋、裁制等。

考察方言特征词的历时演变,也可以寻根探源方言词汇形成的历史、地理和人文状况,能大大丰富汉语词汇史、移民史的研究。游汝杰(1984)运用历史比较语言学的方法,在西南诸多少数民族语言中寻找与"稻"同源的语音、语义证据,得出结论:中国广西西南部、云南南部、越南北部、老挝北部、泰国北部和缅甸掸邦是亚洲栽培稻的起源地。推翻了国际文献中盛行几十年的亚洲稻起源于印度的说法。依据壮侗语族称"稻"的词的读音分化形式,又进一步推测出栽培稻在中国的传布情况:一路从西南经华中和华东北上进入长江流域;一路从云南、四川北上进入黄河流域。这一推测得到了考古发掘和古代交通两方面证据的进一步证明。②

"决定语言接触的社会交际从根本上来说是在空间中进行的接触和运动。所以言语像一切文化现象那样,为地理因素所决定并受到地理因素的限制。"③不同历史时期方言特征词的消长与方言区的历史、地理和文化背景息息相关。例如闽语用"番薯"和"番豆"称呼"白薯"和"花生",就反映了这两种作物由域外经福建传入中国内陆的历史。考察客家话中以"畲"字命名的村名、地名,就可以了解到自隋唐以后畲族与客家人长期民族融合的历史:"唐时初置汀州,徙内地民居之,而本土之苗仍杂处其间,今汀人呼为畲客。"据调查,仅福建省武平县,就有36处带"畲"字的自然村名,而整个汀州府就有138处。梅县也有很多地方至今仍以"畲"命名,如县南

① 陈忠敏、潘悟云《论吴语的人称代词》,李如龙、张双庆主编《代词》,暨南大学出版社,1999年;钱乃荣《当代吴语研究》,上海教育出版社,1992年。均转引自李如龙《汉语方言的比较研究》,商务印书馆,2001年,第125页。
② 周振鹤、游汝杰《方言与中国文化》,上海人民出版社,1987年,第111—115页。
③ (英)L. R. 帕默尔《语言学概论》,商务印书馆,2013年,第141页。

的畲坑、孔畲、双螺畲、周屋畲、叶畲；县东的上畲、中畲、下畲；西部的白畲、侯畲、坪畲；西北部的铅畲等。① 胶东地区的"夼""疃"，鲁中山区的"峪""崮"作为两个地区分别有代表性的通用词，各自反映了不同地区的地貌特征。"夼"所代表的地貌特征即两山之间的大沟，如烟台的胡家夼、姜家夼、下大山夼，牟平的刘家夼、天齐夼、梨树夼，荣成的董家夼、西于家夼、马草夼，文登的东李家夼、小七夼、东车门夼，乳山的正甲夼、宅子夼、改造夼，威海的前亭子夼、马夼、双寺夼，栖霞的香夼、小夼、獐儿夼，蓬莱的遇驾夼、燕子夼、接夼施庄等等。"疃"作为村庄、屯的代表在胶东地区普遍使用。"峪"即山谷，"崮"即四周陡峭，顶上较平的山。这两个词的普遍使用表明了鲁中山区基本相似的地貌特征。②

再如吉林省境内以满、蒙、朝等少数民族语言命名的地名，其分布与历史上各民族活动的区域大体一致，这一点对于我们通过地名了解这些少数民族的生活历史，有一定的参考意义。吉林境内以清代柳条边的新边为分界线，边界以西（整个白城地区、四平和长春的西部地区）多蒙语地名，边界以东（吉林、通化的大部分地区、延边西部地区、四平和长春的东部地区）多满语地名。延边和长春东部的满语地名要相对少些，还有一些朝语地名分布在延边东部。德惠、农安、怀德、梨树、双辽等县处于中间的过渡地带，满语地名和蒙语地名均有。如在德惠、农安地区，既有伊通（Itun，半翅鸟）河、拉拉（Lala，末尾）屯等满语地名，也有虎市（Huls，芦苇）、沃皮（Obor，山之阳面）、喀拉喀（Halag，门）、哈拉海（Halga，草麻属植物）等蒙语地名。③ 天津地处九河下梢，是长期由河流淤积而形成的沿海平原，地势低洼、潮湿多水。天津的地名就能如实地反映这种独特的地形地貌，凡有"沽"字的村镇之名，几乎都位于海河水系地区，如塘沽、汉沽、葛沽、西沽、后沽、大直沽、小直沽、咸水沽、丁字沽、东泥沽、三叉沽等。另外，天津别称津沽、沽上，海河又称沽水。除"沽"以外，用港、泊、洼、淀、沟、塘、湾、滩等命名也较为常见，如：大港、双港、官港；杨家泊；团泊洼、青泊洼、贾口洼、唐家洼、卫南洼；南淀、北淮淀、三角淀；陈家沟、九道沟、南清沟；北塘、西双塘、白塘口；赵家湾、唐家湾、西大湾子；柳滩、大滩等。可以说，以"沽"为代表的词语不但具有方言特色，而且还有标识地貌特征的作用。④

---

① 温昌衍《客家方言特征词研究》，商务印书馆，2012 年，第 92 页。
② 钱曾怡主编《山东方言研究》，齐鲁书社，2001 年，第 145 页。
③ 丛佩远《略论吉林省境内现存的满语地名》，《延边大学学报》，1983 年，第 10 页。
④ 谭汝为《天津方言文化研究》，天津人民出版社，2014 年，第 99—100 页。

第二节 北京官话区方言特征词的选取、 释义及地理分布特征

一、"北京官话区方言特征词"的内涵及判定标准

"北京官话区方言特征词"即在北京官话区内使用的,区内大体一致、区外相对殊异的方言词。这些方言词在结构上包括单字及多字组合,在语法功能上可独立充当句法成分,在词汇来源上不限于基本概念词。

"区内大体一致"是指特征词在区内的覆盖面广,对内一致性强。这是判定方言特征词的内部依据。本书在北京官话区内抽样选取了61个内部方言点,北京官话区方言特征词要满足的必要条件是:必须是通行于43个方言点以上,即内部覆盖面达70%以上的词语。"区外相对殊异"是指特征词与外区交叉少,对外具有一定的排他性。北京官话区方言特征词要满足的充分条件是:在抽样选取的9个外部方言点中,北京官话区方言特征词(狭义)使用率少于2个(包括2个)方言点,即与外区交叉率少于30%。

二、"北京官话区方言特征词"的提取方法

北京官话区方言特征词的提取是一个反复比较、调查和筛选的过程,整个过程经历了以下几个步骤:

(一)制定《北京官话区方言特征词调查词表》

首先,依据文献资料《东北方言概念词典》(尹世超,2010)、《东北方言大词典》(唐聿文,2012)、《关东方言词汇》(王博/王长元,1991)、《东北方言词典》(马思周/姜光,1991)、《简明东北方言词典》(许浩光/张大鸣,1988)、《东北方言口语词汇例释》(王树声,1996)、《现代北京口语词典》(陈刚/宋孝才/张秀玲,1997)、《北京话词典》(高艾军/傅民,2001)、《北京方言词典》(陈刚,1985)等辞书,从中挑选出北京话和东北方言共有(音义一致,字形差异忽略不计)的词条1 275条,编为《北京官话区方言牲词调查预选词表》(见附录一)。

第二步,利用文献资料对特征词的预选词条进行筛选。主要依据《山东方言词典》(董绍克/张家芝,1997)、《河北方言词汇编》(李行健,1995),淘汰掉两本辞书中分别有的

词语,筛选出116条词语作为《北京官话区方言特征词调查词表》(见附录二)。

(二)确定北京官话区内部调查点

在北京官话区内选取内部方言调查点61个作为区内调查点。这61个点是:北京市的门头沟区,河北省的承德市,内蒙古自治区的赤峰、通辽、开鲁,辽宁省的凌海、锦州、葫芦岛、兴城、绥中、朝阳、喀左、建昌、义县、沈阳、法库、鞍山、海城、本溪市、辽阳市、抚顺市、铁岭、昌图、阜新市、西丰、开原、彰武、盘锦、北宁,吉林省的蛟河、舒兰、吉林、桦甸、柳河、梅河口、白城、延吉、长春、榆树、磐石、四平、公主岭、双辽、通化,黑龙江省的绥化、齐齐哈尔、海伦、伊春、佳木斯、宝清、密山、七台河、牡丹江、哈尔滨(香坊区、道外区、南岗区)、肇东、阿城、五常、呼兰、双城。这些方言调查点的分布如图1所示:

图1 北京官话区方言特征词内部调查点分布图

（三）确定北京官话区外部调查点

外部方言调查点（9个）包括辽宁省的大石桥、大连，河北省的保定、石家庄、天津、昌黎、衡水，山东省的平度、龙口。

考察关系特征词在山东方言和河北方言中是否对立分布，如果有对立分布，画出分布地图。淘汰掉北京官话、山东方言与河北方言交叉都比较多的词语。

（四）内外部方言点的综合考察

综合61个内部方言调查点和9个外部方言调查点中词语的分布，首先淘汰掉在外部方言调查点中覆盖面超过30%（超过3个方言点）的词语66条，再选出内部方言点中覆盖面超过70%（超过43个方言点，包括43个方言点）的词语，得到14条北京官话区方言特征词（狭义特征词）和18条北京官话区关系特征词（广义特征词）。

（五）验证性考察

用《汉语方言大词典》对北京官话区方言特征词（狭义特征词14条）进行验证性排查，排除出现在非北京官话区较多方言点的上述词条。最后得到狭义特征词14条，广义特征词18条。

三、"北京官话区方言特征词"释例及展示性地图

（一）北京官话区方言特征词（狭义特征词14个）

1. 北京官话区狭义特征词释例①（14个）

（1）不的话：〈连〉东北[pu˧ ti xua˧]，北京[pu⁵¹⁻⁵³ti xua⁵¹]。不然的话：明天我真的有事儿，~我说啥也得来。

（2）搁捞：〈名〉东北[kɤ˧·nau]或[kɤ˧·nəŋ]，北京[kɤ⁵⁵nau⁰]。细碎的垃圾：上外头把~扔了。

（3）过话ʼ儿：〈动〉东北[kuo˧ xuar˧]，北京[kuo⁵¹⁻⁵³ xuar⁵¹]。传话：他俩有话不直接说，净靠我~。

（4）护皮：〈形〉东北[xu˧ pʰi]，北京[xu⁵¹⁻⁵³ pʰi³⁵]。硬壳果实的里皮或熟鸡蛋的壳

---

① 特征词均按汉语拼音字母排序进行释义。例词所标符号，下加"⁀"表示因考证不出本字而借音的字，下加"＿"表示读音发生临时改变的字，"~"用于例句中代替所释词语。后面章节中符号含义均同此。

难以剥下：新鲜的鸡蛋~,不好剥壳。

(5) 荤：〈形〉东北[ˌxuən],北京[xuən⁵⁵]。低级;色情;下流：会说话说,不会说话别说,少整~的!

(6) 肋忔：〈形〉东北[ˌlɤ·tə]、[ˌlɤ·ta],北京[la⁵⁵ tʰa⁰]。(衣着)不整洁;不利落：他穿得贼~。据周一民考证,"肋忔"是"邋遢"的音转。

(7) 嘞嘞：〈动〉东北[ˌlɤ·lə],北京[lɤ⁵⁵lə⁰]。唠叨;不经意地随口说：瞎~啥,~两句得了,别没完没了啦!

(8) 溜：〈动〉东北[liou˺],北京[liou⁵¹]。用石灰、水泥、浆糊等抹缝：~墙缝儿,~窗缝儿。

(9) 履：〈介〉东北[ˌly],北京[ly²¹⁴]。顺;沿：~道边儿走。

(10) 婆婆觉：〈名〉东北[ˌpʰɤ·pʰə ˌtɕiau],北京[pʰɤ³⁵pʰə⁰ tɕiau⁵¹]。婴儿在睡梦中的哭、笑行为：睡~。

(11) 圈拢：〈动〉东北[ˌtɕʰyan·luŋ],北京[tɕʰyan⁵⁵luŋ⁰]。❶团结,使聚合：咱们得想办法把人都~一块儿,人多力量大。❷欺骗、诱惑：你别让他~了输钱。

(12) 下ᵣ：〈名〉一般用在"长""宽"后边,表示长度,距离。东北地区把"长下ᵣ"读[ˌtʂʰaŋ·ɕiar],北京读[tʂʰaŋ³⁵ɕiaŋr⁰]：这张床长~两米,宽~一米八。

(13) 有尿ᵣ：〈动〉东北[ˌiou niaur˺],北京[iou²¹⁴⁻²¹ niaur⁵¹]。有办法,有本领：这人真~,到底把东西买来了。

(14) 真亮：〈形〉东北[ˌtʂən·lian],北京[tʂən⁵⁵lian⁰]。清楚,清晰：看得可~了!崔明祥《两老汉看打耙》：才刚人家冯连长在喇叭筒子里喊的,我听得~,那还有啥着!

2. 北京官话区狭义特征词展示性地图(14 幅)

见图 2-1 至图 2-14。

(二) 北京官话区关系特征词释例及展示性地图

1. 北京官话区关系特征词释例(18 个)

(1) 拔：〈动〉东北[ˌpa],北京[pa³⁵]。身体因接触冰凉的液体或固体而感到不适：看你这手冻得,都~得慌。

(2) 不带：〈动〉东北[ˌputai˺],北京[pu³⁵tai⁵¹]。不许;不准：玩儿就好好儿玩儿,~玩儿赖的。

(3) 搋打：〈动〉东北[ˌkuai·ta],北京[kuai⁵⁵ta⁰]。拍打：快把身上的土~~。

(4) 过ᵣ：〈名〉东北[kuor˺],北京[kuor⁵¹]。交情;钱财等物质往来：你跟他没~,他就不给你办事儿。

(5) 哈哧：〈名〉东北[ˌxa·tsʰʅ]、[ˌxa·tɕʰi]或[ˌxɤ·tɕʰi]，北京[xa⁵⁵tsʰʅ⁰]。呵欠，也说"哈什"：困得一个劲儿打~。

(6) 横是：〈副〉东北[ˌxəŋʂʅˋ]，北京[xəŋ³⁵ʂʅ⁵¹]。表示揣测；大概：他~早走了。

(7) 欢：〈动〉东北[ˌxuan]或[ˈxuan]，北京[xuan⁵⁵]。加热使滚沸：把油~开了好炸大果子。

(8) 回樘：〈形〉东北[ˌxuei ɕyanˋ]，北京[xuei³⁵ɕyan⁵¹]。指人越来越没出息：这孩子越长越~。

(9) 脊梁：〈名〉东北[ˌtɕiˈniaŋ]、[ˈtɕi·niaŋ]、[ˌtɕi·niaŋ]或[ˌtɕi·niaŋˈku]（脊梁骨），北京[tɕi³⁵liaŋ⁰]。脊背：后~刺挠，给我挠挠！

(10) 卵子：〈名〉东北[ˈlan·tsʅ]、[ˈlan·tʂʅ]或[ˈlan·tə]，北京[lan²¹⁴⁻²¹tsʅ⁰]。睾丸，阴囊。

(11) 篓子：〈名〉东北[ˈlou·tsʅ]、[ˈlou·tʂʅ]或[ˈlou·tə]，北京[lou²¹⁴tsʅ⁰]。在某方面较为擅长的人：戏~、棋~、屁~（戏称屁多的人）。

(12) 抹搭：〈动〉东北[ˌma·ta]，北京[ma⁵⁵ta⁰]。眼皮向下动，表示轻蔑：~一下迟钝的老眼。

(13) 毛蛋：〈名〉东北[ˌmautanˋ]，北京[mau³⁵tan⁵¹]。壳内有带毛的胚胎而未孵化成功的死蛋。

(14) 蒙登：〈形〉东北[ˌməŋˌtəŋ]，北京[məŋ⁵⁵təŋ⁵⁵]。糊涂；不知所措：一考试就~了。

(15) 胖揍：〈动〉东北[pʰaŋˋtsouˋ]或[pʰaŋˋtʂouˋ]，北京[pʰaŋ⁵¹⁻⁵³tsou⁵¹]。狠打：他让我一顿~。

(16) 托底：〈动〉东北[ˌtʰuoˈti]，北京[tʰuo⁵⁵ti²¹⁴]。心底踏实，放心：把他交给你，我就~了。

(17) 血津ᵣ：〈名〉东北[ˈɕyɛ ˈtɕiər]，北京[ɕyɛ²¹⁴⁻²¹tɕiər⁵⁵]。从肉里冒出来的极少量的血。

(18) 𧮾摸：〈动〉东北[ˌɕyɛˋ·mə]，北京[ˌɕyɛ³⁵mə⁰]。寻找。

2. 北京官话区关系特征词展示性地图（18 幅）

见图 2‐15 至图 2‐32。

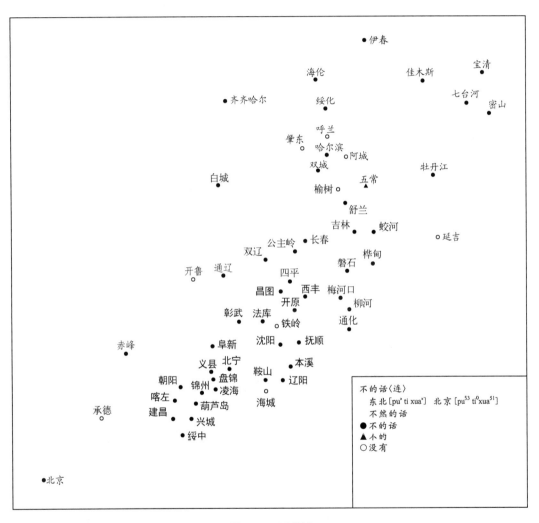

图 2-1　不的话

图 2-2　搁挠

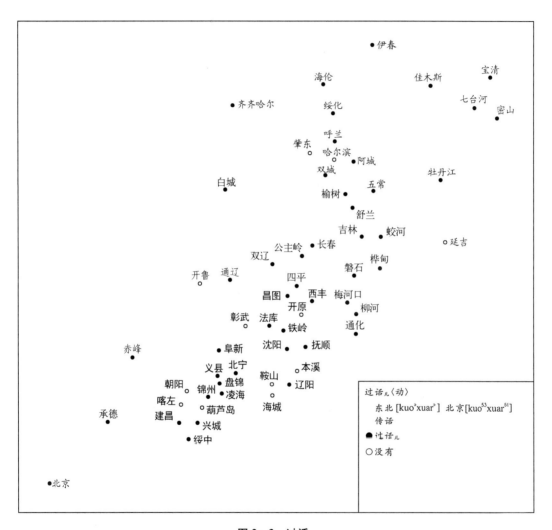

图 2 - 3　过话儿

图 2-4 护皮

图 2-5 荤

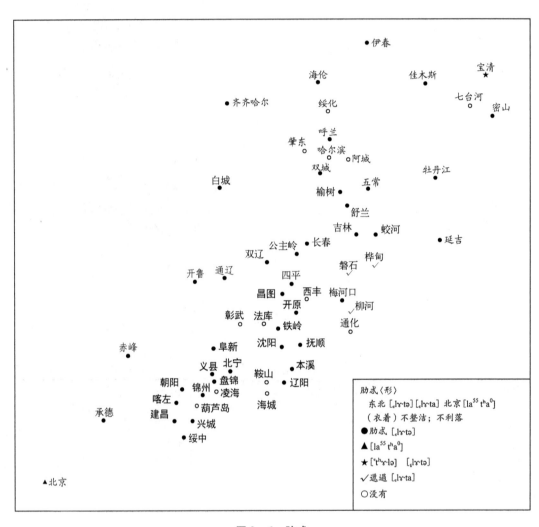

图 2-6　肋忒

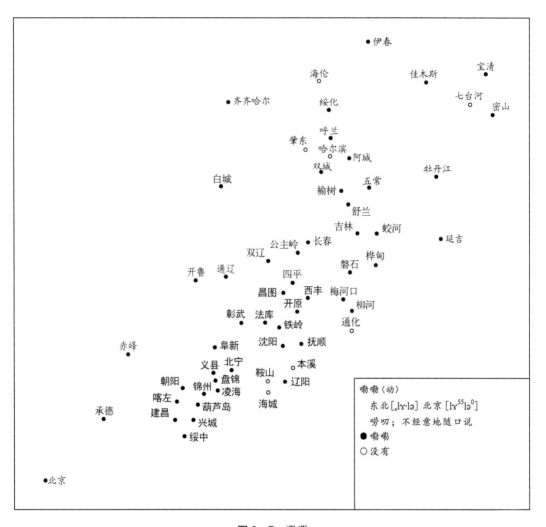

图 2-7　嘞嘞

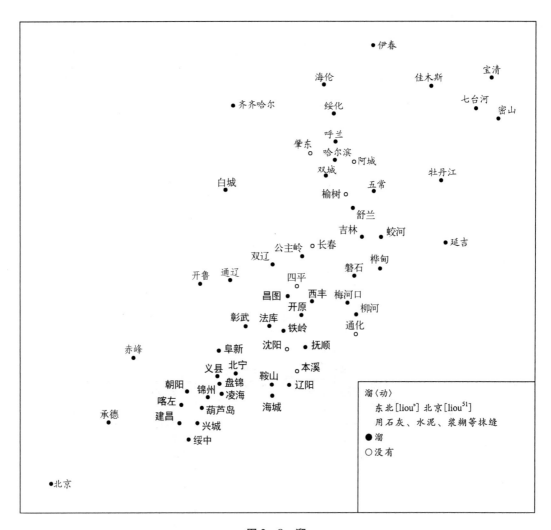

图 2-8 溜

溜〈动〉
东北 [liou°] 北京 [liou⁵¹]
用石灰、水泥、浆糊等抹缝
● 溜
○ 没有

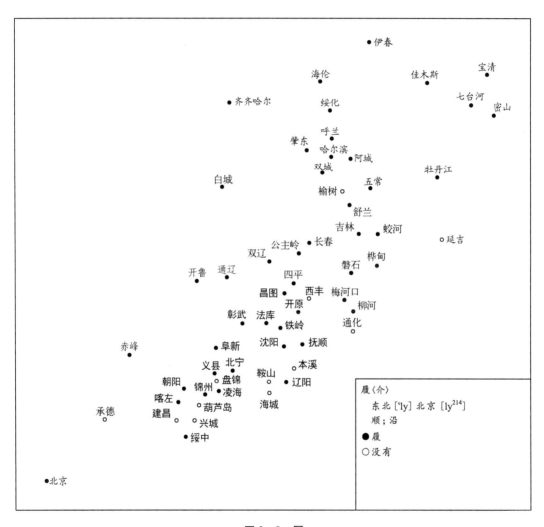

图 2－9 履

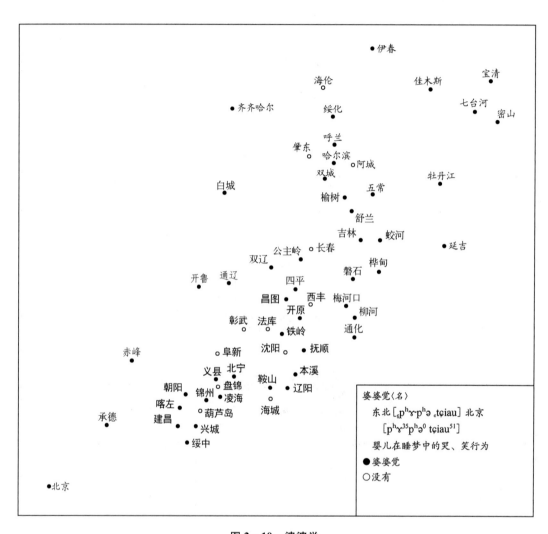

图 2-10　婆婆觉

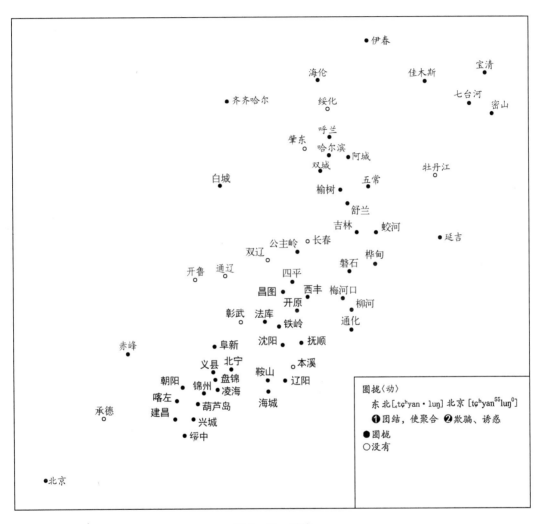

图 2-11　圈拢

图 2-12　下儿

图 2-13 有尿儿

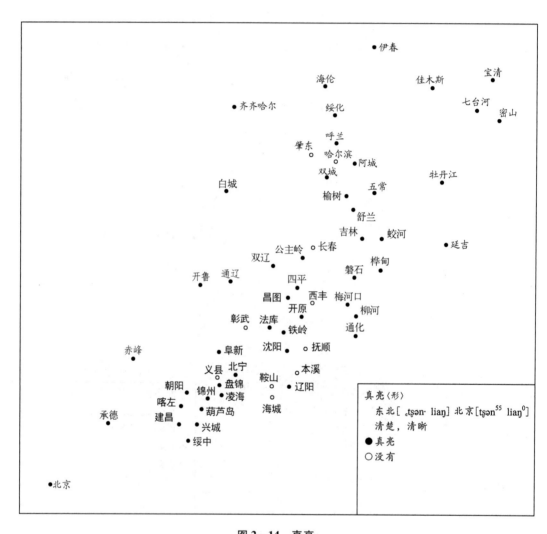

图 2 - 14 真亮

图 2-15　拔

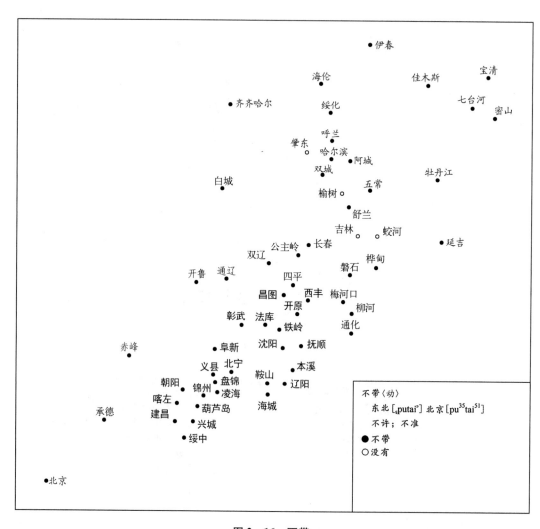

伊春

海伦　　　佳木斯　　宝清

齐齐哈尔　　绥化　　　七台河
　　　　　　　　　　　　　　密山

　　　　　　呼兰
　　　　肇东　哈尔滨
　　　　　　　　　阿城
　　　　　　双城
白城　　　　　　　五常　　牡丹江
　　　　　　榆树

　　　　　　　　舒兰
　　　　　　吉林　蛟河
　　　公主岭　长春　　　　延吉
双辽　　　　　　磐石　桦甸
开鲁　通辽　　四平
　　　　　昌图　西丰　梅河口
　　　彰武　法库　开原　柳河
　　　　　　铁岭　　通化
赤峰　　　阜新　沈阳　抚顺
　　　义县　北宁　　本溪
朝阳　　锦州　盘锦　鞍山　辽阳
喀左　　　　凌海
承德　建昌　葫芦岛　海城
　　　　兴城
　　　绥中

不带〈动〉
东北 [ˌputai˨] 北京 [pu³⁵tai⁵¹]
不许；不准
● 不带
○ 没有

● 北京

图 2-16　不带

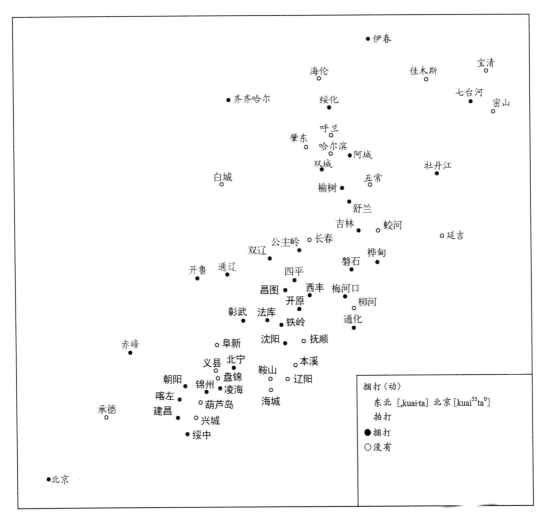

图 2－17　捆打

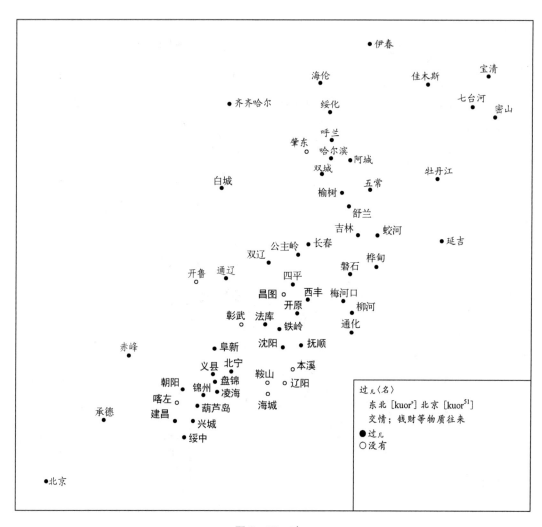

图 2-18 过儿

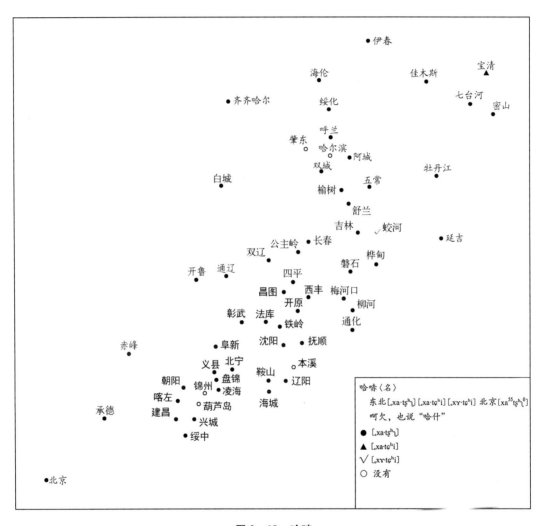

图 2－19　哈嗪

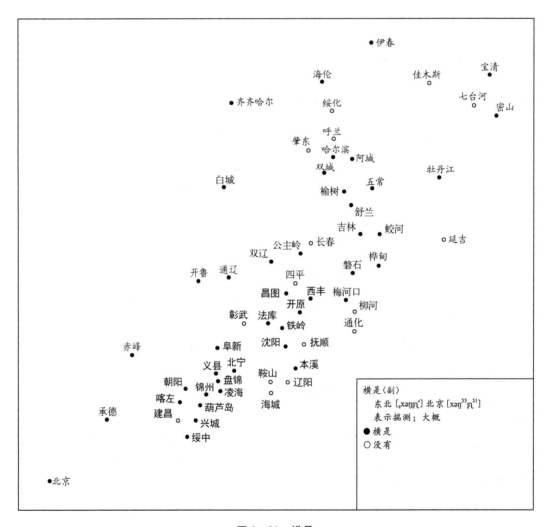

图 2－20　横是

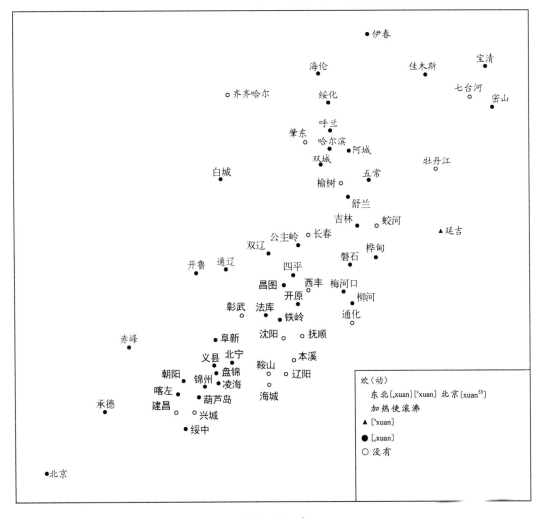

图 2-21 欢

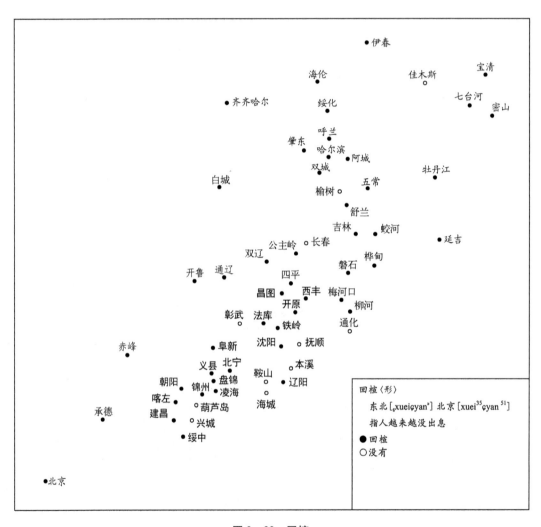

图 2-22 回楦

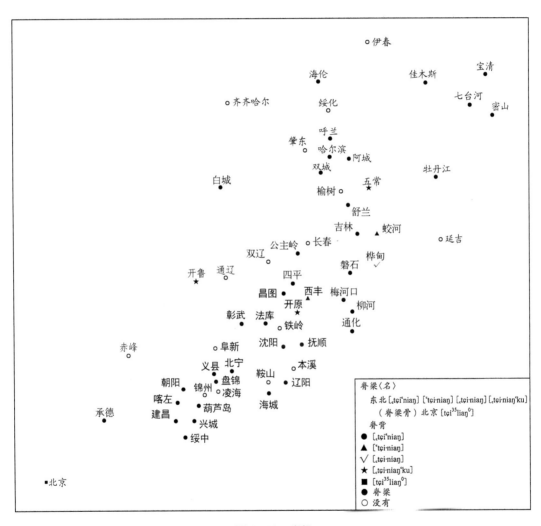

图 2－23　脊梁

图 2-24 卵子

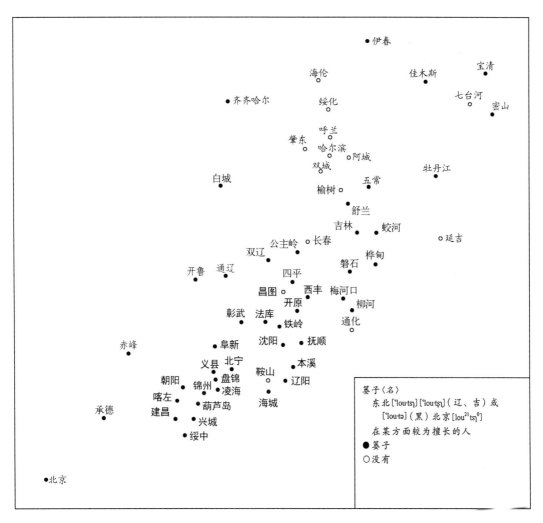

图 2-25　篓子

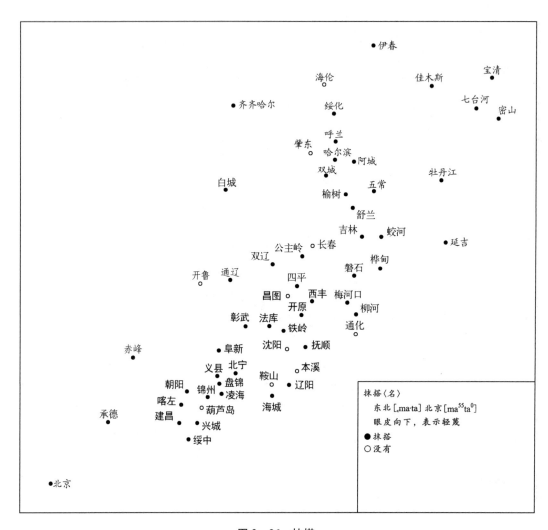

图 2-26 抹搭

图 2-27 毛蛋

图2-28 蒙登

图 2-29 胖揍

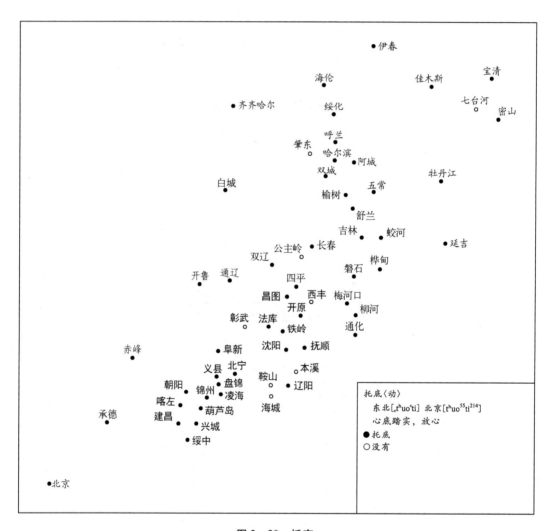

图 2-30 托底

图 2－31　血津儿

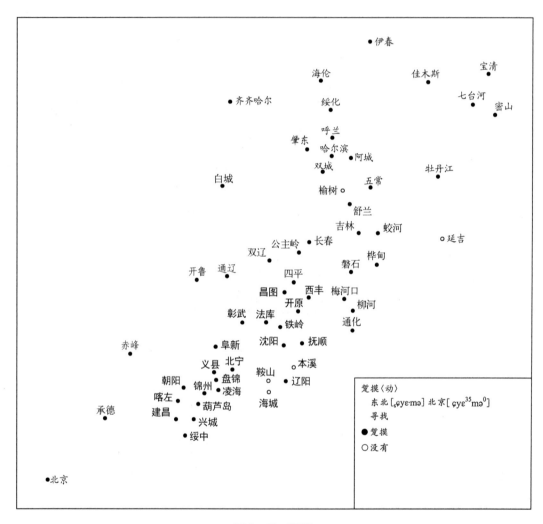

图 2-32 蓐摸

四、北京官话区方言特征词显现的地理分布特征

（一）特征词分布所呈现的三大方言之间的关系

把北京官话区特征词在两个外区（山东方言区和河北方言区,分布于胶辽官话区、冀鲁官话区和中原官话区）的出现频次进行对比,可揭示出北京官话与山东方言、河北方言这三大方言之间的关系。列表如下:

北京官话区特征词在山东方言与河北方言中的出现频次表

序号	词条	山东	河北	词条	山东	河北	词条	山东	河北
1	不的话	1	0	拔	1	3	不带	2	2
2	搁挠	1	0	捆打	1	3	过话儿	1	1
3	哈昧	2	1	过儿	1	2	护皮	1	1
4	欢	2	1	横是	1	3	回楦	2	2
5	脊梁	3	0	履	0	1	荤	1	1
6	卵子	3	1				篓子	2	2
7	肋忒	2	0				圈拢	1	1
8	嘞嘞	2	0				毛蛋	2	2
9	溜	1	0				托底	2	2
10	抹搭	2	1				下儿	0	0
11	蒙登	2	1				有尿	1	1
12	胖揍	2	1						
13	婆婆觉	2	0						
14	血津儿	2	1						
15	趄摸	3	1						
16	真亮	2	0						

如表所示,32 条特征词中,在山东方言中出现频次高于河北方言的词条有 16

条,占特征词总数的 50%;在河北方言中出现频次高于山东方言的词条有 5 条,占特征词总数的 16%;在山东方言与河北方言中出现频次相同的词条有 11 条,占特征词总数的 34%。三大方言区之间的特征词出现频率如右图所示:

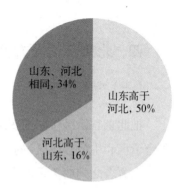

从图表所示可以推断:北京官话与山东方言的关系要近于河北方言。

(二)特征词初次筛选结果所呈现的三大方言之间的关系

《北京官话区方言特征词调查词表》(116 条)是在《北京官话区方言特征词调查预选词表》1 275 个词的基础上,用《山东方言词典》与《河北方言词汇编》首次排查筛选的结果。对比 1 275 条北京官话区词语在两本辞书中有无收载的情况,可以了解到北京官话与山东方言、河北方言之间的关系。情况详见下表:

1 275 条北京官话区词语在《山东方言词典》与《河北方言词汇编》中的收载情况表①

("+"表示收载,"-"表示未收载,"++"表示两本都收载)

序号	词 目	收 载 情 况		
		山东方言词典	河北方言词汇编	两本都收载
1	安心	+	+	++
2	揞₁	+	-	
3	揞₂	+	-	
4	巴结	+	-	
5	掰扯	+	-	
6	白话	+	+	++
7	白瞎	+	-	
8	百叶ᵣ	+	-	
9	摆弄	-	+	

① 该表的词目取自《东北方言概念词典》和《现代北京口语词典》,"+"表示收载的词条释义相同,"-"表示收载的词条释义不同。其中,音变导致的个别用字的差异忽略不计。

续 表

序号	词 目	收 载 情 况		
		山东方言词典	河北方言词汇编	两本都收载
10	摆谱儿	+	+	++
11	败家子儿	+	+	++
12	扳扳倒儿	+	+	++
13	般配	+	−	
14	半彪子	+	−	
15	半大小子	+	+	++
16	半截腰儿	−	+	
17	半晌	+	+	++
18	半语子	+	+	++
19	傍黑儿	+	+	++
20	傍亮儿	−	+	
21	傍晌儿	+	+	++
22	包圆儿	+	−	
23	宝贝疙瘩	−	+	
24	暴土	−	+	
25	备不住	+	+	++
26	被卧	+	+	++
27	鼻涕	+	I	++
28	辬(量词)	+	−	
29	别介	+	−	
30	病包	+	−	
31	脖领儿	−	+	
32	拨拉	+		

序号	词　目	收　载　情　况		
		山东方言词典	河北方言词汇编	两本都收载
33	不错	－	＋	
34	不大离儿	＋	＋	＋＋
35	不得劲儿	＋	＋	＋＋
36	不抵	＋	－	
37	不离儿	＋	＋	＋＋
38	不起眼儿	＋	－	
39	不识闲儿	＋	－	
40	不咋的	＋	＋	＋＋
41	步撵	＋	＋	＋＋
42	擦黑儿	＋	＋	＋＋
43	猜摸	＋	－	
44	藏猫猴	＋		
45	草棵儿	＋	－	
46	差和儿	＋	－	
47	吵吵	－	＋	
48	扯淡	－	＋	
49	成宿	－	＋	
50	成天价	＋	＋	＋＋
51	吃嘴	－	＋	
52	眵目糊	＋	＋	＋＋
53	抽抽	＋	＋	＋＋
54	稠糊	＋	－	
55	瞅	＋	＋	＋＋

序号	词 目	收 载 情 况		
		山东方言词典	河北方言词汇编	两本都收载
56	臭烘的	−	+	
57	出溜儿	+	−	
58	出门子	+	+	++
59	出血	+	−	
60	杵窝子	−	+	
61	吹呼	+	−	
62	戳咕	+	−	
63	瓷实	+	−	
64	刺挠	+	−	
65	从打	+	−	
66	撺嗒	+	+	++
67	打出溜滑儿	+	−	
68	打滑	+	−	
69	打圈子	+	−	
70	打愣儿	+	−	
71	打连连	−	+	
72	打绺儿	+	−	
73	打马虎眼	+		
74	打头儿	+	−	
75	打响鼻儿	+	−	
76	打眼	+	−	
77	打夜作	+	+	++
78	打杂儿	+	+	++

序号	词　目	收　载　情　况		
		山东方言词典	河北方言词汇编	两本都收载
79	大肚子	−	+	
80	大概其	+	−	
81	大姑子	+	+	++
82	大后儿个	+	+	++
83	大舅子	+	+	++
84	大老爷们儿	+	+	++
85	大咧咧	−	+	
86	大面儿	+	−	
87	大拇哥	+	+	++
88	大拿	+	−	
89	大油	−	+	
90	歹毒	+	−	
91	带劲儿	+	−	
92	档子	+	−	
93	刀螂	+	+	++
94	叨唠	−	+	
95	捣鼓	+	−	
96	倒登	+	−	
97	倒血霉	+	−	
98	到了儿	+	+	++
99	倒粪	+	−	
100	嘚嘚	+	−	
101	提拉	+	+	++

序号	词目	收　载　情　况		
		山东方言词典	河北方言词汇编	两本都收载
102	提溜	+	+	++
103	掂对	+	+	++
104	掂量	+	+	++
105	垫背	+	+	++
106	垫补	－	+	
107	掉点儿	+	－	
108	掉价儿	+	－	
109	掉金豆子	－	+	
110	丁点儿	+	－	
111	懂行	－	+	
112	抖擞	+	－	
113	断顿儿	+	－	
114	对眼儿	+	－	
115	多会儿	+	+	++
116	多咱	+	+	++
117	耳沉	+	+	++
118	耳朵背	+	+	++
119	耳朵底子	+	+	++
120	耳钳子	－	+	
121	二百五	+	+	++
122	二二乎乎	+	+	++
123	二乎	+	+	++
124	二混子	+	－	

序号	词　目	收　载　情　况		
		山东方言词典	河北方言词汇编	两本都收载
125	二郎腿	+	－	
126	二皮脸	+	+	++
127	二五眼	+	+	++
128	发憷	+	－	
129	发毛	－	+	
130	发实	+	+	++
131	发痄子	+	+	++
132	反桃子	+	－	
133	反群	+	－	
134	犯嘀咕	+	－	
135	饭桶	－	+	
136	肥实	+	－	
137	废物点心	－	+	
138	分水	－	+	
139	坟圈子	－	+	
140	风丝儿	－	+	
141	肤皮	+	+	++
142	服软儿	+	－	
143	富态	+	－	
144	旮旯儿	+	－	
145	疙瘩	+	－	
146	嘎巴	+	－	
147	盖帽儿	+	－	

续 表

序号	词 目	收 载 情 况		
		山东方言词典	河北方言词汇编	两本都收载
148	干巴$_1$	+	−	
149	干巴$_2$	−	+	
150	高低	+	−	
151	格路	+	+	++
152	咯影	+	+	++
153	跟头虫	+	−	
154	工夫	+	−	
155	弓子	+	+	++
156	公母俩	+	+	++
157	狗尿苔	+	−	
158	狗抢屎	−	+	
159	姑姥爷	+		
160	姑奶奶	+		
161	骨朵儿	−	+	
162	呱嗒	+	−	
163	挂不住	+	−	
164	拐拉	+	−	
165	关板儿	−	+	
166	归置	−	+	
167	鬼风疙瘩	+	−	
168	贵贱	+	−	
169	过家家儿	−	+	
170	过节儿	+	−	

续 表

序号	词目	收 载 情 况		
		山东方言词典	河北方言词汇编	两本都收载
171	哈喇子	+	+	++
172	哈腰	–	+	
173	害臊	–	+	
174	寒腿	+	–	
175	薅	+	–	
176	好喜	+		
177	耗子	+	+	++
178	黑家	+	+	++
179	黑更半夜	–	+	
180	喝唬	+	–	
181	横竖	+	–	
182	红火	+	+	++
183	齁咸	+	–	
184	后ₙ个	–	+	
185	后脑勺子	+	+	++
186	后晌ₙ	+	–	
187	后尾ₙ	–	+	
188	囫囵个ₙ	+	–	
189	糊涂	+		
190	护犊子	+	–	
191	花不棱登	–	+	
192	花大姐	+	+	++
193	花里唬哨	+	+	++

续　表

序号	词　目	收　载　情　况		
		山东方言词典	河北方言词汇编	两本都收载
194	划拉	+	−	
195	慌数儿	+	−	
196	慌神儿	+	+	++
197	谎信儿	+	−	
198	激灵	+	−	
199	挤咕眼儿	−	+	
200	家雀儿	+	+	++
201	架不住	+	−	
202	架势	+	+	++
203	见天见	+	+	++
204	将将	+	−	
205	讲儿	+	−	
206	讲究	+	−	
207	酱杆儿	−	+	
208	焦心	−	+	
209	铰	−	+	
210	脚脖子	+	−	
211	脚孤拐	+		
212	脚揽根	+		
213	叫驴	+	+	++
214	节骨眼儿	+	+	++
215	接茬儿	+	−	
216	裤子	+	−	

序号	词　目	收　载　情　况		
		山东方言词典	河北方言词汇编	两本都收载
217	今ル	+	+	++
218	今ル个	+	+	++
219	金镏子	+	−	
220	筋道	+	−	
221	紧巴	+	−	
222	紧着	+	−	
223	精点ル	+	−	
224	净意ル	+	+	++
225	卡巴裆	−	+	
226	开面ル	+	−	
227	扛大个ル	+	+	++
228	空场(ル)	+	+	++
229	抠门ル	+	+	++
230	抠	+	−	
231	拉倒	+	−	
232	拉拉	+	−	
233	拉拉蛄	−	+	
234	拉忽	−	+	
235	腊八蒜	+	−	
236	老八板ル	+	−	
237	老半天	+	+	++
238	老鼻子	+	−	
239	老大不小	+	−	

序号	词　目	收　载　情　况		
		山东方言词典	河北方言词汇编	两本都收载
240	老疙瘩	+	+	++
241	老娘们儿	－	+	
242	老实巴交	+	－	
243	老爷儿	+	+	++
244	老爷子	+	+	++
245	肋巴骨	+	+	++
246	肋叉子	+	+	++
247	肋条	+	－	
248	冷不丁	+	－	
249	愣葱	－	+	
250	愣头儿青	－	+	
251	哩根儿隆	+	－	
252	力巴	+	+	++
253	立马	+	+	++
254	晾	+	－	
255	咧咧	+	－	
256	零花儿	+	+	++
257	溜光	+	－	
258	溜平	+	+	++
259	罗圈腿儿	+	－	
260	麻花儿	+	－	
261	麻利	+	+	++
262	麻爪儿	+	－	

序号	词　目	收　载　情　况		
		山东方言词典	河北方言词汇编	两本都收载
263	蚂蚱	+	−	
264	猫腰	−	+	
265	门鼻子	+	−	
266	门里出身	+	+	++
267	门脸儿	+	+	++
268	眯登	+		
269	迷登	−	+	
270	绵子	+	+	++
271	棉花套子	+	+	++
272	明儿个	−	+	
273	母子	+	−	
274	奶子	−	+	
275	耐心烦儿	+	−	
276	难缠	+	−	
277	脑袋瓜子	+	+	++
278	脑瓜子	+	+	++
279	闹天	+	−	
280	腻歪	+	+	++
281	碾	+	−	
282	娘儿们	+		
283	女猫	+		
284	挪臊窝儿	−	+	
285	挪窝儿	+	−	

序号	词目	收载情况		
		山东方言词典	河北方言词汇编	两本都收载
286	炮仗	+	-	
287	撇拉	+	-	
288	贫嘴呱嗒舌	+	-	
289	婆婆丁	+	+	++
290	破谜儿	+	-	
291	捧臭脚	-	+	
292	瓢儿	-	+	
293	潜	+	-	
294	起打	+	-	
295	起小儿	+	-	
296	气卵子	-	+	
297	气嗓	+	-	
298	扦刀	+	-	
299	前儿个	-	+	
300	钱串子	+	+	++
301	浅子	+	+	++
302	呛呛	-	+	
303	抢嘴	-	+	
304	悄不声	+	-	
305	悄没声儿	+	-	
306	敲打	+	-	
307	巧劲儿	+	-	
308	秦椒	+	+	++

序号	词　目	收　载　情　况		
		山东方言词典	河北方言词汇编	两本都收载
309	腈好儿	+	−	
310	糗	+	−	
311	蛐蛐儿	+	+	++
312	黢黑	+	−	
313	仁义	+	+	++
314	日头	+	+	++
315	揉搓	+	−	
316	肉皮儿	+	−	
317	肉头	+	+	
318	撒丫子	+	+	++
319	三十儿	−	+	
320	三只手	+	+	++
321	散摊子	−	+	
322	嗓子眼儿	−	+	
323	沙肝	+	−	
324	晒阳阳儿	+	+	++
325	扇	+	+	++
326	晌饭	+	−	
327	晌午	+	+	++
328	上火	+	+	++
329	上人儿	+	−	
330	上心	+	+	++
331	捎带脚儿	−	+	

续　表

序号	词目	收载情况		
		山东方言词典	河北方言词汇编	两本都收载
332	身板儿	+	−	
333	身子骨儿	+	+	++
334	神道	+	−	
335	实心眼子	−	+	
336	实诚	+	+	++
337	手巴掌	+	+	++
338	手脖子	+	+	++
339	手闷子	+	−	
340	树棵子	+	−	
341	耍钱	+	−	
342	刷白	+	−	
343	双棒儿	−	+	
344	顺毛驴	+	−	
345	说嘴儿	+	−	
346	撕巴	+	+	++
347	死乞白赖	−	+	
348	松塔	−	+	
349	酸不叽的	+	+	++
350	蒜苗儿	−	+	
351	算计	+	−	
352	趿拉板儿	+	+	++
353	太爷	+	+	++
354	趟子车	−	+	

序号	词 目	收 载 情 况		
		山东方言词典	河北方言词汇编	两本都收载
355	套近乎	−	+	
356	甜不叽	−	+	
357	挑刺儿	+	+	++
358	笤帚疙瘩	+	−	
359	听喝儿	+	−	
360	挺尸	−	+	
361	头年	+	+	++
362	头晌儿	+	+	++
363	头疼脑热	+	−	
364	秃撸	+	−	
365	图希	+	−	
366	土坷垃	+	+	++
367	团弄	+	−	
368	团圆媳妇儿	+	+	++
369	崴	+	−	
370	窝脖	+	−	
371	窝憋	+	−	
372	窝囊	+	−	
373	窝囊废	+	+	++
374	无赖游	+	+	++
375	伍的	+	−	
376	稀了光当	−	+	
377	喜兴	+	−	

续　表

序号	词目	收载情况		
		山东方言词典	河北方言词汇编	两本都收载
378	戏匣子	+	−	
379	瞎虻	−	+	
380	下把	+	−	
381	下三烂	+	+	++
382	下晚儿	+	−	
383	下作	+	−	
384	鲜亮	+	−	
385	闲篇儿	+	−	
386	显摆	−	+	
387	显怀	+	−	
388	现事报儿	−	+	
389	现下	+	−	
390	现眼	+	+	++
391	消停	+	−	
392	消息儿	+	−	
393	小毛儿毛儿雨	−	+	
394	小拇哥	−	+	
395	小妞妞	−	+	
396	小人儿	+	−	
397	小咬儿	+	−	
398	笑模滋儿	+	−	
399	斜楞	+	−	
400	写字儿	−	+	

序号	词 目	收 载 情 况		
		山东方言词典	河北方言词汇编	两本都收载
401	新新	+	+	++
402	饧	+	−	
403	悬乎	+	−	
404	踅摸	+	+	++
405	寻摸	+	+	++
406	丫巴儿	+	−	
407	言语	+		
408	眼气	−	+	
409	眼热	−	+	
410	秧子	+	−	
411	洋火儿	+	+	++
412	咬耳朵	−	+	
413	爷们儿	+	+	++
414	夜猫子	+	+	++
415	一把死拿儿	+	−	
416	一丁点儿	+	+	++
417	一小儿	−	+	
418	因由	+	+	++
419	音儿	+	+	++
420	应声	−	+	
421	硬棒	+	+	++
422	悠千	+	−	
423	悠着	+	−	

序号	词 目	收 载 情 况		
		山东方言词典	河北方言词汇编	两本都收载
424	油子	+	−	
425	油渍麻花	+	−	
426	有板有眼	−	+	
427	有了	+	+	++
428	余外	+	+	++
429	砸儿	−	+	
430	砸砸	−	+	
431	砸锅	+	−	
432	扎猛子	+	−	
433	咋呼	+	−	
434	眨巴	+	−	
435	炸锅	+	−	
436	早已	+	+	++
437	澡塘子	−	+	
438	占房	−	+	
439	这晚儿	−	+	
440	这阵儿	+	+	++
441	镇唬	+		
442	支嘴儿	+	−	
443	吱声	+		
444	直巴楞腾	−	+	
445	主儿	+	−	
446	抓挠	+	−	

序号	词　目	收　载　情　况		
		山东方言词典	河北方言词汇编	两本都收载
447	抓破脸	-	+	
448	装孙子	-	+	
449	仔细	-	+	
450	自打	+	-	
451	自小	-	+	
452	嘴皮子	-	+	
453	左撇来子	+	-	
454	坐跟	+	-	
455	坐蜡	+	+	++
456	坐月子	-	+	

从上表可知,北京官话与山东方言共有的词语216条,占全部词条总数的47%。北京官话与河北方言共有的词语100条,占全部词条总数的22%。北京官话与山东方言、河北方言同时拥有的词语139条,占全部词条总数的30%。由此可见,北京官话与山东方言的关系要近于同河北方言的关系,这恰恰验证了之前的预判。

（三）北京官话与山东方言、河北方言的亲疏关系探源

在第一章中我们曾述及,有学者通过对扬雄《方言》中燕方言(北京地区的方言)词汇的研究,发现燕方言与东北方言的关系最为密切,其次与齐海岱(即今山东方言)相似点较多,而与其南部的赵方言(河北方言)关系比较疏远。表明先秦时期北京官话与山东方言的关系就要近于同河北方言的关系,这是导致几种方言关系最初形成的渊源。

汉魏六朝时期,北方政权更替频仍,北京地区与河北地区接触繁多,人口流动使得北京方言与河北方言开始混杂。隋陆法言《切韵序》说"吴楚则时伤轻浅,燕赵则多涉重浊",把"燕""赵"方言并举,表明当时这两种方言的一致性较强。

隋唐五代时期,北京所在地的幽州,作为北方的军事重镇与中原一直保持着密切往来,直到公元936年,石敬瑭把幽云十六州割让给契丹,北京地区与北方少数民族往来又进一步加强,与南部中原接触日渐减少,以至于南宋人说:"绝江渡淮,过河越白沟,风声气

俗顿异,寒暄亦不齐。"①

　　金、元、明时期,作为沟通东北地区和中原的枢纽,北京同东北及中原的往来随移民的流动日益加强。特别是明代向北京大规模移民后,北京地区"五方杂处",北京方言与河北方言又开始恢复联系,北京方言中不可避免了掺杂进了河北、山东等地方言的成分。

　　明末清初中原地区的战乱及自然灾害迫使冀、鲁、豫地区的人民大规模向北京官话区迁徙。清代是中原人口向北京官话区迁徙的高峰,规模之大、时间之长超越了历史上任何一个年代。"清初招垦的 23 年中,山东移民东北者甚多。顺治三年(1646)山东人'移民实边'至新民府的甚多。辽中也是'来者日众……,以来自山东直隶者居多'。"② 咸丰十年(1860),呼兰地区的垦地面积不过 2.75 万垧,到光绪二十三年(1879),已达到 112.615 2 万垧,不到 30 年的时间,即垦地就增至 112 万余垧,出放荒地则增加了 47.061 7 万垧。③ 河北、山东等地的移民,将该地区开垦成为江省的粮仓。黑龙江省垧额的一半出自呼兰。从同治七年到光绪十三年(1868—1887)的 19 年间,呼兰人口中本地旗人仅增加了 2 倍,而汉族移民则增加了 45 倍。④ 在清末东北大开禁、大招垦政策的吸引下,东北地区的关内移民迅速增加。"由奉天入兴京,道上见夫拥只轮车者,妇女坐其上,有小儿哭者眠者,夫以后推,弟自前挽,老媪拄杖,少女相依,踉跄道上……前后相望也,由奉天至吉林之日,逆旅所供寝食者皆山东移民。"⑤到光绪三十三年(1907),辽宁、吉林、黑龙江三省人口已经达到了 1 600 多万人。从光绪二十四年到宣统三年(1898—1911)仅仅 13 年间,东北人口增加了 950 万。移民中以山东人居首位,其中登州、莱州、青州人占多数。其次是直隶人,以天津、滦州、保定、乐亭等地人居多。⑥

　　据推算,1912—1949 年间,由山东移民至东三省的总人数达 1 836.4 万人,其中 791.1 万人留住东北。历年移民数量二十余万到上百万不等,平均每年有 48 万人。从 1921 年至 1930 年的 10 年间,到东北谋生的有 618 万余人。仅以 1927 年和 1928 年各省移民人口的比例为例:1927 年山东人口占 87.3%,河北人口占 11.5%,其他各省占 1.2%;1928 年山东人口占 86.3%,河北人口占 12.7%,其他各省占 1%。⑦ 另据南开大学在东三省调查千余户农业移民数据表明,清末前来的占 10%,民国前期的 20 年间来的占 90%,1925 至 1930 年间来东北的占其 50% 以上。"前后数百年,山东先后向东北移民数千万人,东北三省的

　　① 转引自葛剑雄主编,吴松弟著《中国移民史・第四卷》,福建人民出版社,1997 年,第 26 页。
　　② 徐爱华《1775—1850 山东移民东北与山东社会》,东北师范大学硕士学位论文,2006 年。
　　③ 《呼兰府志》卷三《田赋》,转引自马平安《近代东北移民研究》,齐鲁书社,2009 年,第 35 页。
　　④ 金其铭等《中国人文地理概论》,陕西人民出版社,1990 年,第 47 页。
　　⑤ 《白山黑水录》,作新社藏版,1902 年,第 124—125 页。
　　⑥ 马平安《近代东北移民研究》,齐鲁书社,2009 年,第 37 页,第 40 页,第 42 页。
　　⑦ 《新亚细亚(第二卷)》第二期,转引自马平安《近代东北移民研究》,齐鲁书社,2009 年,第 60 页。

人口中,按祖籍论 70—80% 为山东人的后裔。"①

综上所述,从明末到民国,移居北京官话区的山东人一直远远多于河北、河南等其他省份的居民,山东方言对北京官话的影响自然而然地会大于河北等地的方言成分。在一千多年前幽燕方言基础上发展起来的北京官话,在同北方少数民族语言不断融合的过程中,又不断吸收原北上汉人原籍的山东、河北、河南等地方言,致使今天的北京官话中有很多山东方言与河北方言的痕迹。北京官话不仅在"清入声字归阴平"方面受到上述方言的影响,而且在词汇使用上,也同上述方言之间有更多的交叉。但纵观北京官话区的移民史,不难发现,除个别年代,北京官话自古以来与山东方言接触的历史更悠久,人数更多、范围更广,受之影响更大。

"东北地区与中原虽然有着一定的地理距离,但从历史上看却没有什么明显的文化差别。华北与东三省之间,无论在语言、宗教信仰、风俗习惯、家族制度、伦理观念、经济行为各方面,都大同小异。最主要的,是东三省移垦社会成员,没有自别于文化母体的意念。"②"最主要的,在主观意义上,移民社会的广大成员并不因地理距离而自觉有别于故乡同胞。这情形好像是一个来自鲁西的黑龙江农业移民和一个在胶东落户的鲁南农民在感觉上并没有什么不同一样。换言之,对绝大多数的山东移民来说,东三省无非是山东省的扩大。"③从上述意义讲,不论在语言形态上,还是在文化认同上,北京官话与山东方言的关系都要更近于河北方言。

本 章 小 结

本章在原有方言特征词理论的基础上,提出了关于进一步完善这一理论的建设性意见 4 条:

1. 特征词的来源不应限于基本词和常用词。北方方言特征词的研究,不应该不切实际地套用仅仅适合于南部方言特征词研究的条条框框而忽视本地方言的实际情况,要立足于本地的语言事实,依据实践修正和完善原有的特征词理论。

2. 特征词在构成上包括单字到多字组合的词和短语,语法功能上能担当句法成分,有

---

① 孙红艳《"闯关东"对辽宁方言成因的影响》,西南大学硕士学位论文,2009 年。

② 《"中研院"近代史研究所集刊》第四期,转引自马平安、楚双志《移民与新型关东文化——关于近代东北移民社会的一点看法》,《辽宁大学学报》,1996 年第 5 期。

③ 《中国现代史专题研究报告》第三辑,转引自马平安、楚双志《移民与新型关东文化——关于近代东北移民社会的一点看法》,《辽宁大学学报》,1996 年第 5 期。

词的独立性。

3. 特征词在内涵上分为狭义特征词和广义特征词。狭义特征词具有很强的区别性，用来鉴别方言的区属；广义特征词可以反映方言与方言之间的亲疏关系。

4. 方言特征词的判定标准"对内覆盖面广、一致性强""对外交叉少、排他性强"不能是笼统的印象和感悟，需要经过定量统计和定性分析的检验。

方言特征词理论的提出与深化，在共时层面，可为汉语方言的区划提供词汇依据，有助于现代汉语词汇学研究的进一步深入；在历时层面，通过考察特征词的历史变化，了解方言词汇形成的历史进程及方言与共同语之间词汇互相转化的踪迹，有助于汉语史的研究。

应用完善后的方言特征词理论，本章对北京官话区的方言特征词进行了定量、定性的研究。通过制定特征词调查词语表，确定北京官话区内、外部调查点，进行内外部方言点的综合考察、验证性考察等步骤，提取出北京官话区方言特征词32条（包括狭义特征词14条，关系特征词18条），进行释义并做成描写性地图，以展示32条特征词的具体分布情况。对比北京官话区特征词在山东方言、河北方言中的分布情况，可以得出结论：北京官话与山东方言的关系要近于同河北方言的关系。这种关系的形成与明代以来鲁、冀地区向北京官话区进行移民的规模和数量的差别有着密切的关联。

第三章
北京官话区词汇的内部差异

北京官话区特征词的共时分布表明：北京话与东北方言词汇具有高度的一致性。但是由于北京官话区地域辽阔，人文历史、地理状况较为复杂，其内部方言之间自然会有一定差别。本章运用特征词理论进一步考察北京官话区内部方言片（及方言小片）之间的差异，并尝试揭示隐藏在差异背后的人文历史因素。

第一节　北京官话区方言片的词汇特征

一、北京官话区方言片的划分

本研究综合林焘（1987）、钱曾怡（2010）、张世方（2010）等的观点，以北京官话区的幽燕片、锦兴片、辽沈片、哈肇片、黑吉片（张世方/钱曾怡，2010）为参照，①结合《北京土话》（常锡桢，1992）、《北京土话》（齐如山，1991）、《现代北京口语词典》（陈刚/宋孝才/张秀玲，1997）、《北京方言词典》（陈刚，1985）、《天津的方言俚语》（李世瑜，2004）、《内蒙古西部汉语方言词典》（哈森/胜利，1999）以及辽宁省、吉林省、黑龙江省各市县及少数民族自治区地方志，初步整理出各方言片的特征词调查表。然后在上述方言片的内外部进行验证性调查，分别归纳、整理出京承小片、锦兴片、哈肇片、黑吉片特征词。辽沈片特征词区内外交叉过多而不典型，故不选入。

---

① 本章对北京官话区方言片的划分参照钱曾怡《汉语官话方言研究》的成果，将北京官话区分为：幽燕片（包括京承小片、赤朝小片、北疆小片）、锦兴片、辽沈片、黑吉片（包括吉绥小片、长辽小片、嫩佳小片）、哈肇片。幽燕片中的北疆小片不在本书研究范围内。

二、北京官话区方言片（及方言小片）特征词的选取

（一）京承小片

1. 京承小片特征词的提取

依据钱曾怡（2010）的划分，京承小片属于幽燕片的下属方言小片，包括北京市区、通州、大兴、房山、门头沟、昌平、顺义、怀柔、密云、延庆（以上北京）、武清（以上天津）、涿州、固安、三河、大厂、香河、廊坊、承德市、承德、丰宁、隆化、滦平、围场、平泉（以上河北）、多伦（以上内蒙古）。选取京承小片作为考察对象，是因为该片处于幽燕片的核心区，是调查北京话的重点地区。我们重点选取了北京市区、门头沟和承德作为内部方言调查点，外部方言调查点选取了保定、石家庄、昌黎、赤峰、牡丹、开鲁、通辽、建昌、北镇、本溪、凌海、兴城、通化、辽阳、新民、鞍山、兴城、海城、法库、铁岭、开原、公主岭、双辽、延吉、长春、四平、磐石、桦甸、吉林、蛟河、舒兰、齐齐哈尔等 32 个方言点。从《北京土话》（常锡桢，1992）、《北京土话》（齐如山，1991）、《现代北京口语词典》（陈刚/宋孝才/张秀玲，1997）、《北京方言词典》（陈刚，1985）、《新编北京方言词典》（董树人，2010）等辞书中初选出北京话特征词 162 条。经过内部、外部的定点调查，提取出覆盖内部方言点 70% 以上，与外部方言点的交叉率低于 30% 的词条 14 条。

2. 京承小片特征词释例①

（1）打嗑嘚ₙ[ta²¹⁴⁻²¹ kʰɤ⁵⁵ pər⁰]：〈动〉同"打嗝儿"。❶ 说话、背诵、演唱时出现不该有的停顿。❷ 比喻犹豫（多用于否定形式）：跟他借钱，他没～。

（2）跟[kən⁵⁵]：〈动兼介〉在：你～哪儿呢？| 他们～马路边儿上站着呢。

（3）鸡贼[tɕi⁵⁵ tsei³⁵]：〈形〉小气、吝啬、暗藏私心：这人太～了，见利就上，见困难就逃。

（4）局气[tɕy³⁵ tɕʰi⁰]：〈形〉公正；公平；正经：这筐柿子，让老张来分吧，老张～。| 办事都得讲个～。

（5）老家ₙ[lau²¹⁴⁻²¹ tɕiar⁵⁵]：〈名〉父母：回家探亲时向你两位～问好！

（6）且[tɕʰiɛ²¹⁴]：〈副〉表示经久，长时间：他～坐着不走呢。

（7）慎着[ʂən⁵¹ tʂə⁰]：〈动〉❶ 等待，静观动态：快动手干吧，别～了！❷ 躺在床铺上闭目养神：他这会儿没睡着，～呢！

（8）顺[ʂuən⁵¹]：〈动〉顺手牵羊：～了人家一把刀。

（9）瞎了[ɕia⁵⁵ lə⁰]：〈形〉倒霉，遭殃了：马上要进考场了，却发现准考证没带，这

---

① 京承片注音以北京话为代表。北京话四声的调值为：阴平 55，阳平 35，上声 214，去声 51。

可~了！怎么办哪？

（10）晕菜［yn⁵⁵tsʰai⁵¹］：〈形〉眩晕、昏厥、糊涂：这题把他彻底搞~了。｜一共花了多少钱啊？我是彻底~了！

（11）瓵［tsʰei⁵¹］：〈动〉陶器、玻璃器皿等被摔碎，砸碎：他把那大瓷碗给~了。

（12）呔呔［tei⁵⁵tei⁰］：〈动〉颤抖，哆嗦：冻得他直~。

（13）您₁：〈代〉表示客气。

（14）您₂：〈代〉在两性之间，用于表示一定的距离（女性多用）：听说，~的儿子出国了？

3. 京承小片片特征词显现的地理分布特征

14 条京承小片特征词在区外的分布情况如下表：

京承小片特征词在区外的出现频次表

辽沈片	黑 吉 片			幽燕片	哈肇片	锦兴片	冀鲁方言
	长辽 小片 3	吉绥 小片 3	嫩佳 小片 4	赤朝 小片			胶辽片
8	10			5	3	4	2

从上表可知，京承小片与周边方言片、方言小片的亲疏关系与特征词在方言片、方言小片的出现频次成正比。特征词出现频次越高，两种方言的亲密度越高；特征词出现频次越低，两种方言的亲密度越低。京承小片与辽沈片关系最近，与冀鲁方言中胶辽片关系最远。同属于幽燕片的赤朝小片，与京承小片的亲密度却不及辽沈片和黑吉片，一方面与赤朝小片调查的方言点数较少有关，另一方面与两个方言小片明、清以来的移民成分有关（详见第二节）。

（二）锦兴片

1. 锦兴片特征词的提取

依据钱曾怡（2010）的划分，锦兴片属于北京官话的下属方言片，包括辽宁境内的锦州、葫芦岛、兴城、绥中、凌海五市县。我们从现有文献《锦州方言札记》《锦州方言集注》中初选出 500 余条词语，淘汰掉《东北方言大词典》《东北方言概念词典》《哈尔滨方言词典》等辞书中收录的词条，初选出锦兴片方言特征词 246 条，据此进行内部（包括锦州、凌海、葫芦岛、兴城、绥中）和外部（包括沈阳、北票、北宁、黑山、义县、辽阳、阜新、朝阳、法库、开原、鞍山、海城、本溪）的定点调查和验证性调查，提取出覆盖内部方言点 70% 以上，

与外部方言点的交叉率低于30%的狭义特征词10条,关系特征词22条。锦兴片方言调查点分布图如下:

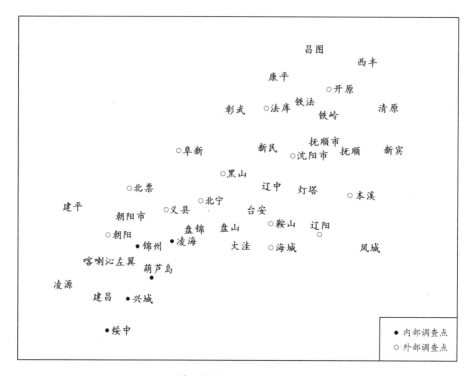

锦兴片方言调查点分布

2. 锦兴片特征词释例①

2.1 狭义特征词:(10个)

(1) 编致[piaŋ⁵⁵tʂʅ⁰]:〈形〉考究:五大三粗的人,做出来的东西还挺~!

(2) 丁闷ₐ[tiŋ⁵⁵mər⁰]:〈副〉总是,不断,又作"总闷儿""总溜儿":还有完没完了,~磨叽啥?

(3) 个式[kɤ⁵¹ʂʅ⁰]:〈名〉❶怪相,鬼脸儿:二人转演员可能做~了。❷装饰,饰物:衣服上有不少小~。❸讲究:这人~忒多了!

(4) 阁ₐ楼[kər³⁵lou⁰]:〈动〉让儿童骑坐在成人颈肩上的游戏。

(5) 混沦着[xuən³⁵luən²¹³⁻²¹tʂə⁰]:〈形〉不分大小优劣:东西都放~了,分开呀!

(6) 码磉[ma²¹³⁻³⁵ʂaŋ²¹³]:〈动〉打地基。

(7) 能够ₐ[nəŋ³⁵kour⁵¹]:〈形〉能干、有本事:她那人儿家里外头可~了。

---

① 锦兴片注音以锦州话为代表。锦州话的四声调值为:阴平55,阳平35,上声213,去声51。

(8) 上紧ₙ[ʂaŋ⁵¹⁻⁵³tɕiər²¹³]：〈动〉病危：他们家老爷子~了，快去看看。

(9) 歇绷ₙ[ɕiɛ⁵⁵pər⁵⁵]：〈动〉工间休息：干到地头~啊！

(10) 有挨[iou²¹³⁻²¹nai⁵⁵]：〈动〉有指望、有计划：不用愁了，粮食~了。北镇、黑山等地指有好处、有油水。反义说法"没挨"。

　　2.2　关系特征词：（22 个）

(1) 半（截）撼ₙ[pan⁵¹⁻⁵³tɕiɛ⁰xɚ⁵¹]：〈形〉半道儿：活儿干到~了。

(2) 绰真ₙ[tʂʰau⁵⁵tʂər⁵⁵]：〈形〉叫真儿：做啥事儿别太~了。

(3) 打（个）透眼儿[ta²¹³⁻²¹(kə⁰)tʰou⁵¹⁻⁵³iɐr²¹³]：〈动〉办事情之前先找人帮助沟通、接洽：我跟他不熟，你先去帮我~。

(4) 打了个迟ₙ[ta²¹³⁻²¹lə⁰kə⁰tʂʰər³⁵]：〈动〉停顿了一下、迟钝了一下：这几年他变化太大了，我~才认出来。

(5) 待不预ₙ[tai⁵¹⁻⁵³pu⁵¹⁻³⁵yər⁵¹]：〈副〉不经意：~一回头儿，竟然发现他了！

(6) 炖鸡蛋[tuən⁵¹⁻⁵³tɕi⁵⁵tan⁵¹]：〈动〉蒸鸡蛋糕。

(7) 发迟[fa⁵⁵tʂʰʅ³⁵]：〈形〉发呆、迟钝。

(8) 干白豆腐[kan⁵⁵pai³⁵⁻³³tou⁵¹⁻⁵³fu⁰]：〈名〉千张豆腐和豆腐的总称。

(9) 话扯ₙ**的**[xuar⁵¹⁻⁵³tʂʰər⁵⁵ti⁰]：〈形〉闲话多：整天~，吃饭也堵不住你的嘴？

(10) 落稀不落干[la³⁵ɕi⁵⁵pu⁵¹⁻⁵³la³⁵kan⁵⁵]：不过瘾。一般指食物过少，只能慰藉心灵，无法满足胃口：说是吃螃蟹，实际上一人才一个，~的。

(11) 懒豆腐[lan²¹³⁻²¹tou⁴²fu⁰]：〈名〉不去渣的豆腐。

(12) 老劁ₙ[lau²¹³⁻²¹tɕʰiaur⁵⁵]：〈名〉生过小猪后被阉割的母猪。

(13) 狸ₙ**花**ₙ**的**[lir³⁵xuar⁵⁵ti⁰]：〈形〉视力较差，视物不清：我这眼睛看东西~。

(14) 说话打唠ₙ**的**[ʂuo⁵⁵xua⁵¹ta²¹³⁻²¹laur⁵¹⁻⁵³ti⁰]：谈话、聊天的状态或时候：~，看不出他有啥毛病。

(15) 替牙[tʰi³⁵ia³⁵]：〈动〉动词。小孩儿换牙。兴城、北宁称[tʰi⁵¹⁻⁵³ia³⁵]。

(16) 鬻[vei⁵¹]：〈动〉溢：粥~了。

(17) 瞎柳子/瞎柳叶子[ɕia⁵⁵liou²¹³⁻²¹zʅ⁰]/[ɕia⁵⁵lə⁰iɛ⁵¹⁻⁵³zʅ⁰]：〈名〉柳莺，体小、反应不灵敏，常在柳树上活动，因视力不好而得名。

(18) 小老头[ɕiau²¹³⁻³⁵lau²¹³⁻²¹tʰou⁰]：〈名〉家中排行最小的女孩。

(19) 行（的）了[ɕiŋ³⁵(tə⁰/ti⁰)liau²¹³]：行、可以，表示轻微赞赏：~哇！会干活啦！

(20) 又一道劲ₙ**/劲子**[iou⁵¹⁻⁵³i³⁵tau⁵¹⁻⁵³tɕiər⁵¹/tɕin⁵¹tʂʅ⁰]：为人处事的方式令人看不惯：他做啥事儿都~。

(21) 支客子[tʂɿ⁵⁵kʰɤ³⁵zɿ⁰]：〈名〉红白喜事中，代替东家执掌事务的人。

(22) 猪钢子[tʂu⁵⁵kaŋ⁵⁵tʂɿ⁰]：〈名〉猪鼻子。

3. 锦兴片特征词显现的地理分布特征

锦兴片特征词的调查是为了把辽西走廊五市县与广义的辽西地区在方言地理上区别开来，所以选取的内外部调查点都在以锦州为核心的周边区域内。除了考察锦兴片内辽西五市县方言之间的亲疏关系，还重点考察与区外隶属于锦州的义县、北宁、黑山三地之间的亲疏关系。32 条特征词在区内五市县及区外三个点的分布情况如下表所示：

区　内					区　外		
锦州	凌海	绥中	兴城	葫芦岛	义县	黑山	北宁
32	31	31	30	23	29	20	18
100%	97%	97%	94%	88%	90%	63%	56%

由上表可知，辽西五市县特征词的分布比率高达 88% 以上，锦州方言与凌海方言、绥中方言的亲密度最高，这在一定程度上印证了钱曾怡（2010）与张世方（2010）把辽西五市单独作为北京官话区其中一个方言片的结论。"方言特征词不能完全排除与外区的交叉。……同区的方言中，尤其是处于边缘地带的方言，由于方言间的相互影响，而使用了他区的特征词，这也是常见的现象。"①义县、黑山、北宁地处锦兴片与辽沈片的交汇地带，再加上历史上与锦州均有隶属关系，地理位置、行政区划，以及词汇流通扩散的结果，导致了上述三地与锦州方言交叉较多。由于地理位置接近，义县方言与锦州方言在词汇上的亲密度极高。

（三）哈肇片

1. 哈肇片特征词的提取

依据钱曾怡（2010）的划分，哈肇片属于北京官话的下属方言片，包括哈尔滨、巴彦、庆安、木兰、方正、延寿、宾县、呼兰、阿城、五常、双城、肇源、肇州、肇东、安达（以上黑龙江省）、扶余、前郭罗尔斯、松原、大安（以上吉林）、满洲里、海拉尔（以上内蒙古）。我们从现有文献《黑龙江方言词典》（刘小南/姜文振，1991）、《东北方言口语词汇例释》（王树声，1996）、《哈尔滨方言词典》（尹世超，1997）以及黑龙江省各市县地方志中初选出 95 条词语，进行内部和外部的定点调查和验证性调查。内部方言点包括哈尔滨市（道里区、道外

---

① 李如龙《闽方言的特征词》，《汉语方言特征词研究》，厦门大学出版社，2002 年，第 278 页。

区、南岗区、香坊区)、五常、双城、宾县、阿城。外部方言点包括吉林、蛟河、舒兰、延吉、梅河口、柳河、磐石、桦甸、长春、四平、公主岭、双辽、榆树、七台河、海伦、齐齐哈尔、绥化、佳木斯、林口、伊春、牡丹江、密山、宝清、义县、北镇、本溪、鞍山、海城、开原、新民、辽阳、沈阳、法库、调兵山、铁岭、新民、兴城、凌海、朝阳、建昌、赤峰、喀左、阜新。然后提取出覆盖内部方言点 70%以上，与外部方言点的交叉率低于 30%的狭义特征词 10 条。

2. 哈肇片特征词释例①

(1) 格瓦斯[kɤ³⁵⁻²¹va²⁴sʅ⁰]：〈名〉一种俄式用麦芽或麦面包屑制成的清凉饮料。

(2) 戈栏[kɤ²¹³⁻²¹lan²⁴]：〈名〉水龙头(俄语音译)。

(3) 刮刮拉拉[kua⁴⁴kuə⁰la⁴⁴la⁴⁴]：〈形〉好占别人小便宜。

(4) 筦子[kuan²¹³⁻²¹tsə⁰]：〈名〉大款。

(5) 醮油[tɕiau⁵³iou²⁴]：〈动〉送礼。

(6) 搚[kʰɤ⁴⁴]：〈动〉收拾鱼鳃、肠、肚等。

(7) 皮毛哈赤眼儿[pʰi²⁴mau²⁴xa⁴⁴tʂʅ⁰iɚ²¹³]：〈形〉不在乎。

(8) 上茬[ṣaŋ⁵³tʂʰa²⁴]：❶〈形〉烧糊：炕烧~了。｜饭做~了。❷〈动〉玩扑克输了生气翻脸。

(9) 要褃[iau⁵³kʰən⁵³]：〈形〉要害;关键：朝他~的地方捅一刀。

(10) 一面青[i²⁴mian⁵³tɕʰiŋ⁴⁴]：〈名〉房屋、正面以砖石砌成，两侧和背面以土或土坯筑成的房屋。

3. 哈肇片特征词显现的地理分布特征

10 条哈肇片特征词在区外方言调查点中的分布情况如下表所示：

哈肇片特征词区外出现频次表

黑 吉 片			幽燕片	辽沈片	锦兴片
嫩佳小片 42	吉绥小片 21	长辽小片 17	赤朝小片		
80			7	4	1

从上表可见，哈肇片与黑吉片的关系要远远近于其他方言片，与锦兴片的关系最为疏远。哈肇片与嫩佳小片关系最近，与其所处的地理位置密切相关。嫩佳小片与哈肇片北部和东北部毗邻，两片所包括的方言点同处一省，地理位置的接近与行政区划的统一使得两片所属地区的交流更加便利，词汇更易流通扩散，因而交叉的词语较多。

---

① 哈肇片注音以哈尔滨方言为代表。哈尔滨方言的四声调值为：阴平 44,阳平 24,上声 213,去声 53。

（四）黑吉片

1. 黑吉片特征词的提取

依据钱曾怡的划分,黑吉片属于北京官话的下属方言片,包括吉绥小片(吉林 22 个点,黑龙江 14 个点)、长辽小片(吉林 22 个点,内蒙古 3 个点)、嫩佳小片(黑龙江 48 个点,内蒙古 1 个点)。我们从现有文献《东北方言词典》(马思周/姜光,1991)、《简明东北方言词典》(许浩光/张大鸣,1988)、《东北方言口语词汇例释》(王树声,1996) 及黑龙江省、吉林省各市县地方志中初选出 269 条词语,进行内部和外部的定点调查和验证性调查。内部方言点包括齐齐哈尔、海伦、七台河、绥化、佳木斯、林口、伊春、密山、宝清、牡丹江、吉林、蛟河、舒兰、柳河、梅河口、磐石、桦甸、延吉、公主岭、四平、榆树、白城、长春、双辽、通辽、开鲁。外部方言点包括五常、通化、锦州、盘锦、沈阳、抚顺、沈阳、北宁、本溪、鞍山、海城、西丰、新民、彰武、辽阳、阜新、铁岭、法库、开原、昌图、义县、北京。然后提取出覆盖内部方言点 70%以上,与外部方言点的交叉率低于 30%的狭义特征词 6 条。

2. 黑吉片特征词释例①

(1) 嘎撒[ˌka·suei]:〈名〉鱼鳃。

(2) 解洽ₐ[ˈtɕiɛtɕʰiarˀ]:〈动〉尽兴;令人满足:这事办得挺~。

(3) 量呛[liaŋˈtɕʰiaŋˀ]:〈动〉没把握;不保准:我看这河~能过去。

(4) 没好歹ₐ[ˌmeiˈxauˈtɐr]:〈形〉不顾一切,也说"没好拉歹"ₐ:也不管人家条件咋样,她就是~地要。

(5) 球子[ˈtɕʰiou·tsʅ]:〈名〉顽皮成性、蛮不讲理的孩子。

(6) 缺彩[ˈtɕʰyɛˈtsʰai]:〈名〉毛病、缺陷:瞧这闺女长的,那个厚成,从头到脚没有~的地方。

3. 黑吉片特征词显现的地理分布特征

6 条黑吉片特征词在区外方言调查点中的分布情况如下表所示:

黑吉片特征词在区外的出现频次表

辽沈片	哈肇片	锦兴片	赤朝小片
17	10	0	0

① 因黑吉片跨黑、吉两省,涉及的方言点众多,各方言小片调值上有细微差异,故注音时只标调类不标调值。

上表显示出黑吉片特征词在区外与辽沈片和哈肇片的交叉较多,关系最近,与锦兴片和赤朝小片没有交叉,关系疏远。黑吉片与辽沈片的关系较近,与清末民初的移民运动密切相关。

(五)辽沈片

依据钱曾怡的划分,辽沈片属于北京官话的下属方言片,包括沈阳、辽中、鞍山、海城、凤城、本溪市、本溪县、辽阳市、辽阳县、灯塔、清原、新宾、抚顺市、抚顺县、铁岭、阜新市、阜新县、昌图、西丰、开原、康平、法库、铁法、彰武、新民、黑山、台安、盘山、大洼、北宁(以上辽宁)、通化市、通化县(以上吉林)。

在筛选辽沈片特征词的过程中,我们发现辽沈片与黑吉片、哈肇片,甚至山东方言、河北方言都有着千丝万缕的联系。凡是在辽沈片区内覆盖广的词语,在区外也有着相当广的覆盖面。辽沈片的词语显现出来的是区内与区外的密切联系而非区别性特征,故不列出。

通过方言特征词的调查,我们发现方言片的面积越大、包含的方言点越多,所提取的方言特征词越少;反之,方言片的面积越小、包含的方言点越少,所提取的方言特征词越多。如黑吉片是5个方言片中覆盖面最广、包含方言点最多的方言片,提取的方言特征词只有6条,而京承小片是所取方言点最少(3个)的方言片,提取的方言特征词却有14条。这恰恰印证了李荣曾提出的"方言越大,特征性词语越少;方言越小,特征性词语越多"的观点。①

第二节　各方言片词汇特征背后的
人文历史因素

一、京承小片

京承小片的方言以现代北京话为代表,北京话的形成与其所处的枢纽位置有着密切的关系。北京地处中原与东北的交通要塞,自古以来就是北方的政治和军事重镇,特别是1153年金迁都至中都(今北京)后,日益成为全国的政治、经济、文化中心。中原汉族与北

---

① 转引自邢向东《关于深化汉语方言词汇研究的思考》,《陕西师范大学学报》,2007年3月,第119页。

方少数民族在此接触交流的机会频繁。辽以后历代统治者为稳固政权,在迁都的过程中都会大规模移民实京。据《靖康稗史》记载,1127 年(金天会五年),金人攻克汴京,掠持宋人不下二十万,"壮强者仅至燕山,各便生养"。迁都中都后,不仅王公贵族"处之中都","四方之人"也在其鼓励政策的吸引下移居中都。元代迁都至大都(今北京)后,继续"迁居民以实之"。1264 至 1281 年(至元元年至十八年)的十八年间,约有 16 万户左右的各类人户迁入大都。①

明政府在迁都北京前后的移民"动辄万户"。洪武四年(1371),先后三次迁入近万遗民至河北宣化、滦平、辽宁辽阳;洪武五年、七年,从塞外各州迁入 8 万屯田者至北京附近。② 洪武、永乐年间,迁大批居民及江南富户至山西、山东等地,又迁入山东、山西、湖北等地的流民、罪囚到京郊荒芜之地落户垦殖。明成祖迁都北京后,再次迁入北京及周边地区(天津、河北北京、保定等地)40 万南京军籍人口及家属、36 万山西关外各行都司军籍人口及家属。③ 明中期,又有大批商人、工匠、官员家属及平民自发迁入北平。

1644 年清军入关后,从赤峰经围场、承德直到北京市东北的怀柔、密云,一直有八旗兵镇守,北京内城也全部划为八旗驻地。进入北京的八旗兵约 58 万人(加上家属及平民约 90 万),其中在北京居住者达 40 万人。④ 河北的承德地区、丰宁、隆化、滦平、围场、平泉在清入关前原属蒙古领地——热河管辖。为了有效控制漠南蒙古诸部,康熙在热河地区建立了皇家围场和避暑山庄,并规定了蒙古王公到此地觐见皇帝的"年班制度"和陪同皇帝打猎的"围班"制度,史称"木兰秋狝"。清廷以此"抚绥蒙古"的方式,加强了蒙古各盟旗王公贵族的向心力,使热河成为对付蒙古各部的整个军事设施的中心。康熙四十二年(1703)又设热河总管,"先后迁移奉天、黑龙江、吉林、乌喇茅沟等处人户安置热河,分卫行宫"。自雍正二年(1724)始正式派驻八旗兵八百名,到嘉庆时期热河地区八旗驻兵先后增至二千二百名。八旗兵保持原有的游牧生活习惯,全力操练,保持武力,不参与地方事务的管理。乾隆二十一年(1756)以后,八旗军改为长期驻防,可随带家属定居。木兰围场和避暑山庄建成后,清廷以"天子巡边"的形式频频驻跸于此,随行的王公贵族也纷纷在此建立自己的王府住地。这样一来,木兰围场、承德避暑山庄就成了王公贵族及八旗驻军(包括满洲、蒙古和汉军)的专属之地。据林焘(1987)推测,清初从东北移居北京内城的人当有几十万,而且在之后的一百多年间,满汉分居和八旗分驻内城的情况没有任何改变,北京内城与承德、围场地区高度一致性的语言,就成为京承方言小片形成的语言基础。

---

① 侯仁之《北京城市历史地理》,燕山出版社,2000 年,第 306 页。
② 葛剑雄、曹树基、吴松弟《简明中国移民史》,福建人民出版社,1993 年,第 368 页。
③ 葛剑雄、曹树基、吴松弟《简明中国移民史》,福建人民出版社,1993 年,第 374 页。
④ 侯仁之《北京城市历史地理》,燕山出版社,2000 年,第 311 页。

　　经过明、清以来几百年的融合,北京内城与外城、周边的语言逐渐接近、同化,于清末民初逐渐形成了现代北京话。现代北京话中除了包含东北地区的方言土语外,有满语、蒙语及其他少数民族语言的底层,还有周边其他省区甚至外国语的语言成分。可以说,北京话是一种融合型的方言。

　　北京话里的满语成分显而易见。例如"萨其玛"就是满语词的汉语音译,原意是用狗奶蘸成的糕点,后来改用牛奶或奶油。又如北京人在双方起争执时表达不服、不满的话"姥姥"就是典型的满语。这种用法在清嘉庆年间刊刻的《清文补汇》中就有记载。满语有一句谐音为"姥姥",系"鄙庸懦人"词,就是看不起对方,没有任何商量余地,绝对不行的极端表态语。这句满语因生动简洁,逐渐融入了北京话,成为街头吵嘴时的土话。再如"闷得ₙ蜜",也来自满语,满族有一种名叫"墨克纳"的口弦简称"闷","得ₙ蜜"意为"拨动"。"闷得ₙ蜜"即"弹起口弦,用娓娓动听的琴声来表达男女之间互相爱慕又难以言表的感情"。后来,人们想表达"只对自己的知心人悄悄讲话"之意时就说"我们在'墨克纳闷得ₙ蜜'"。简化成"闷得ₙ蜜"后,意义有所泛化,泛指两个人之间避人的亲密关系,具有戏昵意味。有时意义与"猫ₙ匿"相近,用来形容不可告人的背后交易。① "鹅涟",意为"液体浸湿后留下的痕迹",来自满语的 weren("水纹")②北京话中还有来自其他少数民族语言的成分,如"胡同"来自蒙古语"水井"[xuttuk]③;汉语中的"博士(有手艺人、师傅之义)"被蒙古语借用为"老师"义,再从蒙古语借回汉语成为"把式"④。还有来自回民语"码儿妮"[ˇma ₋ni]的"猫ₙ匿",其语源为波斯语 maʻnee。⑤ "拿手"表示"行握手托肘礼"之义也是来自回民用语。

　　明代《合并字学集韵》记载的北京话的部分清入声字归阴平的现象,与冀鲁官话的影响有关。有清统治的二百多年,居住在外城的多为原内城迁出的汉人,以及来自全国各地其他方言区的汉人。民国以后,北京的外来人口急剧增长,成为促进北京市人口增长的重要因素。据1936年的调查数据,北京总人口 1 533 083 人,其中本籍的占42.5%,其余均为移民,主要来自河北、山东、山西等省区。⑥ 据考证,北京话中一些清入字的读法分别是受不同方言影响的结果,如:窒、质、戳、觉等字的今上声读法可能来自东北方言和冀东方言;"迫"字的今上声读法是受山东、河南方言的影响;"涩(~带:汽车制动器[sei⁵⁵])"的

---

① 赵书《北京话中的两句满语》,《满族研究》,1992 年 9 月,第 93 页。

② "鹅涟",《北京话语汇》(金受申,1964)写作"涴痕",认为来自满语的水纹"沃楞"。《北京土语辞典》(徐世荣,1990)写作"鹅涟",认为是满语"水痕"(沃楞)的音译。

③ 张清常《胡同及其他》,北京语言学院出版社,1990 年,第 16 页。

④ 张清常《漫谈汉语中的蒙古借词》,《中国语文》,1978 年第 3 期。

⑤ 贺阳《北京牛街地区回民话中的借词》,《方言》,1990 年第 2 期,第 145 页。

⑥ 周庆生《语言与人类:中华民族社会语言透视》,中央民族大学出版社,2000 年,第 106 页。

读音则可能是受天津方言的影响。北京话的一些方言词语也来自其他方言,如"锅巴"来自安徽方言(指焖饭时紧贴锅里着的一层焦饭)。北京话中还有一些外来语,如"挖拉ﾙ"(阀门)源自英语的 valve。

同属于幽燕片的赤朝小片[包括赤峰、宁城、巴林左旗、阿鲁科尔沁旗、克什克腾旗、翁牛特旗、林西、敖汉旗(以上内蒙古)、朝阳、建平、凌源、喀左、建昌、义县、北票(以上辽宁)]在明、清时期一直处于柳条边外的内蒙属地,在清廷解封开垦热河地区蒙地之前,赤朝小片主要为蒙古人所居住。清康熙、乾隆年间热河蒙地"招垦、劝垦"政策推行之后,直隶、山东移民大量涌入此地,至乾隆十二年(1747),仅八沟(今平泉)、塔子沟(今建昌)所辖地方"贫户络绎奔赴,垦地居住,至二三十万之多"。① 据《承德府志》记载,乾隆四十七年至道光七年(1782—1827)的45年间,热河南部的承德府、平泉、滦平、丰宁等旗地人口增长放缓,平均增长率仅为14.8%,反映其移民过程基本结束,人口增长以自然增长为主。而北方蒙地的建昌、赤峰、朝阳三县人口平均增长93.7%,尤其是赤峰县,增幅高达403%,可见移民增长仍十分强劲。② 清代进入热河蒙地的回族人口规模不小,多居于赤峰。乾隆七年(1742),有十户回族来到赤峰地区定居,被称为"十大家",自称"占山户"。到了同治四年(1865),热河地区已有"回民寄居几十万余户"。③ 到民国初年,赤朝小片的居民以汉族为主,兼杂少量蒙古族、满族、回族等少数民族。赤朝小片的汉族主要来自清代直隶、山东的移民,而京承小片的汉族主要是原居住在北京内城的北京人。居民构成的差异决定了两个方言小片的汉语底层有一定差别。因此,尽管都是在幽燕方言的基础上发展起来的方言,京承小片与辽沈片的词汇一致性要高于京承小片与赤朝片。

二、锦兴片

方言形成的主要原因是社会分化、人民迁徙、地理阻隔、语言接触和民族融合。辽西五市县(锦州、凌海、葫芦岛、兴城、绥中)方言小片的形成主要归结为两方面原因:

(一)地理特征

辽西五市县(凌海、锦州、葫芦岛、兴城、绥中)同处于渤海湾沿线,形成了由关内到关外必经的走廊地带,五地之间的交往自古繁多,走廊式地理特征决定了方言词汇的内部一

---

① 《清高宗实录》卷三百零四,转引自穆鋆岑《清代热河地区的民族融合与文化交流述论》,《渤海大学学报》,2015 年第 1 期。
② 参见周志平、唐亚君《清代热河地区移民进程分析》,《前沿》,2006 年第 12 期。
③ 参见穆鋆岑《清代热河地区的民族融合与文化交流述》,《渤海大学学报》,2015 年第 1 期。

致性。医巫闾山、大凌河使走廊地带与北部的义县、北宁、黑山遥遥相隔,山川地理的阻隔决定了辽西五市县方言词汇与区外的相对殊异。北宁与黑山地处辽河以西、医巫闾山东麓。北宁东邻黑山,西部与义县隔医巫闾山相对,南接凌海,西南与锦州市隔大凌河相望。从战国到隋代,北宁、黑山大部分时间归辽东郡管辖,而锦州与其北邻的义县或属辽西郡,或归辽东属国,或属昌黎郡,在行政区域上一直与北宁、黑山有所不同。辽代设州置县之后,锦州与北宁、黑山均属不同州县。山川地理的阻隔、行政区域的分离对锦州与北宁、黑山的交通往来造成了一定的阻碍。相对于偏东的北宁、黑山而言,义县与锦州北邻,与朝阳东邻,在历史上或隶属锦州,或归于朝阳,地缘的接近使得锦州与义县两地的接触往来要远远多于北宁与黑山。

(二)移民

辽西地区地处中原汉族与北方少数民族(东胡族系和肃慎族系)交界地带,自战国以来,三大族系便不断碰撞、冲突和交融。特别是辽代以后,伴随着建州置县的大规模民族迁徙与融合,辽西地区的语言面貌发生了改变。据史料记载,今锦州市西部、葫芦岛部分地区、凌海、义县等地在辽代所设的州县均为迁入的汉人所建,如辽太祖"以汉俘建州(锦州)",辽兴宗以定州(今河北省定县)俘户建宜州(今义县),因此这些地区主要是汉族移民聚集地。① 北宁所在的显州是辽世宗为纪念其父显陵而建的奉陵州,辽世宗曾"迁东京三百余户(渤海人)以实之",所辖的奉先县、归义县、康州均为迁入的渤海人而置,山东县是辽穆宗时为迁入的渤海永丰县人而置。② 绥中、兴城部分地区则汉人、渤海人杂处。如来州(今绥中前卫镇)主要为解决女真五部因饥荒来归附而设。来州所属的隰、迁、润三州居民多数是强制性移民,隰州、迁州多为渤海移民,润州则为河北青县移民。③ 金元时期,因辽西走廊"傍海道"(碣石—锦州段)短而平坦的地理优势,中原汉人北迁和东北少数民族南移必经此道,促进了沿海州县的汉族与渤海、女真等少数民族的进一步融合。经过三百多年的繁衍生息,辽西走廊一带汉族与其他少数民族语言进一步融合,逐步完成了汉语的阿尔泰化与少数民族语言的汉化。而迁入北宁、黑山的渤海人、汉人与原住民一起也实现了语言文化的进一步融合,这种融合后的语言就成为明代北方官话的语言底层。

---

① 肖忠纯《辽代北方民族的内聚:辽宁地区的移民及其影响》,《内蒙古社会科学》,2012 年第 1 期,第 168 页。
② 脱脱等《辽史·地理志二》,中华书局,1974 年,第 464 页。
③ 吴凤霞《金时期的民族迁徙与辽西走廊滨海州县的发展》,《广西民族大学学报》,2012 年第 4 期,第 110 页。

三、哈肇片

哈肇片所在地自古以来就作为一个区域整体为历代政权统辖之地,"夫余部地,在今吉林以西,凡长春、双城、五常、宾州及伯都纳(今扶余市)、阿勒楚喀(今阿城区)等城皆是"。夫余属于东北秽貊族系的一支,曾被称为"殷富"之国,有民户8万,40余万人口。① 在汉代,夫余归汉朝玄菟郡管辖,其文化习俗等受中原影响很深。

从魏晋到隋唐,哈尔滨地区先后为肃慎族系(周朝称肃慎,汉代改称挹娄,南北朝改称勿吉,北朝末年改称靺鞨)所统治。到唐代渤海国时期,哈尔滨地区归郑颉府管辖,辖区东到今延寿县,西到松花江,南包括今榆树、五常、尚志等县。郑州(今阿城周围)与颉州(今宾县附近)地区的渤海人精心汲取汉族的先进经验,积极开发当地经济,培育出的新品种"郑颉之豕"在《新唐书·北狄传》中有记载。

辽金时期,哈尔滨地区成为生女真活动的中心地带。元代,又属于成吉思汗的三弟帖木哥·斡赤斤家族的封地。直到1763年(乾隆二十八年),"哈尔滨"之名才正式出现,分属于当时的吉林将军统下的拉林和阿勒楚喀两个协领署。1862年(同治元年),哈尔滨松花江北岸地区又归呼兰厅下属的齐齐哈尔副都管辖。明清之际,哈尔滨地区较为发达的地方是呼兰河流域。呼兰河地区因地广人多一直受到明、清政府的重视,明代设兀者卫、塔山卫进行管辖,清代的放垦官田和旗地也从此地开始。1737年(乾隆二年)在呼兰一带设立的旗屯官庄就有40多处,"令盛京将军于八旗开户人内选能种田壮丁四百名,携带家口,前往开垦"。② 到1780年(乾隆四十五年),黑龙江各地已设165处官庄,1 650名壮丁,17 080垧垦地。呼兰是清政府在哈尔滨附近设治最早的地方(其辖治范围曾一度达到今哈尔滨市区界内),在清代也是黑龙江省的"文教兴盛之地"。"光绪初年,增置博士第子员,季年复设高初等小学,自是呼兰巴彦号为江省邹鲁,文质递嬗,固不能以方隅限也。"③清末的招民垦荒,促进了哈尔滨地区人口和经济的迅速发展。到鸦片战争前,阿勒楚喀、双城堡、呼兰、拉林等地均形成了大小城镇。到光绪十三年(1887),呼兰人口约有12万人左右;光绪十七年,宾县"编定民户5 019丁,口31 648"。④ 1898年中东铁路建成后,人口增长与城市的发展互为表里,清末以来"闯关东"的流民"蜂攒蚁聚"般地涌入铁

---

① 李士良、石方、高凌《哈尔滨史略》,黑龙江人民出版社,1994年,第9页。
② 《黑龙江志稿》卷八,转引自李士良、石方、高凌《哈尔滨史略》,黑龙江人民出版社,1994年,第59页。
③ 《呼兰府志》,转引自李士良、石方、高凌《哈尔滨史略》,黑龙江人民出版社,1994年,第101页。
④ 《宾州县志》,转引自李士良、石方、高凌《哈尔滨史略》,黑龙江人民出版社,1994年,第116页。

路枢纽城市哈尔滨。从 1903 年到 1927 年,哈尔滨的人口由 44 756 人增长到 342 772 人,昔日的乡村也日益发展成为近代城市。哈尔滨的城市化进程带动了周边地区的进一步发展,哈尔滨与周边地区的联系日益紧密。俄国十月革命后,外侨大量涌入,侨民人口数量一度远远高出本国人。哈尔滨城市地位的上升使其日益成为该地区的经济、文化核心,哈肇方言片于是日渐形成,其方言特征词中的借词恰恰能折射出清末民初外来文化对哈肇片方言的影响。

四、黑吉片

黑吉片的形成与历史上黑龙江、吉林的行政区划有密切关系。东三省在民国前一直作为一个整体为历代政权所管辖,直至清末,才划分出辽、吉、黑。清初的吉林属宁古塔将军管辖,后改吉林将军,其范围大体包括松花江以南,柳条边以北,乌苏里江以西地区。咸丰十年(1860)以前,官方放垦之地主要包括吉林、阿勒楚喀(今黑龙江阿城区)、伯都讷(今吉林松原市扶余区)等。松花江以北地区归黑龙江将军管辖。黑龙江地处边漠,初无垦民,康雍年间封禁甚严,仅在黑龙江城(今属黑河市)、墨尔根(今嫩江县)、齐齐哈尔等处设立官庄,这就是兴屯之始。从清代到 20 世纪 30 年代,黑龙江省东部地区的五常、双城、宁安、密山、依兰、东宁、虎林、绥远(抚远)、滨江(哈尔滨)、阿城、富锦、桦川、饶河、穆棱、长寿(延寿)、方正、绥芬河、临江(同江)、宝清、勃利、苇河、珠河(尚志)等 22 县仍归吉林省管辖。黑龙江省所辖地主要是西部地区及今内蒙古自治区所辖的呼伦、胪滨、索伦、雅鲁、室韦、奇乾、西布特哈(布西)等 7 县及今吉林省的镇赉、大赉等县。行政区划上的交叉必然导致该地区的人民生活往来上的密切接触。

黑吉片的形成与有清以后的数次移民潮也密不可分。清初辽东招民垦荒时期,进入东北的移民多分布在辽河流域,只有少数流人、流民进入吉林、黑龙江地区。此外黑吉地区的人口构成还包括数量尚为有限的土著居民、八旗驻防兵和京旗闲散人员。清代中期(1796—1820),进入吉、黑地区的流人开始增加,这一时期的流民构成了黑吉片早期的移民底层。流民进入黑龙江地区必经的路线是:沿奉天到吉林的官道北上,先进入吉林地区。其后又分为两路进入黑龙江地区:一路自吉林、伯都讷沿嫩江两岸进入黑龙江西部地区。这部分流民后来多成为郭尔罗斯后旗(今黑龙江省肇源县)、杜尔伯特旗(今黑龙江省安达县附近)等地蒙古王公的佃户。另一条路线是经双城堡至呼兰,沿旧官道北上至绥化、海伦、青冈、拜泉一带,或进入宁古塔等东部地区。随着移民的增加,大片荒地得以私自开垦,嘉庆十二年(1807),拉林河两岸聚集的流民达千余户,私垦地有九千余亩。嘉庆二十二年,呼兰大荒沟等处查出流民四千余家。流民和私垦荒地的增多,政府已经无法控制,被迫采取"就地养民,增租裕深"的办法。① 从下表可以看出,到清代中期,吉林省的外来移民人口要远远多于黑龙江省。

清初、中期黑龙江地区人口增长情况表②

年 代	黑龙江将军辖区	吉林将军辖区	合 计
雍正十二年(1734)	23 905 丁	2 387 丁	26 292 丁
乾隆三十六年(1771)	35 284 丁	56 673 丁	91 957 丁
乾隆四十六年(1781)	36 774 丁	135 827 丁	172 601 丁
嘉庆十七年(1812)	136 228 丁	307 731 丁	444 009 丁

1860 年(咸丰十年)后,吉林和黑龙江地区封禁的土地开始解封,从 1862—1908 年(同治元年至光绪三十四年),清廷在吉林地区出放荒地共计 2 058 万 7 千余亩,覆盖地区有:舒兰县、额穆县(今蛟河市)、敦化县、桦甸县、新城县、五常县(今属黑龙江)、吉林县、伊通县、双城县、珲春县、榆树县、延吉县、同宾县(今黑龙江延寿县)、方正县(今属黑龙江)、依兰府(今属黑龙江)、密山府(今属黑龙江)等。1910 年(宣统二年),清廷再次放垦东部蜂蜜山(今黑龙江密山市)一带荒地,移民垦荒进入高潮。1907 年(光绪三十三年),吉林省人有 4 416 300 人口,到 1910 年增至 4 840 100 人,其中增加了 334 600 人移民。1911 年(宣统三年),吉林省总人口已达 5 722 639 人。

1860 至 1903 年(咸丰十年至光绪二十九年),清廷在黑龙江地区先后开放了呼兰平原、通肯(今海伦市)、克音(今属绥棱县)、汤旺河、观音山、柞树冈(今青冈县)、巴拜(今拜泉县)、郭尔罗斯后旗(今肇源县)、扎赉特旗、杜尔伯特旗、汤旺河、甘井子(今甘南县)、讷漠尔河、白杨木河、依克明安公、墨尔根(今嫩江县)和绰勒河等地,黑龙江省的移民和垦荒呈现高潮。1771 年(乾隆三十六年),黑龙江省总人口达 35 284 人,到 1907 年(光绪三十三年),人口总数达到了 1 273 391 人。③ 从 1908 年(光绪三十四年)至清亡,黑龙江省的垦荒移民由 18.2 万户增至 26.9 万户,由 127.3 万人增至 185.8 万人。④ 到清末,黑龙江省人口已达三百多万。短短 50 年间,人口增长了一倍半。⑤ 从吉林和黑龙江的人口总数可见,到清朝末年,吉林省的人口总数为五百多万,远远高出三百多万的黑龙江省的人

① 李德滨、石方《黑龙东移民概要》,黑龙江人民出版社,1987 年,第 35 页。
② 取自孙占文《黑龙江省史探索》,黑龙江人民出版社,1983 年,第 242 页。
③ 吴希庸《近代东北移民史略》,《东北集刊》,1941 年第 2 期,第 58 页。
④ 赵云田《清末边疆地区新政举要》,《中国边疆史地研究》,1996 年第 4 期,第 68 页。
⑤ 熊映梧《中国人口(黑龙江分册)》,中国财政经济出版社,1989 年,第 56 页。

口总数,表明清代以来的移民是自南向北逐渐饱和的,辽宁地区的人口饱和之后,移民逐渐向吉林、黑龙江地区扩散。

民国时期,绝大多数移民进入了东三省北部的吉、黑两省,辽宁可供开垦的荒地(现多属吉林和内蒙古①),因人口渐密而日形缩减。到辛亥革命时,辽宁总人口已过千万,每方里人口数为 150 人左右,已超过山西、陕西等省。② 按当时的生产力水平推算,辽宁人口已经饱和,人口增加主要是自然增长,而吉、黑两省主要靠移民。据原奉天省警务处统计,1912 到 1921 年的十年间,每年从山东、河北来辽宁谋生者从未超过 17 万人。③ 据相关资料推算,从民国建立到"九·一八"事变之前(1912—1930 年),按辽宁人口的年平均增长率 10‰计算,外来移民仅有 43 万人,④主要原因是民国时期辽宁省在接纳移民的同时,也有大量人口迁出北上,进入吉、黑两省,即在内地移民迁往东北之时,东北内部人口也在流动。此时期黑龙江省的移民除关内贫民外,还有辽宁南部和吉林的移民。汤尔和在《黑龙江》一书中提到,1914 年,辽宁昌图、怀德有农民 990 人,吉林农安、扶余、长春有农民 1 240 人迁入大赉、景星(现属齐齐哈尔龙江县)、肇州三县。1918 年 12 月的《农商公报》报道:"吉林东北沿江一带(如依兰、密山、临江等)及黑龙江北中大部分,犹复荒凉遍野,渺无人烟。近年来,一方面由于人民发起,一方面由于政府提倡,此等荒野开垦者,已日盛一日,吉、奉殷实富户,聚积资本,多有北赴而买荒地者,一经开辟成熟,无不获利致富。"⑤

从 1911 年到 1931 年"九·一八"止,黑龙江地区人口比清末增加一倍多,人口总数达六百多万。除部分人口自然增长外,三百多万所增人口多为外省移民。如 1909 至 1930 年,密山县人口由一千五百户增至一万五千四百多户,约九万余人。富锦县由一万八千人增至十四万多人。⑥ 据时人记载:"近来内地——以直鲁两省为最多——出关开垦的移民多以黑省为目的地。每年入境的总数,常有二三十万。"⑦特别是 1923—1927 年间,随着关内向东北第二次移民浪潮的出现,黑省移民人口骤增。此间鲁、豫等地罹遭兵祸天灾,"灾民颠沛流离于道路,辗转而赴东三省者不下百余万人","多少世代以来,都有向满洲移民的——在 19 世纪 70 年代的大饥荒中,移民数量相当大——但是,从来没有像现在这

---

① 民国时期,辽宁省招垦、接纳移民之地,主要集中在洮南(今属吉林)、洮安(今吉林白城市)、镇东(今吉林镇赉县)、安广(今属吉林大安市)、通辽(今属内蒙古)、瞻榆(今吉林通榆县)、突泉(今属内蒙古)、双山(今属吉林)、开通(今属吉林通榆县)、临江(今属吉林)、长白(今属吉林)、金川(今属吉林辉南县)、安图(今属吉林)、抚松(今属吉林)等县,详见范立君《近代东北移民与社会变迁 1860—1931》,浙江大学博士学位论文,2005 年,第 48 页。

② 东北文化社编印处《东北年鉴(民国二十年)》,东北文化社,1931 年,第 1270 页。

③ 宋则行《中国人口(辽宁分册)》,中国财政经济出版社,1987 年,第 41 页。

④ 范立君《近代东北移民与社会变迁 1860—1931》,浙江大学博士学位论文,2005 年,第 50 页。

⑤ 李德滨、石方《黑龙江移民概要》,黑龙江人民出版社,1987 年,第 68—70 页。

⑥ 据李德滨、石方《黑龙江移民概要》,黑龙江人民出版社,1987 年,第 65 页。

⑦ 朱家骅《浙江移民问题》,商务印书馆,1931 年,第 141 页。

样大的规模"，①"移民中最多者为山东沂水、黄县二地，其他日照、莒县、济宁、临沂等地次之，据移民言，沂水县人民十分之七逃荒在外，则该地灾情之大可以想见"。② 整个民国时期，迁入黑龙江省的移民约有 280 万，占整个移民总数的 80%。

民国时期进入吉林地区的移民详细数据暂无统计。据《浙江移民问题》的记载可略知一二：1927 年 1 至 6 月，内地赴东三省的移民共 63 万，赴吉省者有 43.5 万，占 69%。主要分布在依兰、滨江、长春、农安、扶余、大赉、桦甸、富锦、敦化、额穆、濛江(靖宇)等处。敦化人口因此骤增，移民到"间岛"(延吉等地)者不多。③

总之，从 1912 年到 1931 年，短短二十年间，东三省增加了 700 多万人口，比清末人口增长了 1 倍多，人口增长指数为 34.1%，远远超出了自然增殖的速度。增加的人口多为关内移民。④ 其中，辽宁省的关内移民人口最少，吉林省居中，黑龙江省则居于首位。

移民现象是一种重要的文化现象。移民运动在本质上是一种文化的迁移。人口在空间的流动，实质上就是他们所负载的文化在空间的流动。⑤ 清代以来，关内人口向东北的大规模迁移，使东北区域文化发生了改变，"满汉旧俗不同，久经同化，多已相类。现有习俗，或导源于满，或移植于汉"⑥，以汉文化为主体，吸收、融合满族等多民族文化要素、具有移民特色的文化形态逐渐形成，以汉语为主体，兼容并收诸多少数民族语言成分的北京官话的基础方言也在逐渐形成。清末民初，东三省基本都完成了各民族语言向汉语的转化，满族语言文字的废弃也随关内移民的北上经历了一个由南到北的过程，辽宁最早，吉林次之，黑龙江最晚。20 世纪 30 年代，来华美国学者 Walter Young 描述当时目睹的语言状况："到了今日，旅行满洲者，从辽河口岸直达黑龙江，至多只能看见从前游牧人民的一点行将消灭的残遗物迹而已，他们昔日跨峙塞北的雄威，已经荡然无存了。现在满人几与汉人完全同化；他们的言语，也渐归消灭，转用汉语了。"⑦汉语在同化满语的过程中也融合了诸多满语的成分，仅从吉林、黑龙江现存的地名、山水名称中就可知晓。如"吉林"即满语"吉林乌拉"简称，"吉林，沿江之谓；乌拉，大川之谓"，吉林市即沿江之市；哈尔滨满

① 《海关十年报告(1922—1931)》，转引自范立君《近代东北移民与社会变迁 1860—1931》，浙江大学博士学位论文，2005 年，第 39 页。

② 朱楔《满洲移民的历史和现状》，转引自范立君《近代东北移民与社会变迁 1860—1931》，浙江大学博士学位论文，2005 年，第 42 页。

③ 朱家骅《浙江移民问题》，商务印书馆，1931 年，第 121 页。

④ 参见范立君《近代东北移民与社会变迁 1860—1931》，浙江大学博士学位论文，2005 年，第 39 页。

⑤ 葛剑雄《中国移民史·第 1 卷(导论)》，福建人民出版社，1997 年，第 102 页。

⑥ 王树楠、吴廷燮、金毓黻《民国奉天通志(卷 98 礼俗 2)》，沈阳古旧书店，1983 年影印版，第 2256 页。

⑦ Walter Young《美报之华人满洲移民运动观》，转引自范立君《近代东北移民与社会变 1860—1931》，浙江大学博士学位论文，2005 年，第 118 页。

语意为"晒渔网的场子";齐齐哈尔满语意为"天然牧场";"长白山"即满语"果勒敏珊延阿林"的汉译,"果勒敏"意译为"长","珊延"意译为"白","阿林汉"意译为"山";"黑龙江"是满语"萨哈连乌拉"的汉译名称,"萨哈连"意译为"黑","乌拉"意译为"水";"图们江"是满语"万水之源"的意思;"松花江"满语为"松阿里乌拉",意译为"天河";"牡丹江"即满语"弯曲的江"的汉语音译等等。[1] 黑吉片的词汇系统就是这样在一千多年前幽燕方言的基础上,不断吸收历代特别是明清之后中原移民的汉语方言而逐渐形成的。黑吉片词汇系统的风貌,更多地受制于生活在这一地域的移民的语言风貌。

五、辽沈片

1644 年清军从龙入关时,辽沈大地一片荒芜,"盛京地区共有人口 3 万余;而吉林、黑龙江地区共有土著居民 16 万余;东蒙古地区共有土著居民 16 万余。整个东北人口总量不足 40 万。其分布以东北西部热河、科尔沁和黑龙江等沿边地区为多,而东北南部腹地则相对空虚"。[2] 1653 年(顺治十年)《辽东招民开垦条例》颁布以后,关内移民开始大量涌入。随着官荒、牧厂、围场的相继开禁,移民日益增多。尽管 1668 年(康熙七年)又废止了招垦令,实行封禁政策,但未能阻止移民的偷渡。1860 年(咸丰十年)后,封禁废弛,招垦再施,涌入东北的移民骤增。移民多为冀鲁一带的穷困农民。1899 年,日本人小越平隆《满洲旅行记》记载了当时所见的情景:"由奉天入兴京(今新宾),道上见一山东车妇女拥坐其上,其小儿啼号,侧卧辗转,弟挽于前,兄推于后,老妪倚仗,少女相扶,跄跄踉踉,不可名状……逐队连群,惨声撼野。有行于通化者,有行于怀仁(今桓仁县)者,有行于海龙城者,有行于朝阳镇者,肩背相望焉。"[3]从 1862 年到 1908 年(同治元年到光绪三十三年),奉天人口由 284 万暴增至 1 100 万,所增人口中移民人数约有五百万。[4] 又据 1910年时报道,"每年春融之期,结队入东省……数额颇巨,殆有络绎不绝之势",每年从烟台、登州、龙口到达东北者"合计共达三十五六万人之谱"。[5]

民国时期进入辽宁省的移民非常有限,即使在整个东三省移民高峰的二十年代中后期,辽宁省的人口来源也主要靠自然增长。并且在此期间,还有辽宁人口不断移入北部

① 范立君《近代东北移民与社会变迁 1860—1931》,浙江大学博士学位论文,2005 年,第 119 页。
② 张士尊《清代东北移民与社会变迁 1644—1911》,东北师范大学博士学位论文,2003 年,第 75 页。
③ (日)小越平隆,克齐译《满洲旅行记(下)》,上海广智书局,1902 年,第 34 页。
④ 葛剑雄等《人口与中国的现代化》,学林出版社,1999 年,第 152 页。
⑤ 《盛京时报》(宣统二年三月五日),转引自范立君《近代东北移民与社会变迁 1860—1931》,浙江大学博士学位论文,2005 年,第 34 页。

吉、黑地区。到辛亥革命时,辽宁的人均占有耕地面积已经饱和,居民来源已经基本定型。同吉林、黑龙江省相比,辽沈地区的中原汉民移入时间更早,与当地土著民族的语言融合得更早。同土著居民相比,中原移民在数量上占有绝对的优势,因而在语言的接触中,辽沈地区的少数民族语言汉化程度应该高于吉林、黑龙江地区。因此,在筛选辽沈片特征词的过程中,会发现辽沈片与黑吉片、哈肇片,甚至山东方言、河北方言都有着千丝万缕的联系。凡是在辽沈片区内覆盖广的词语,在区外也有着相当广的覆盖面,辽沈片的特征词显现出来的特点是区内、外的密切联系而非区别性特征。

本 章 小 结

北京官话区地域广大,由于其内部的人文历史、自然地理状况不同,内部方言仍有地域差异。本章重点考察北京官话区内方言片的词汇特征及其背后的人文历史因素。

首先依据钱曾怡等对北京官话区方言片(及方言小片)的划分情况,制定出各方言片(及方言小片)的特征词调查表:《京承小片特征词调查表》(162条)、《锦兴片特征词调查表》(246条)、《哈肇片特征词调查表》(95条)、《黑吉片特征词调查表》(269条)、《辽沈片特征词调查表》(214条),通过内、外部定点调查提取出上述各方言片(及方言小片)的特征词:京承小片(14条)、锦兴片(32条)、哈肇片(10条)、黑吉片(6条)。其中,辽沈片特征词由于区外覆盖面过大、交叉过多而不具备区别性特征,故不列出。方言片(及方言小片)特征词的提取,大体上能够验证现有方言片的划分,可以为北京官话区方言片的划分提供词汇学方面的参考。

通过考察特征词在区外的分布情况,可了解到方言片、方言小片之间的亲疏关系,这些亲疏关系的形成离不开地理、行政区划的因素,更与历史上的移民因素密不可分。追溯方言片形成的人文历史,能够揭示方言片之间亲疏关系的重要成因。尽管北京官话区的词汇存在着内部差异,但从整体上并不影响北京话与东北方言的一致性。

第四章
北京官话区词汇系统的特点

与普通话及周边方言的词汇相比,北京官话区词汇系统的特点突出表现为词语来源多元,儿化词语数量众多、分布类型广泛、卷舌特点突出,单音节后缀类型多、构词能力强、语用色彩鲜明以及词汇的语用意味丰富四方面。

第一节　词语来源多元

从北京官话区词汇系统形成的历史我们已经了解到,北京官话是汉语方言与东北少数民族语言多元融合的产物。北上的中原汉族、当地土著以及北方游牧民族的语言成分不少被吸收进北京官话中,以至于北京官话的词汇系统中至今还有诸多民族语言、方言的词汇底层。北京话中一些至今仍在使用的词语都来自少数民族语言,如"萨其玛"是满式糕点的汉译名称;"鹅涎"(又作"涴痕"),意为"液体浸湿后留下的痕迹",来自满语的weren("水纹");"胡同儿"是由蒙古语的hottog("井")音译后引申出"市井,街巷"的含义;[1]"乜贴"是回民语"心愿、打算"的音译,"没安着好乜贴"即"心存不善"之意;"阿訇"指清真寺里主持教务和宣讲、传授宗教经典的人,"猫匿儿"指隐情、阴谋;"拿手"指行握手托肘礼,这些词语都来自回民语。[2] 东北方言中的少数民族语言借词也大量存在。

一、满语借词

北京官话中的满语词汇底层十分丰富,有大量的满语地名、山名、水名以音译、半音半意的形式进入方言,有些已经被普通话吸收,如"舒兰"(由满语"舒勒赫"音转而来,意为

---

① 徐世荣《北京土语辞典》,北京出版社,1990年,第180页。
② 贺阳《北京牛街地区回民话中的借词》,《方言》,1990年2月,第145—150页。

"梨",此地的梨乃清廷贡品)、"呼兰"(满语音译,意为"烟囱")、"巴彦"(满语"巴彦苏苏",意为"富裕之乡")、"松花江"("松"为满语"松嘎里"的音译首字,"江"为满语"乌拉"的汉译,"松花江"即满语"松嘎里乌拉"的半音半意形式,意为天河、神水)、"图们江"("图们"满语意为"万","图们江"即"万源之江")、"伊通"(满语意为"河水汹涌")等。聂有财、冷翔龙(2011)通过考证与辽河流域(覆盖今河北、内蒙古、吉林、辽宁四省区)相关的 20 多部文献,统计出辽河流域的满语地名 218 个,其中非重复地名 96 个,涵盖了渔猎生产、经济生活、政治文化、宗教信仰、动物植物、地形地貌、空间位置等诸多方面,内容极为丰富。①如:

> **叶赫:**满语意为"插盔缨之筒子"。
>
> **穆喜:**满语意为"眉子",指裘皮前领下放貂鼠尾用的皮。
>
> **哈勒罕:**满语意为"犁"。
>
> **呼勒:**满语意为"斛"。
>
> **牛录、固山:**满洲八旗制度的组织形式。
>
> **萨穆禅:**满语意为"巫人所执铃"。
>
> **苏克素护:**满语意为"鱼鹰"。
>
> **图克善:**满语意为"牛犊"。
>
> **章党:**满语 jakdan 的音译,意为"松树"。
>
> **贵勒赫:**满语意为"杏"。
>
> **果尔敏珠敦:**满语意为"长岭子"。
>
> **舍利:**满语意为"泉水"。
>
> **扎拉芬阿林:**满语意为"寿山"。

在东北方言中通行较广的满语词有:

> **大马哈:**[ta⁵ma˳xa],满语词"大发哈"的口语变读。一种洄游鱼,属硬骨鱼纲,鲑科,身长,嘴大,鳞细,生活在太平洋北部海洋中,夏初或秋末成群入黑龙江等河流产卵。
>
> **档子:**[˹taŋ·tsɹ],汉化音译为"档色",即"档案"。清初把用牛皮条穿起的书写满文记事的簿籍称为"档子",后来把分类立卷归档保存的文件称"档案"。

---

① 见聂有财、冷翔龙《辽河流域满语地名命名方式探析》,《吉林师范大学学报》,2011 年 9 月。

飞龙：[ˌfei˩luŋ]，满语词"斐耶楞古"的意译变读。一种飞鸟，生长在关外，汉名榛鸡，又称树鸡。体长一般 20 厘米左右，羽灰褐色有斑，头顶有一束盔毛，嘴短小，爪细，腿多毛，为东北著名山珍野味。

哈什蚂：[xa˥·ʂʅma]，满语"哈锡蚂"的口语音译，原指"水蛄"，是水中似虾的甲壳动物，俗称"水蝲蛄"，后转指红肚田鸡——林蛙。①

嘎拉哈：[ˊka·laxa˥]，源于满语"嘎出哈"[katʂʰuxa]（口语又叫"嘎什哈"[ka ʂʅxa]），指猪、羊等动物的膑骨。儿童作为玩具，称"[ˊtʂʰua]嘎拉哈"。

堪达犴：[ˌkʰan˩ta·xan]，又称"罕达犴"，简称"犴"。汉称"驼鹿"。其躯体似驼，头大眼小，腿长颈短，颈下有长鬣；肩高臀低，臀后具短尾。雄性有横生板状多叉角。体色棕、黄、灰相混，肢下白色。善游泳，喜独处。分布于我国东北、内蒙古、俄罗斯境内林沼附近。②

拉合辫儿：[ˌla·xəpieɻ˥]，满族垒墙、建房的材料，用谷草、稻草或小叶章等拧成草辫儿，掺泥使用。这种泥草辫满语称"拉哈"[laxa]，用它垒成的墙叫"拉哈辫墙"。

哈勒巴：[xa˥·la˩pa]，满语词[xalpa]的音译，原指猪、牛羊的前胛骨，后也借指相应部位的肉，以至人的肩胛骨。

哈什：[ˊxa·ʂʅ]，源于满语的"哈沙"[xaʂa]，即"仓房"，又称"哈什房"。

马猴子：[ˊma˩xou·tə]，来自满语"马虎"[maxu]，指"鬼脸"，旧时大人用来吓唬小孩使听话，又说"马耗儿""马虎""马猴儿"。

蒙古包：[ˌməŋ˩ku˩pau]，满语词 monggoboo 的音译，意为"圆毡房"。现已成为蒙古族圆穹顶帐篷的通称。

嗯哪：[n̩·na]，源于女真语应答词"一那"(ina)，经满语音变为[inə][inu]，义为"是"，现为东北乡间常用的应答语词，又音[ən·na][ŋ·na]。

瓦昏味儿：[ˊva˩xunvəɻ˥]，汉意为"臭"，"瓦昏味儿"即"臭味儿"，特指像葱、蒜、肉类腐烂的气味，又音[ˊɤ˩xunver˥]。

网户搭：[ˊvaŋxu˩ta]，是满汉合璧词。"网户"是汉语，"搭"是满语，汉意为"头领"。"网户搭"即"网户头"或"网户主"。旧时出租船、网以收利的人被称为"网户搭"。

威儿呼：[ˌvəɻxu]，意为"独木舟"，即用整根圆木挖成的船，后也指用木板造的小船。今黑龙江省富裕县三家子满族村仍把"小船"称为"威哥"[vəikə]，就是"威呼"的音变。

---

① 见黄锡惠《文献中以动物为名之满语水体续考(一)续》,《满语研究》,1994 年第 1 期。
② 见黄锡惠《文献中以动物为名之满语水体续考(二)》,《满语研究》,1994 年第 2 期。

乌拉：[u²·la]，旧时东北地区冬天穿的鞋，用皮革制成，里面垫乌拉草。也写作"靰鞡"。①

至今仍活跃在北京官话中，特别是东北满族聚居地区的满语地名词比比皆是。有反映满族先民经济活动的，如与渔猎生活有关的：

鳌花屯：在今舒兰市。"鳌花"满语读"鳌哈"音，义为"花鲤鱼"。

大玻璃屯：在今舒兰市二道乡。"玻璃"满语又读"勃力"，指"弓"，一种狩猎工具。

滴答屯：在今舒兰市青松乡七道。"滴答"满语又读"吉达"，义为"扎枪"，是一种打猎用具。

公拉玛屯：在今永吉县乌拉街满族乡。"公拉玛"为满语"兔"的发音。地名原意为多兔之地。

棺材碰子：在今吉林市丰满的二道。"棺材"由满语词"咯介"讹变而来，指一种捕捉猎物的工具，即"夹子"。

乜司马：在今永吉县土城子满族乡。满语读"尼什哈"，义为"小白鱼"。

吴城子：在今永吉县。满语读"欧称"，意为"玛口鱼"。"乌朝"，词源义同"吴城子"。

西大苏龙屯：在今磐石市小梨河乡。"苏龙"是满语"虚笼"的音转，义为"捕鱼用的工具"。

下达屯：在今永吉县口前镇，由满语音转而来。原读作"下达秃"，义为"织网处"，指此处原为编织渔网的地方。

驿马屯：在今磐石市。"驿马"是满语"伊玛"的音转，义为"山羊"。

有反映日常生活事项的，如与果蔬、植物、动物名称有关的：

勃利：原为满语词"博和里"，"豌豆"之义。

花楼山："花楼"是满语词"滑勒"的音变，"核桃"之义。

胡列屯："胡列"是满语词"胡力"的音变，"松树籽"之义。

---

① 以上未标注来源的例词及释义均参照黄锡惠《汉语东北方言中的满语影响》，《语文研究》，1997 年第 4 期。个别词写法有改动。

　　三笠：在今舒兰市。是满语词"沙力"的音变，"苣荬菜"之义。

　　扇车山：在今磐石市。满语词"申车"的音变，"蘑菇"之义。

　　巧海林："海林"为满语词"海兰"的音变，"榆树"之义。

　　水浒沟："水浒"是满语"水赫"的音变，"甜浆菜"之义。

　　桃源村、**桃源**屯：桃源村在今舒兰市，桃源屯在今蛟河市。"桃源"原为满语词"桃英"，义为"山丁子果"。

　　五间楼：在今永吉县。是满语词"五吉乐"的汉化词形，义为"榛子"。

　　宝清：满语词"波勒金聂赫"[portçinniehə]的缩略，汉译为"蒲鸭"，野鸭中的一种。"波勒金"简缩为"波金"，可变音为"波亲"，"波亲"与"宝清"谐音，故得名。"聂赫"满语义为"鸭"。在复合词中作为禽鸟类别的说明词，口语中常可省略。《盛京、吉林、黑龙江等处标注战迹舆图》及《钦定盛京通志》中的"波亲河"即"蒲鸭河"。

　　浩良河：今黑龙江省伊春市南岔区南部汤旺河右岸支水。"浩良"是满语词"哈鲁"的音转，"哈鲁"即满语词"天鹅"的音译。"哈鲁河""浩良河"即"天鹅河"。①

　　虎林：原为满语"奇夫哩"，义为"泥鸭"。

　　克音河：在今黑龙江省境内。"克音"是满语"狍子"的音转。"克音河"即"狍子河"。

　　勒富河："勒富"满语指"熊"，东北俗称"黑瞎子"，"勒富河"即"黑瞎子河"。该河今属俄罗斯，即伊力斯达亚河，该河在改俄语名字前一直叫勒富河。②

　　塔呼拉河："塔呼拉"满语指"蚌"，即蛤蜊。"塔呼拉河"即"蛤蜊河"。③

由此可见，这些野生果蔬、植物动物与当时人们生产、生活息息相关。
有反映满族先民祭祀活动和宗教信仰的：

　　板凳河屯：在今磐石市大旺乡，"板凳"为满语词"班达"的音变，意为"猎神"，特指此地为满族人出猎祭神之地。

　　察满河、**萨满**河："察满""萨满"是满族文化的核心和祭祀活动中的重要角色，是沟通人神、法力无边的神奇力量的化身。

---

　　①　"宝清""浩良河"例词及释义参见黄锡惠《文献中以动物为名之满语水体续考（三）》，《满语研究》，1996 年第 1 期。

　　②　"克音河""勒富河"例词及释义参见黄锡惠《文献中以动物为名之满语水体续考（二）》，《满语研究》，1994 年第 2 期。

　　③　见黄锡惠《文献中以动物为名之满语水体续考（一）续》，《满语研究》，1994 年第 1 期。

登什库峰："登什库"是满语的音译,义为"神箭"。

二甲营屯:在今永吉县岔路河镇。"二甲营"为满语词"阿拉占营"的音变,义为"祭神的贯行道",即进山狩猎和拜祭山神的必经之路。

托里峰:"托里"意为"神镜"。"托里"是萨满教仪式上使用的神器,形状似铜镜。

温德赫恩山:即"小白山",在今吉林市区西部。"温德赫恩"由满语词"温德亨"音变而来,意为"祭祀板""祝板",即祭祀时用来书写祝文的木板。这一地名因清廷在小白山建"望祭殿"祭祖而生,有重要的历史文化价值。

有以河流、山脉、丘陵、植被等自然实体命名的:

阿拉底屯:在今永吉县乌拉街满族乡。"阿拉"意为"山岗","底"是汉语,"阿拉底屯"意为此屯位于山岗子底下。

毕拉:满语指"河",如"毛尔毕拉"就是"树河"之意。

阿林:满语指"山",如"珊延沃赫阿林"是满语"白石山"之意。

弓通屯:在今乌拉街满族乡。"弓通"是满语词"沟落吐"的音变,义为"高地"。"弓通屯"指此屯所在为四周平、中间高的地形。

哈达:"哈达"词义为"峰"。如"哈达湾""阿什哈达"("之"字形山脉)。

和罗:又作"霍罗",义为"山谷"。如"安巴和罗"(大谷)。

双桠山屯:在今永吉县江密峰镇。"双桠"是满语词"生家"的另写,义为"坡"或"山额",即坡度较大的陡山。该屯地处双桠山西麓谷地,依山沿谷。

通、套:是满语词"吞""岛"的变读。东北地区有独具特色的带"通""套"字的地名群,如吉林永吉的"郎通"、黑龙江绥滨的"榆树通岛"、吉林长白的"葫芦套村"等。

窝家、窝集:如"大窝家屯"(在今吉林市船营区欢喜乡)、"窝集口屯"(在今蛟河市天岗镇)、"窝集口子屯"(在今永吉县缸窑镇)。"窝集"是满语词的音译,"窝家"是其满汉合璧的另写,义为"丛林",意为该地为森林植被茂盛之地。

乌拉:满语义为"江",如黑龙江就是满语"黑江"——"萨哈连乌拉"的意译。

鸦雀沟屯:在今永吉县五里河镇。"鸦雀"是满语词"鸦青"的音转,义为"青葱",指此沟谷是树木青葱的沟川,该屯处于沟谷内,故得名。①

---

① 以上未标注来源的例词和释义均参照陈洁《吉林市满语地名与满族文化探析》,《满族研究》,2006 年第 4 期。

　　此外,还有反映民居建筑的,如"西依汗屯"(在今桦甸市北台子乡,"西依汗"是满语词"依汗摄落"的音变,义为"木架房、简易屋")、"老少沟"(在今永吉县杨木乡,"老少"是满语词"老克哨"的音转,义为"窝棚");有反映满清八旗政治、军事制度的,如"黄旗屯、红旗屯、蓝旗屯、白旗屯"等村屯名称、"搜登站、尼什哈站、法特哈站、江密峰站"等驿站名称,以及"头台、二台、三台"等烽火台名称。①

二、蒙语借词

　　北京官话区地域广阔,内蒙古自治区的许多地区也被包括在内,如多伦、赤峰、宁城、巴林左旗、阿鲁科尔沁旗、克什克腾旗、翁牛特旗、林西、敖汉旗、满洲里、海拉尔、通辽、开鲁、乌兰浩特、扎兰屯等。现今辽宁境内的朝阳、建平、喀左,河北境内的承德、丰宁、围场、平泉等地,在清代以前居民构成以蒙古族为主,兼有少量汉、满及其他民族。清代在漠南蒙地放垦之后,直、鲁大批汉民北上移入内蒙南部,蒙、汉、满等民族日渐同化、融合。汉语中自然而然地会渗透进蒙古语的成分。如在今辽宁省朝阳(清代卓索图盟辖境)境内仍有很多蒙语地名,蒙汉、满蒙双语混合的地名。据何占涛(2011)粗略统计,蒙语地名有 230 多个,约占地名总数的 15%,这些地名都用汉字转写,但蒙语痕迹仍很明显,如"皋(勒)"(蒙古语含义为"河")、"营子"(义为村、寨、屯)等。满蒙语混合的地名如"牤牛营",在今辽宁省北票市章吉营乡,"牤牛"源自满语 morin,汉语记作"莫牛",意为"马","营"源出蒙古语"aili",意为"村"。"乌兰河硕",在今辽宁省朝阳县乌兰河硕蒙古族乡,"乌兰"为蒙古语"红色"之义,"河硕"为满语 hošo,汉语多写为"和硕",意为"一方"。"台吉营",在今辽宁省北票市台吉营乡,"台吉"即满语 taiji,借自蒙古语,源出汉语"太子"一词。成吉思汗之后称皇太子为"鸿台吉",其余诸子称"台吉"。努尔哈赤沿用此称,后来此称主要用于赐封蒙古族、藏族贵族,为爵位名称。② 在黑龙江境内,也有许多蒙古语地名,内容涵盖自然地理风貌、动物植物以及日常生活事物。比如"他拉"(草原)、"温都日"(岗)、"诺日"(湖)、西伯(栅栏)等。其他的蒙语词如:

　　有关自然地理风貌的:

　　　敖包:人工堆成的石堆、土包等,蒙古族祭神的地方。

　　　大巴尔登:"巴尔登",蒙语"险要"之意。

　　　道拉保:蒙语意为"沼泽地"。

---

① 陈洁《吉林市满语地名与满族文化探析》,《满族研究》,2006 年第 4 期。
② 何占涛《东北满族文化认同研究——朝阳满语地名的社会语言学探究》,《满语研究》,2011 年第 1 期。

　　哈布气：蒙语意为"峡谷"。

　　胡吉吐莫：蒙语原为"胡珠勒吐乎莫"，义为"有杏树疙瘩的洼地"。

　　芒罕：蒙语"（草原退化形成的）沙丘"，如"查干芒罕"即"白沙沱子"。

　　诺尔：蒙语"湖"，如"瓦金诺尔"即"宽阔的泡子"。

　　他拉：蒙语"草原"，如"巴彦他拉"即"富饶的草原"。

　　唐营子：即"公有的营子"，"唐"为蒙语"公有"，"营子"为村、屯、寨。

　　乌苏：蒙语"水"，如"哈拉乌苏"即"黑水"。

　　温都日：蒙语"高岗"，如"查干温都"即"白色岗子"。

有关动物、植物的：

　　爱海洲：蒙语原为"爱合召"，意为"野艾、小白篙"。

　　波贺：蒙语指"鹿"。

　　德尔斯台：蒙语指"芨芨草"。

　　明代：蒙语原为"明斯台"，义为"有獐子的地方"。

　　五代：蒙语指"柳树"。

有关日常生活事物的：

　　达什吐：蒙语原为"达布斯台"，意为"有盐"。

　　哈布塔：蒙语指"烟荷包"。

　　排排：蒙语意为"香炉"，即供佛上香的用具。

　　小沃古吐："沃古吐"为蒙语"鱼网窝子"。"小沃古吐"义为"打鱼的小网窝子"。

有关历史地名的：

　　杜尔伯特：黑龙江省唯一的少数民族自治县，"杜尔伯特"是蒙语"四"之义，在清代为"杜尔伯特旗"，是成吉思汗兄长都蛙锁豁儿四子的后裔所在的领地。

　　扎日干格日：蒙语"扎日干"为"六"，"格日"为"家"，汉译"六家子"。①

---

　　① 上述蒙语例词及释义均参照胡艳霞《黑龙江满语、蒙古语地名小议》，《满语研究》，2003 年第 1 期。

三、俄语借词

北京官话中俄语借词的大量吸纳主要在 19 世纪末 20 世纪初中东铁路开工以及十月革命之后的一段时间。据《哈尔滨志·人口》载,中东铁路修建初始,大批俄国人开始涌入哈尔滨。1902 年,哈尔滨有俄国侨民 12 000 余人。到 1912 年,哈尔滨人口增至 68 549 人,其中俄国人有 43 091 人,占总人口的 62.9%。特别是 1905 年俄日签订《朴茨茅斯和约》后,哈尔滨成为通商城市,外侨人口与日俱增。十月革命后,外侨人口继续增加。至 1922 年,哈尔滨市外侨人口总数过半,比例高达 51.69%,甚至在某些城区所占比重更高。如 1922 年哈尔滨南岗地区人口中,俄国人所占人口比重高达 88.8%。1925 年以前,哈尔滨市的 300 多条街道都曾用俄文命名。大量移民的集中进入,在哈尔滨话中必然留下移民语言的借词,并流入周边地区。现今,大多数的俄语借词已经隐退,只有少数词语在俄罗斯人口或商贩较多的北方城市中偶尔使用,如:

有关人物的:

谷瘪子:商人,买卖人。

杜拉克:傻瓜。苏联红军到达东北后,又指一种扑克的玩法。①

戈必旦:原指陆军大尉、海军校官等军官,后泛指当官的。②

杰乌什卡:姑娘。

老薄待:工人,苦力。③

马神克:骗子。

玛达木:对俄罗斯等欧美国家妇女的称呼。

骚达子/臊鞑子/稍达子:士兵,普通人,老百姓,小人物,小当差的,无足轻重的人物。是东北汉人对居住在东北亚地区的外族的贬称。④

麻斜儿:工长,匠师。⑤

有关动物的:

---

① 见奥丽佳《汉俄语言接触研究》,黑龙江大学博士学位论文,2012 年,第 98 页。
② 见奥丽佳《汉俄语言接触研究》,黑龙江大学博士学位论文,2012 年,第 95 页。
③ 见奥丽佳《汉俄语言接触研究》,黑龙江大学博士学位论文,2012 年,第 96 页。
④ 见奥丽佳《汉俄语言接触研究》,黑龙江大学博士学位论文,2012 年,第 96 页。
⑤ 见谭静《哈尔滨方言中的俄源外来词 50 词》,《黑龙江教育学院学报》,2007 年 10 月,第 123 页。

丘斯卡：猪。

马嘎嘎：猴。

萨巴嘎：狗。

有关处所的：

芭篱子：监狱,原指警察局。

八杂市儿：旧指集市、市场。特指哈尔滨原道里菜市场。"八杂"是俄语的音译。①

地德里小区：原地包小市。"地包"是俄语音译,指车辆汇集、检修的地方。②

孬木儿：单间,小房间。

沙曼屯：哈尔滨的一个旧地名,以前位于南岗区,现为黑龙江大学所在地。"沙曼"是俄语音译,意为"草坯房"。③

沙曼小区：土坯房的小集镇。④

瓦罐：棚车或放在某处做休息室用的客车车厢。

咋喔特：重型工厂。

有关食物、食品的：

奥连：哈尔滨以前栽培过的一种从俄国引进的梨。⑤

彼瓦/比瓦/毕威：啤酒。

布留克：洋大头菜;芜菁甘蓝。

布乍：一种用小米、荞麦酿制的饮料。⑥

俄得克/伏特加：白酒。

格瓦斯：一种用麦芽或面包屑制成的俄式清凉饮料。

列巴：面包。

列巴圈儿：俄式环形小面包。⑦

---

① 见谭静《哈尔滨方言中的俄源外来词50词》,《黑龙江教育学院学报》,2007年10月,第124页。
② 见谭静《哈尔滨方言中的俄源外来词50词》,《黑龙江教育学院学报》,2007年10月,第123页。
③ 见奥丽佳《汉俄语言接触研究》,黑龙江大学博士学位论文,2012年,第97页。
④ 见谭静《哈尔滨方言中的俄源外来词50词》,《黑龙江教育学院学报》,2007年10月,第123页。
⑤ 见谭静《哈尔滨方言中的俄源外来词50词》,《黑龙江教育学院学报》,2007年10月,第123页。
⑥ 见谭静《哈尔滨方言中的俄源外来词50词》,《黑龙江教育学院学报》,2007年10月,第123页。
⑦ 见谭静《哈尔滨方言中的俄源外来词50词》,《黑龙江教育学院学报》,2007年10月,第124页。

列巴酥：一种用面包片烤制而成的俄式糕点。①

里道斯：哈尔滨市秋林公司制作售卖的一种俄式香肠。

马林果儿：覆盆子、悬钩子果实,马林浆果。

秋弥子：粮食。②

苏合力/苏克力/苏可力：面包干。

苏波汤/**苏布**汤/**苏卜**汤：一种用肉、洋白菜、西红柿等做的西式肉菜汤。"苏波"是俄语的音译。③

斜么子儿：葵花籽。

马斯拉：奶油。

毛八舍：一种杂拌糖。④

沙克/塞克/赛伊克：呈橄榄型的俄式白面包。⑤

斯米旦/西米旦：酸奶油。

斜么子儿：葵花子儿。⑥

有关生活用品的：

巴扬琴：俄罗斯手风琴。⑦

壁里砌/瘪勒搭：炉子、壁炉。⑧

宾金油：汽油。"宾金"是俄语的音译。⑨

嘎斯：煤气。

戈栏：(水管等的)龙头,开关,阀门。

拦包：灯泡。⑩

马神：缝纫机。

---

① 见谭静《哈尔滨方言中的俄源外来词50词》,《黑龙江教育学院学报》,2007年10月,第124页。
② 见奥丽佳《汉俄语言接触研究》,黑龙江大学博士学位论文,2012年,第100页。
③ 见奥丽佳《汉俄语言接触研究》,黑龙江大学博士学位论文,2012年,第94页。
④ 见谭静《哈尔滨方言中的俄源外来词50词》,《黑龙江教育学院学报》,2007年10月,第123页。
⑤ 见奥丽佳《汉俄语言接触研究》,黑龙江大学博士学位论文,2012年,第94页。
⑥ 见奥丽佳《汉俄语言接触研究》,黑龙江大学博士学位论文,2012年,第95页。
⑦ 见谭静《哈尔滨方言中的俄源外来词50词》,《黑龙江教育学院学报》,2007年10月,第124页。
⑧ 见奥丽佳《汉俄语言接触研究》,黑龙江大学博士学位论文,2012年,第97页。
⑨ 见谭静《哈尔滨方言中的俄源外来词50词》,《黑龙江教育学院学报》,2007年10月,第124页。
⑩ 见谭静《哈尔滨方言中的俄源外来词50词》,《黑龙江教育学院学报》,2007年10月,第123页。

马神井：手压汲水的管状水井。①

木什斗克：又作"木什都克"，指烟斗。②

霞曼街：杂有麦秆、谷草之类的黏土坯。③

瓦斯盖儿：冲压而成的金属瓶盖儿。

为大罗儿/喂得罗/维德罗：上大下小的圆形的桶。④

有关服饰的：

波金克：高腰的牛皮鞋。⑤

布拉吉：连衣裙。⑥

克罗斯：套鞋。⑦

毡疙瘩：高筒毡靴。毡疙瘩用羊毛赶压而成。⑧

有关交通工具的：

巴拉士：铁制驳船。⑨

马神车：汽车。

瓦罐：车厢。又作"瓦罐车"。在东北专指能够密封的运货列车车厢。⑩

有关动作、性质、程度、否定等的：

拔脚木：走；离开。

咕食：吃吧。

斯巴细：谢谢。

---

① 见谭静《哈尔滨方言中的俄源外来词 50 词》，《黑龙江教育学院学报》，2007 年 10 月，第 123 页。
② 见奥丽佳《汉俄语言接触研究》，黑龙江大学博士学位论文，2012 年，第 97 页。
③ 见谭静《哈尔滨方言中的俄源外来词 50 词》，《黑龙江教育学院学报》，2007 年 10 月，第 123 页。
④ 见奥丽佳《汉俄语言接触研究》，黑龙江大学博士学位论文，2012 年，第 94 页。
⑤ 见谭静《哈尔滨方言中的俄源外来词 50 词》，《黑龙江教育学院学报》，2007 年 10 月，第 123 页。
⑥ 见奥丽佳《汉俄语言接触研究》，黑龙江大学博士学位论文，2012 年，第 93 页。
⑦ 见谭静《哈尔滨方言中的俄源外来词 50 词》，《黑龙江教育学院学报》，2007 年 10 月，第 123 页。
⑧ 见奥丽佳《汉俄语言接触研究》，黑龙江大学博士学位论文，2012 年，第 97 页。
⑨ 见谭静《哈尔滨方言中的俄源外来词 50 词》，《黑龙江教育学院学报》，2007 年 10 月，第 123 页。
⑩ 见奥丽佳《汉俄语言接触研究》，黑龙江大学博士学位论文，2012 年，第 97 页。

　　哈拉少：好。

　　普娄哈：不好。

　　嘎嘎拉斯：正好、合适。

　　茶杜：没有。

　　上高：更好。①

四、其他少数民族语言借词

　　北京官话是在古幽燕方言和东北少数民族语言密切接触的基础上形成的。少数民族的语言成分在向汉语的融合过程中，成为北京官话的特色成分。这些特色词语为北京官话的词汇系统所独有，而为其他官话方言词汇系统所无，如：

（一）鄂温克语借词

鄂温克语借词有音译借词，如：

　　奥米那楞：四月会，旧时鄂温克族每年夏历四月举行的一种宗教活动。

　　鄂温克语中有大量地名采用"鄂温克语音译+汉语义类"的组合方式。有的地名能够反映狩猎活动的特点，如：

　　好里堡镇："好里堡"是"仓库"的鄂温克语音译，用来储藏存放兽肉、皮张、生产工具等物品。此镇因搭制过这种仓库而得名。②

　　亚曼那卡河："亚曼那卡"是"狩猎用的陷阱"的鄂温克语音译。"亚曼那卡河"因河边挖过多处陷阱而得名。

　　沙拉河："沙拉"是"晾晒皮张"的鄂温克语音译。此河因猎民们在河边集中晾晒过许多皮张而得名。

　　安格林河："安格林"是"临时小憩处"的鄂温克语音译。此河因猎民出猎时曾

---

　　① 上述俄语及其他少数民族语言例词，除单独注释外，均参照尹世超《东北方言概念词典》，黑龙江大学出版社，2010 年，第 971—973 页。

　　② 以下鄂温克语借词用例均取自董联生《"雅库特"鄂温克语地名浅述》，《北京文物》，1986 年 3 月，第 88—94 页。

在河边休息而得名。

有的地名能够反映山河等的自然形貌特征,如:

得耳布尔河:"得耳布尔"是"宽广开阔的山谷"的鄂温克语音译。该河发源于大兴安岭西坡丰岭、上游岭间的峡谷地带,是根河的主要源头之一,此河两岸开阔平坦,沼泽遍布,故得名。

科坡里河:"科坡里"是"裤裆"的鄂温克语音译。该河因形似裤裆而得名。

马拉杰拉卡河:"马拉杰拉卡"是"茂密的森林"的鄂温克语音译。该河因在茂密的松林间穿过而得名。

交叉布里沟:"交叉布里"是"石砬子"的鄂温克语音译。此沟因两侧岩石裸露而得名。

什路斯卡山:"什路斯卡"是"味道苦涩的矿泉水"的鄂温克语音变。此山因矿泉水味道苦涩而得名。

有的地名以植物和动物命名,如:

莫霍福卡河:"莫霍福卡"是"苔藓遍布林间"的鄂温克语音译。此河因两岸苔藓类植物比较丰富而得名。

瓦卡利其沟:"瓦卡利其"是野生浆果"红豆"的鄂温克语音译。此沟因到处长满红豆而得名。

耶尔尼斯涅河:"耶尔尼斯涅"是"黑桦林"的鄂温克语音译。该河因两岸长满茂盛的黑桦树而得名。

有的地名能反映与兄弟民族的友好交往,如:

乃大乌鲁河:"乃大乌鲁"是鄂温克语的音译,意为"达斡尔人曾在这里挡鱼亮子"。这条河名记录了大兴安岭未开发前,达斡尔等族人曾进入鄂温克狩猎区进行渔猎活动的历史。

孟库伊河:"孟库伊"是鄂温克语的音译,意为"蒙古人曾来过这里"。此河名记录了大兴安岭未开发前,蒙古族人曾进入鄂温克狩猎区进行渔猎活动的历史。

约安里沟:"约安里"是鄂温克语的音译,意为"鄂伦春人询问去向"。此沟位于额尔古纳左旗与鄂伦春自治旗交界处。这一带历史上曾是鄂温克与鄂伦春两个兄弟民族狩猎区域的接合地带，鄂伦春猎民曾在这里向鄂温克猎民询问过道路，地名中便留下了这一历史事实。

有的地名具有宗教色彩，如：

乌鲁吉气河："乌鲁吉气"是鄂温克语的音变，意为"供神处"或"神位"。乌鲁吉气河附近的山中曾设有供神处，因此得名。

奥尼奥尼河："奥尼奥尼"是鄂温克语的谐音翻译，意为"岩石俏丽如画"。信仰山神崇拜的鄂温克人把岩石上风化而成的图案视为神迹，每逢必祭，摘枪卸弹，以示虔诚。河流以此命名，表明附近的岩石上有着俏丽的图案。

有的地名以生产工具命名，如：

吉那米基马河："吉那米基马"是鄂温克语的音译。是一种原始的木杆铁头扎枪。几十年前，在河边发现了鄂温克人祖先遗留下来的这种原始扎枪，该河由此得名。

老潮河："老潮"是鄂温克语的音译，指一种淘金工具。该河因鄂温克人在此拾到过淘金工具而得名。

（二）鄂伦春语音译借词

鄂伦春人的狩猎环境与动植物息息相关，所以，以鄂伦春语野生动植物命名的地名最多，如：

布鲁嘎里河：意为"河边多柳树"。"布鲁嘎里"是"柳树"的鄂伦春语音译。①
查拉班河：意为"河边多白桦树"。"查拉班"是"白桦树"的鄂伦春语音译。
阿兴尼河：意为"河边多臭松"。"阿兴尼"是"臭松"的鄂伦春语音译。
依力塔那罕河：意为"河边石砬子上多蚂蚁"。"依力塔那罕"是"蚂蚁"的鄂伦春语音译。

---

①　以下鄂伦春语音译借词例词取自唐为喜《鄂伦春族与鄂伦春语地名》，《中国地名》，1996年第3期，第30页。

伊兰诺河：意为"犴发情时雄性犴多"。"伊兰诺"是"雄性犴"的鄂伦春语音译。

吴家碑泥河：意为"河边野兽脚印多"。"吴家碑泥"是"野兽脚印"的鄂伦春语音译。

麻林那山：意为"山上蛇多"。"麻林那"是"蛇"的鄂伦春语音译。

以山河形状得名的地名,在鄂伦春语地名中数量居第二位,如:

盘古河：意为"河水奔腾翻滚流动"。

索塔提河：意为"水很深的河"。

阿鲁干河：意为"河水平稳流动"。

西瓦其河：意为"河水冬暖夏凉"。

白嘎拉山：意为"山上白石头多"。

宝拉拜河：意为"河边山头似馒头"。

布拉格罕河：意为"有暖水的小河"。

依沙溪河：意为"河道弯曲像动物的肩胛骨"。

以地理方位命名的地名,在鄂伦春语地名中也具有一定代表性,如:

干玛山：意为山的位置"在小河口下游"。

多鲁果阿鲁干河：意为"位于中间平缓流动的河"。

以鄂伦春人名命名地名也是鄂伦春语地名的特点之一,如:

蒙克山："蒙克"是鄂伦春猎人"孟克"的音变翻译。

里格布山："里格布"是鄂伦春猎人名字的音译。

红布耶河："红布耶"是鄂伦春猎人名字的音译。

(三) 达斡尔语音译借词①

木库连：口胡;口弦琴,一种达斡尔和赫哲族的民间吹奏乐器。赫哲语称"空木

---

① 以下达斡尔语音译借词用例均取自丁石庆《达斡尔语地名的文化透视》,《黑龙江民族丛刊》,1998 年 2 月,第 99 页。

含给"。

顺斯提：松树。

查拉巴奇哈力：白桦。

巴拉斯嘎提：柳树。

贵勒斯台：杏树。

哈拉台：多林丛。

额尔门沁：蒿草。

朱家坎：狗耳草。

莫和尔图：芽寥草。

牙布气：菱角。

坤密尔提：柳篙芽。

库热：蘑菇。

（四）赫哲语音译借词

德日灰尼：结婚；婚礼。

塔拉卡：一种生拌鱼，是赫哲族民间传统佳肴，又叫"刹生鱼"。

（五）朝鲜语借词

巴基：裤子。

古克：坎肩。

马格利：朝鲜族自酿的米酒。

第二节　儿化词语数量多、分布类型
广泛、卷舌特点突出

关于汉语儿化的问题，诸多先贤学者有过不同角度的论述。有从语音角度出发，认为"儿化"中的"儿"与前一词根语素发生了语音融合，是一种语音现象，如李立成（1994）、王福堂（1999）、王媛（2002）、曹跃香（2004）、陈羡贞（2005）、葛本仪（2006）、王媛媛（2009）等。有从语素角度出发，认为"儿化"是语素层面的问题，持这种观点的学者有徐通锵

（1985）、王立（2001）、劲松（2004）等。赵元任（1979）、朱德熙（1982）、张树铮（2005）等认为"-儿"是后缀语素。高名凯（1986）、宋玉柱（1991）、刘春雪（2003）、李艳娇（2012）等认为"-儿"既是构形语素，又是构词语素。赵元任（1935）在《新国语留声片课本》中说："卷舌韵就是儿韵跟上字相连成为一个音的韵……卷舌韵的用法不但是为说漂亮北平话用它，在文法上，连词上，都是很重要的。"①我们同意赵元任先生的观点，认为儿化既涉及音变现象，又与构词、语法、语用等问题密切相联。

本书所说的"儿化词语"具有以下特征：1. 在语素构成上，包括单纯词、复合词以及更多音节和语素的固定短语加上"儿"语素构成的词语；2. 在语音形式上，"儿"是附着于前一语素音节末尾的非独立音节，并且使其所附着音节末尾的韵母发生了卷舌化音变；3. "儿化"发生的部位，大多在词语的末尾，也有处于多语素词语的中间的，类似一个嵌入性成分。与其他官话方言相比，北京官话的儿化词语呈现出"数量众多""分布类型广泛""卷舌特点突出"的特点。

一、儿化词语数量众多

钱曾怡（2010）指出："儿化韵（或儿尾）的存在是大部分北方方言的共同特点，但也有一些方言有不存在儿化韵的报道。……总的情况是江淮官话儿化现象较少，西北部分地区的甘、宁、青汉民方言儿化不发达，西南官话和部分晋语儿化韵合并现象最突出。北京官话、冀鲁官话、胶辽官话和大部分中原官话的儿化现象最丰富。"②参照这一特点，我们按照其对语官话方言的分区，综合多家文献报道，对各分区的儿化现象做了进一步的对比性分析研究，结果如下：

（一）江淮官话

以南京、涟水、孝感等方言点为例。南京话的儿化特点是："老南京话的儿化现象虽然比较丰富，但相对集中于一部分韵母、一部分字。有些韵母儿化词很少，如[o]，而[u][oŋ]这几个韵母完全没有发现儿化现象。……老南京话的儿化词在新南京话中大量消失，在最新派中已所剩无几。"③涟水、孝感虽有儿化现象，但儿化词总量较少。涟水方言

---

① 赵元任《新国语留声片课本 甲种 注音符号本》，商务印书馆，1935 年，第 98 页。

② 钱曾怡《汉语官话方言研究》，齐鲁书社，2010 年，第 389—390 页。

③ 李荣主编，刘丹青编撰《南京方言词典》，江苏教育出版社，1995 年，第 14 页。引文中说"老南京话"的人即"最老派"，指城南八十岁以上老者的方言，现在使用人数很少，但被公认为老南京话的代表。内部差别不大，发音用词也较稳定，语音特点跟赵元任《南京音系》所说大体一致。城北除自城南迁来者外基本没有最老派。"最新派"指二十五岁以下城南人的方言，内部差别不大。城北中年以下及外来居民改说南京话的也接近这一派。中小学生基本通行这种口音。

儿化词主要集中在与日常生活密切相关且高频使用的时间词、称谓词和其他普通名词上。①孝感方言儿化词多集中于名词(包括部分人名、姓氏)和表示排行的部分数词上。②

(二) 西南官话

西南官话除分布于云、贵、川、渝等省市外,还包括湖南、湖北、广西、陕西、江西的部分地区。我们选取的文献成果包括以下方言点:重庆的主城、万州,四川的成都、彭山,云南的昆明、施甸、保山,贵州的遵义、思南,湖北的咸丰、襄阳,湖南的常德,广西的柳州。

四川方言虽存在着丰富的儿化现象,但跟北京官话相比,能儿化的单音节词较少。有些在普通话中能儿化的双音节词如"金鱼儿、帮忙儿、小街儿、小鸡儿、发火儿、小车儿、小菜儿、树枝儿、锯齿儿、天窗儿、小王儿、猜谜儿"等在四川方言中却不能儿化。词类中能够儿化的多为名词,也有个别的动词、形容词或量词,如动词有"跨杆儿、亲嘴儿、逮猫儿",形容词有"巧杆儿、遇缘儿、摩登儿",量词有"一本儿、两分儿、一截儿、三斤儿"等。③

在云南境内,昆明方言的儿化词多分布于名词、动词、形容词中,数量词、代词、副词的数量较少。④ 施甸方言的儿化主要表现在名词、动词、量词、形容词及个别的语气词上,介词、叹词、助词基本无儿化。⑤ 保山方言的儿化现象在名词中表现最为突出,其次是量词,形容词及其他词类的儿化现象较少。⑥

在贵州境内,遵义方言的儿化主要分布在名词、量词、数词和形容词中,其次是动词、代词和副词。介词、连词、助词、叹词、语气词不能儿化。⑦ 思南方言的儿化范围比较广泛,很多名词、动词、量词、副词、称谓词甚至人名都能儿化。⑧

湖北襄阳方言的儿化主要分布在名词、形容词、副词中,类型比较丰富。动词儿化数量不多,只有少量动词可以儿化。数词、量词、数量结构、代词、区别词、拟声词、助词都能儿化,但数词儿化的不多,区别词、拟声词和助词儿化的数量非常有限。⑨

湖南常德方言的儿化几乎是与词的重叠形式同现的。词的单纯重叠形式非常少,有重叠就有儿化,因此,重叠部分大多具有儿化现象。重叠儿化有多种表现形式:AA 儿、

①　顾劲松《涟水方言儿化现象考察》,《河池学院学报》,2012 年 8 月,第 48 页。
②　王求是《孝感方言的儿化》,《河池学院学报》,2009 年 7 月,第 17 页。
③　邓英树、张一舟主编《四川方言词汇研究》,中国社会科学出版社,2010 年,第 66 页。
④　程琪、罗钊《普通话与昆明方言"儿化韵"的比较》,《云南民族大学学报》,2007 年,第 5 页。
⑤　赵先艳《施甸方言的儿化现象》,《文化学刊》,2018 年,第 6 页。
⑥　杨珊珊《云南保山"儿化"现象分析》,《保山学院学报》,2022 年,第 2 页。
⑦　胡光斌《遵义方言儿化的分布与作用》,《方言》,2005 年 1 月。
⑧　何赟《贵州思南方言的儿化》,《铜仁学院学报》,2017 年 8 月。
⑨　谭停《襄阳话儿化现象研究》,广西大学硕士学位论文,2017 年,第 14—66 页。

AA 儿 B、ABB 儿、AA 儿 BB 儿等。重叠儿化后构成的新词多为名词。①

广西柳州境内除柳州方言外，还有粤方言、客家方言、湘方言、平话、闽方言等多种方言及壮语，城市少数人说柳州话时有较多的粤语音，农村相当多的人说柳州话带壮语色彩。② 柳州的汉语方言中没有明显的儿化韵。③

总之，西南官话中的儿化词主要集中在名、动、形几类词中，词语重叠加儿化的现象比较集中，如四川方言中的重叠儿化式名词"坛坛儿、箱箱儿、缝缝儿、盒盒儿、壶壶儿、桌桌儿、锅锅儿、炉炉儿"等，④云南昆明方言中的重叠儿化式形容词"侯抓抓儿、癫鼓鼓儿、淡撒撒儿、烂粉粉儿、秃啄啄儿"等，⑤贵州遵义方言中的形容词重叠儿化后转为名词"瘪瘪儿、条条儿、团团儿、偏偏儿、疯疯儿、短短儿"等，⑥贵州思南方言中的副词重叠后儿化"点点儿、刚刚儿、将将儿、恰恰儿"以及双音节词、三音节词重叠后儿化"墙旮旯儿、硬籽籽儿、梭溜溜儿、头发卷卷儿"等，⑦湖北襄阳方言中的多音节名词重叠后儿化"家家户户儿、边边角角儿、汤汤水水儿、盆盆罐罐儿"等。⑧

（三）晋语

晋语的分布范围包括山西、河北、河南、陕西、内蒙古自治区五省区，共 194 个县市旗。其中山西省 82 个县市，河北省 35 个市县，河南省 19 个县市，内蒙古自治区 39 个县市旗，陕西省 19 个县市。据 2004 年《中华人民共和国行政区划简册》统计数据，晋语区人口共约 6 305 万，其中山西省约 2 376 万，河北省约 1 326 万，河南省约 1 104 万，陕西省约 437 万，内蒙古自治区约 1 062 万。⑨

据乔全生（2000）统计，山西省至少有 69 个方言点有儿化。单音节名词、动词、形容词、数词、量词、代词后都可儿化。如：钱儿、花儿（名＋儿），扣儿、锁儿（动＋儿），黄儿、青儿（形＋儿），三儿、四儿（数＋儿），斤儿、两儿（量＋儿），你儿（代＋儿）。双音节名词第二音节、第一音节均可儿化。如：树枝儿、保平儿（第二音节儿化），花儿草、花儿瓶、玩儿艺（第一音节儿化）。重叠的第二个音节可儿化。如：看看儿、花花儿、偏偏儿、大大儿、三三儿、

① 马雪《试论常德方言儿化现象》，《文学界（理论版）》，2011 年 9 月，第 60—61 页。
② 刘村汉编纂《柳州方言词典》，江苏教育出版社，1995 年，第 4—5 页。
③ 黄利《柳州方言和昆明方言语音比较研究》，广西民族大学硕士学位论文，2019 年，第 13 页。
④ 邓英树、张一舟主编《四川方言词汇研究》，中国社会科学出版社，2010 年，第 77 页。
⑤ 程琪，罗钊《普通话与昆明方言"儿化韵"的比较》，《云南民族大学学报》，2007 年第 5 期。
⑥ 胡光斌《遵义方言儿化的分布与作用》，《方言》，2005 年第 1 期。
⑦ 何赟《贵州思南方言的儿化》，《铜仁学院学报》，2017 年 8 月，第 85 页。
⑧ 谭停《襄阳话儿化现象研究》，广西大学硕士学位论文，2017 年，第 17 页。
⑨ 中国社会科学院语言研究所、中国社会科学院民族学与人类学研究所、语言资讯科学研究中心《中国语言地图集（第 2 版）》，商务印书馆，2012 年，第 92 页。

斤斤儿等。① 据曹瑞芳（2006）、蒋文华/李广华（2008）、王一涛（2011）、潘栖（2014）、王颖（2019）、霍洁（2019）等研究，阳泉市、应县、昔阳县、大同市、太原市、太谷县的方言儿化现象都很丰富，除上述共性特征之外，还有名词的儿化形式较为多样的特点。

河北省属于晋语区方言的市县共 35 个，儿化韵数量比与河北境内的官话数量少，也许是因为"子尾"和"儿尾"竞争的原因所致：晋语中的子尾词没能像北京话那样，被儿尾词所替代，而是还有相当多的子尾词存在。② 这就使得儿尾词在晋语中的数量要少于官话方言。

豫北晋语区是指河南省内黄河以北地区带有入声的方言，其分布大致在太行山脉沿线，处于河南省城市密度最大的地带，包括 21 个市县。目前豫北晋语区各地方言均存在儿化现象。③ 仅以安阳为例，儿化词的分布以名词居多，部分量词、动词、形容词也可以儿化。④

陕北的晋语有丰富的儿化，与山西晋语和内蒙古晋语对比，陕北的晋语更多用"儿"缀。如"太阳"在陕北晋语中说成"日头儿"或"热头儿"，而在山西晋语和内蒙古鄂尔多斯方言中多说"日头"。表方位时，陕北晋语习惯说"东面儿、西面儿、南面儿、北面儿"，山西晋语和内蒙古鄂尔多斯方言一般不带"儿"。陕北晋语中经常说的"葫芦儿、洋葱儿、树苗儿、树梢儿、杏儿、桃儿、枣儿、花儿、瓜儿、羔羊儿、兔儿、猴儿、抽屉儿、板凳儿、圪筒儿、枕头儿、指头儿、镜儿"等，在山西晋语和内蒙古鄂尔多斯方言中都没有"儿"缀，或者用"子"尾，⑤儿化词中名词的分布较多。神木方言中儿化名词在整个词汇系统中是封闭的类，数量有限，有 200 多条，而重叠名词则是开放的类。重叠词的表意功能比儿化词要强。⑥

内蒙古晋语中儿化韵较少，常用的儿化词主要有："核儿（里）、鸡儿、影儿、猫儿、门儿、前儿、夜儿、月儿、花儿、梨儿、杏儿、个儿、籽儿、戾儿（今天）、明儿（明天）。"代词中只有"哪儿、那儿、这儿"三个儿化词。⑦ 有些单音节形容词重叠必须儿化，如包头方言中的"白白儿的、红红儿的、黄黄儿的、绿绿儿的、黑黑儿的、慢慢儿的、快快儿的、高高儿的、绵绵儿的、细细儿的、轻轻儿的、酥酥儿的"等。⑧

总之，晋语区均有儿化现象，其中名词的分布较广，类型也较多，其他词类在各地区的分布不均衡。内蒙古地区的晋语儿化词数量相对较少。

① 乔全生《山西方言"儿化、儿尾"研究》，《山西大学学报》，2000 年 5 月，第 70—72 页。
② 李巧兰《河北晋语区方言的儿化读音研究》，《石家庄学院学报》，2013 年 3 月，第 95 页。
③ 史艳锋《豫北晋语的儿化》，《语言研究》，2017 年 1 月，第 62 页。
④ 王芳《安阳方言的"儿化"和"儿尾"》，《安阳工学院学报》，2013 年 5 月，第 67 页。
⑤ 贺雪梅《陕北晋语词汇研究》，陕西师范大学博士学位论文，2014 年，第 79—80 页。
⑥ 邢向东《神木方言研究》，中华书局，2002 年，第 284—286 页。
⑦ 王冬梅《内蒙古晋语语法特征疑义》，《宁夏大学学报》，2015 年 3 月，第 25 页。
⑧ 沈文玉《包头方言中的儿化现象》，《阴山学刊》，2001 年 9 月，第 90 页。

（四）冀鲁官话、中原官话和胶辽官话

冀鲁官话、中原官话和胶辽官话的分布涵盖了山东省的全部地区、河北省和河南省的大部分地区，以及辽宁、陕西、甘肃、宁夏、青海、山西、江苏、安徽等省的部分地区。我们选取《河北方言词汇编》①和《山东方言词典》②两部辞书，考察其中儿化词语的分布情况，以便对河北、山东两省儿化词语的使用比例有个整体的认识。其余地区由于现有文献的不足，只能采用定点分析的方法，从中窥探儿化词语在这些地区的使用情况。

《河北方言词汇编》选取了 149 个方言点，涵盖了河北省的大部分地区。按照钱曾怡（2010）对官话方言区的划分，冀鲁官话、中原官话、北京官话和晋语的部分地区都包括在此书的"河北方言"内。如果忽略不计其中北京官话和晋语部分地区的词语，《河北方言词汇编》中收词共三万多条，儿化词语 527 条，占比 1.8%。

《山东方言词典》选取了 21 个方言点，涵盖了山东省五个政区片，冀鲁官话、中原官话和胶辽官话三个官话区均有涉及。全书收词 15 678 条，儿化词语 1 997 条，占比 13%。

中原官话主要集中在河南、山东、安徽、山西、陕西、甘肃等省，以河南为主。新疆、青海等地少量居民点的中原官话，主要和移民有关。③对河南境内的中原官话从整体上作概观研究的文献尚未见到，不过从个别方言点儿化词语的统计报告可以大致推断河南儿化词语的使用情况。据徐梦晗（2018）的调查整理，3 000 条洛阳方言词语中大约有 1 300 条儿缀词语，占比近 45%。④ 崔娅辉（2011）收集整理的周口儿化词语，数量比《普通水平测试用儿化词语表》要多。⑤其他地区如新郑（王娟，2015）、镇平（侯恒雷，2008）、驻马店（刘丹丹，2017）、光山（张贤敏，2012）、唐河（杨正超，2013）、林州（秦溶霞，2014）等地的儿化词语分布也不少。

安徽境内的中原官话如太和方言中儿尾词是一种较为常见的现象。近年来，受普通话的影响，"儿尾词"的使用频率有上升趋势。⑥

山西境内的中原官话可以新绛方言为例，儿化非常丰富，名词、动词、形容词、量词、副词、代词、拟声词都有儿化形式。⑦而万荣方言的儿尾词跟重叠词和子尾词相比，则显得数量较少。⑧

---

① 李行健主编《河北方言词汇编》，商务印书馆，1995 年。
② 董绍克、张家芝主编《山东方言词典》，语文出版社，1997 年。
③ 贺巍《中原官话分区（稿）》，《方言》，2005 年第 2 期，第 136 页。
④ 徐梦晗《洛阳方言儿缀词修辞功能探析》，《汉字文化》，2018 年第 18 期，第 9 页。
⑤ 崔娅辉《周口方言儿化研究》，《科教文汇》，2011 年 4 月，第 76 页。
⑥ 这里的"儿尾词"等同于本书所说的"儿化词"，以下同。
⑦ 翟维娟《山西新绛方言的儿化、子尾和重叠》，天津师范大学博士学位论文，2015 年 10 月。
⑧ 吴云霞《万荣方言语法研究》，陕西师范大学博士学位论文，2002 年，第 71 页。

陕西境内的中原官话以西安方言为例,其儿化韵很多,除[ər][ɯ]外,其余37个韵母在口语中都可以儿化。①西安话的名词、动词、形容词都有儿化现象,许多词语的儿化是伴随重叠形式同时出现的。②这一特点在安康方言③、咸阳方言中也有体现。④

甘肃境内的中原官话如临潭方言(刘小丽/何浩,2016)、洮州方言(詹金沄,2018)等,也有不少儿化现象,且名词、形容词的分布居多。

(五)北京官话

探测北京官话区词语儿化情况也可从相关辞书入手。我们选取的是《东北方言概念词典》⑤和《北京话儿化词典》⑥。《东北方言概念词典》所涵盖的地区包括整个东北官话区(说站话、说胶辽官话的地区及个别方言岛除外)。全书收词12 000条,儿化词语2 643条,占比22%。最能说明北京话儿化词语特点的当属《北京话儿化词典》,其中收录儿化词语7 400条,在数量上已经远远超过了其他官话方言。

综上所述可见,跟其他官话区对比,北京官话区的儿化词语在数量上占有绝对的优势。通过儿化词语的数量对比,也可以证明北京官话与山东方言及河北方言的亲疏关系:北京官话>山东方言>河北方言。⑦这再次证明了第二章"特征词所呈现的三大方言之间的关系"的结论:北京官话跟山东方言的关系要近于跟河北方言的关系。

二、儿化词语分布类型广泛

通过以上对比,我们发现在北京官话之外的各大官话方言中,儿化词语在不同地区的分布并不平衡,但多数地区呈现出了一种共性特点:名词性词语居多,动词性语素或形容词性语素儿化后常常变为名词。而北京官话区的儿化词语的分布则呈现出类型广泛的特点。

(一)从单音节词到多音节词语均可儿化。如跟"脚"相关的一系列儿化词语"脚儿、抱脚儿、跟脚儿、带脚儿、趿脚儿、撇子脚儿、一落脚儿、顺脚儿、点脚儿、吊脚儿、搭脚儿、前后脚儿、挖墙脚儿、没站住脚儿、蹑手蹑脚儿、抬手动脚儿、离手儿离脚儿、站不住脚儿、站脚儿助威、仰巴脚儿达家、头是头儿脚是脚儿、倒倒脚儿三分俏"等。此外,还有相当一部分带儿化

---

① 王军虎《西安方言词典引论》,《方言》,1995年第2期,第83页。
② 王西维《简论西安话的构词法》,《咸阳师范学院学报》,2010年1月,第68—69页。
③ 耿铭《陕南安康中原官话重叠儿化名词初探》,《新疆教育学院学报》,2017年6月,第93—96页。
④ 任永辉《咸阳方言的语法特点》,《咸阳师范学院学报》,2005年2月,第75页。
⑤ 尹世超主编《东北方言概念词典》,黑龙江大学出版社,2010年。
⑥ 贾采珠编著《北京话儿化词典(增订本)》,上海教育出版社,2019年。
⑦ ">"表示"近于"。

的俗语、谚语、歇后语,如"蹭鼻子够脸儿""驴粪蛋儿,外面儿光""春打六九头儿""老太太吃柿子——闷得儿蜜""骑毛驴儿吃豆包儿——乐颠了相儿(谐"馅儿")了""耳挖勺儿炒芝麻——小鼓捣油儿""武大郎放风筝——出手儿不高""挂搭扁儿炮蹶子——蹚露水儿"等。

(二)可儿化的词类多。大多数实词都能儿化,且数量众多。如:

名词:班儿、话儿、船儿、本儿、神儿、子儿、地儿、信儿、嘴儿、哥儿、裤儿、主儿、口儿、油儿、星儿

动词:盼儿、串儿、管儿、籴儿、卷儿、起儿、堆儿、捆儿、托儿、说儿、戳儿、糊儿、泡儿、挠儿、招儿、漂儿、兜儿、帮儿、唱儿、讲儿、响儿、想儿、封儿、等儿、剩儿、肿儿

形容词:大儿、短儿、宽儿、软儿、洼儿、仁儿、灰儿、准儿、活儿、高儿、丑儿、胖儿、长儿、脏儿、亮儿、香儿、愣儿、横儿、精儿、青儿、清儿、空儿、红儿

副词:白白儿、渐渐儿、刚刚儿、大约(yāo)摸儿、不经不离儿

数词:半儿、四儿、三十儿、初三四儿、初几儿、八九不离十儿

量词:瓣儿、牙儿、圈儿、份儿、阵儿、顿儿、个儿、棵儿、伙儿、幅儿、副儿、股儿、出儿、条儿、趟儿、桄儿、双儿、磴儿、层儿

方位词:前儿、后儿、里儿、东儿、里边儿、上面儿、外头儿、底下儿

拟声词:呱儿、喷儿、忒儿、嗞儿、呲儿、咳儿、嗷儿、喵儿、嗓儿、嗖儿、哗啦儿、扑哧儿、呼哧儿呼哧儿的

(三)各类语素或词儿化后,生出了新义,多数词类也发生了改变。如:[1]

名→名:白地→白地儿　白花→白花儿　白口→白口儿　白面→白面儿

白人→白人儿　印→印儿　肠→肠儿

名→量:牙→牙儿　波→波儿

名→动:上身→上身儿　上座→上座儿　上人→上人儿　走道→走道儿

名→形:爱人→爱人儿

名→副:倍→倍儿

动→名:坨→坨儿　垫→垫儿　伴→伴儿　冻→冻儿　兜→兜儿　对→对儿

响→响儿　蹦→蹦儿　吃→吃儿　蹭→蹭儿　唱→唱儿　摊→摊儿

动→动:撣→撣儿　呲→呲儿　翻→翻儿　打眼→打眼儿

---

① 以下用例多取自贾采珠《北京话儿化词典(增订本)》,上海教育出版社,2019年。

动→量：拨→拨儿　游→游儿　挂→挂儿　起→起儿

动→形：好→好儿　觙→觙儿　巴巴→巴儿巴儿的(嘴尖舌快状)

　　　　挨肩→挨肩儿(身高一致)

动→副：绷→绷儿

方→名：里面→里儿面儿　左右→左右儿　前→前儿　后→后儿　东→东儿

方→量：下→下儿

形→名：短→短儿　弯→弯儿　黑→黑儿　活→活儿

　　　　尖→尖儿　亮→亮儿　溢→溢儿　慢性→慢性儿　清→清儿

形→动：透亮→透亮儿

形→副：一般→一般儿

数→代：几→几儿

数→名：三→三儿　四→四儿　四五六→四五六儿　三十→三十儿(除夕)

量→名：块→块儿

数量→名：千张→千张儿(豆腐皮儿)

数量→形：一丝→一丝儿

三、儿化词语的卷舌特点突出

北京官话的儿化音有[r]型和[ɯ]型两种。[r]型儿化指一般意义上的儿化，韵母以卷舌为特征，又被称作"卷舌儿化韵"。[ɯ]型儿化是韵母与舌面元音[ɯ]直接结合或融合，也被称作"平舌儿化韵"。北京官话区以[r]型儿化的分布为多，[ɯ]型儿化只分布在北京东北远郊县及河北东北部的几个县市。①

而在其他官话区，儿化词语的发音状况显得尤为复杂。比如在冀鲁官话的抚龙小片(迁西、涞源、抚宁、卢龙、青龙等县市及昌黎北部地区)，儿化表现为平舌儿化韵[mɐ]，很多韵母儿化后直接在后面加 uɐm 和 ŋɐm。② 洛阳话(中原官话洛徐片)"儿"音 əɯ，它的儿化韵也收 ɯ 尾：mɐ、iɯ、uɯ、yɯ、ɐɯ、iɐɯ、uɐɯ、yɐɯ。陕西神木话(晋语五台片)"儿"音 ʌɯ，儿化韵是 4 个 ɯ 尾韵：ʌɯ、iʌɯ、uʌɯ、yʌɯ。四川南充话(西南官话川黔片成渝小片)、云南保山话(西南官话云南片滇西小片)也都是只有 4 个平舌儿化韵。③

有些方言"儿"读 [l̩] 或以[l̩]为声母。在这些方言中，儿化韵可能用[l̩]作韵尾。如

————————————————

①　张世方《北京官话语音研究》，北京语言大学出版社，2010 年，第 129 页。
②　李巧兰《河北方言中的"X‑儿"形式研究》，山东大学博士学位论文，2007 年，第 17 页。
③　钱曾怡《汉语官话方言研究》，齐鲁书社，2010 年，第 395—396 页。

安徽阜阳(中原官话郑曹片)"儿"音[ʅ],39 个基本韵母,儿化后形成 20 个[ʅ]韵尾。四川仁寿话(西南官话西蜀片)"儿"音[ʅ],除[ʅ]以外的 36 个韵母儿化后合并成八个儿化韵:oʅ、ŋʅ、ʅʅ、əʅ、ioʅ、iʅ、uʅ、yʅ。山东寿光话(冀鲁官话沧惠片)"儿"音[lɿ]。其儿化韵既有卷舌韵、鼻化韵,又有边音尾韵。可以儿化的 36 个韵母,儿化后合并为 24 个儿化韵。① 豫北晋语的"儿"音读[ʅ]或[lə],但儿变韵母的形式却五花八门。元音卷舌式(r尾类)、舌面元音式(ɯ 尾类)、鼻音韵尾式(n 尾类)和边音韵尾式(l 尾类)等情况都有。单个方言内往往兼有多种儿变形式,只有少数方言像普通话那样为韵母的[r]类儿变。②

　　此外,还有"小称变韵"的情况,如红安话(江淮官话黄孝片)、甘肃临夏话(中原官话秦陇片)、山东博山话(冀鲁官话石济片聊泰小片)等。有些方言的儿化韵,卷舌动作不但影响到了韵尾和主要元音,而且影响到了介音甚至声母。其主要表现为,齐齿呼和撮口呼韵母儿化时,介音后产生闪音 r 或边音 l,有些声母在儿化时发生。山东的即墨、平度、诸城(以上胶辽官话青莱片青岛小片)、利津(冀鲁官话沧惠片章利小片)、阳谷、定陶(以上中原官话郑曹片)、宁津(冀鲁官话沧惠片黄乐小片),河南的偃师(中原官话洛徐片),山西的平定(晋语区)等地都存在这种类型的儿化现象。③

　　总之,跟众多官话区纷繁复杂的儿化变韵情况对比,北京官话区儿化词语的卷舌特色显得尤为突出,简单且统一。

第三节　单音节后缀类型多、构词能力强、语用色彩鲜明

　　派生法是现代汉语方言常用的构词手段。与其他方言相比较,"词根+单音节词缀"的派生法在北京官话的构词中更有特点,表现为:单音节后缀类型多、构词能力强、语用色彩鲜明。

　　单音节后缀在北京官话的构词上一般具有以下特点:

　　1. 后缀位置固定。后缀与词根结合不紧密,一般不单独使用。词根多可以单独使用而基本意思不变。如"撕巴、干巴、抢搭、顺溜、邪性、拨拉"等。

　　2. 后缀的词义虚化。后缀的书写形式与词汇意义无关,一般只起到记音作用。如"捅咕、扭搭、试巴、稀拉"等。

---

① 钱曾怡《汉语官话方言研究》,齐鲁书社,2010 年,第 393—394 页。
② 支建刚《豫北晋语语音研究》,上海辞书出版社,2020 年,第 170—171 页。
③ 钱曾怡《汉语官话方言研究》,齐鲁书社,2010 年,第 397—398 页。

3. 后缀都读轻声。如"忙叨、神道、热乎、掺和、窄巴、蹦跶"。

一、单音节后缀类型多

单音节后缀在普通话和其他方言中也大量存在,但在北京官话区中单音节后缀的类型更为丰富。马彪据一些词典统计出了单音节后缀的类型数量,如下表:①

单音节后缀在方言词典中的分布表

词　　典	词典编著者及出版时间	单音节后缀类型数量
《厦门方言词典》	周长辑,1993	28
《客家话词典》	陈庆忠,2002	10
《南昌方言词典》	熊正辉,1995	12
《上海方言词典》	许宝华等,1997	13
《长沙方言词典》	马镇兴,1993	6
《东莞方言词典》	詹伯慧等,1997	10
《太原方言词典》	沈明,1994	36
《徐州方言词典》	苏晓青等,1996	36
《哈尔滨方言词典》	尹世超,1997	52
《现代北京口语词典》	陈刚等,1997	100
《北京话词典》	高艾军等,2001	100
《现代汉语词典》	中国社科院语言所词典编辑室,2006	54

从表中的数据可以看到单音节后缀在多数方言及共同语中的多寡情况。从整体上看,南方方言的单音节后缀的类型比北方方言要少。在北方方言中,哈尔滨方言和北京话的单音节后缀的类型最多。不过从词典看,北京话的单音节后缀比哈尔滨方言多近一倍。这种差异应该源自词典编纂中搜集工作的疏密程度,就是说,与方言本身无关。因为不仅我们从语感上觉察不到哈尔滨方言与北京话的后缀存在如此大的差异,而且据聂志平

---

① 数据取自马彪《汉语语用词缀系统研究》,中国社会科学出版社,2010 年,第56—57 页。部分内容稍有删改。

(2005)对两地方言的动词后缀和形容词后缀进行了对比的结果,也认为无论在后缀类型上还是在例词上,北京话与黑龙江方言的一致率都极高,尤其在后附式谓词方面的一致率高达97.37%。① 由此可以断定整个北京官话区与其他方言区相比,单音节后缀的类型数量是最多的。现略去词根,截取部分后缀展示如下: ②

-巴	-吧	-绷	-棒	-别	-剥	-补	-叉	-绰	-称	-成	-嗤	-哧	-吃	-持
-饬	-驰	-斥	-扯	-撮	-跶	-达	-搭	-嗒	-打	-得	-当	-荡	-道	-捣
-叨	-登	-腾	-蹬	-澄	-瞪	-掇	-哆	-对	-兑	-发	-泛	-翻	-分	-个
-各	-搁	-勾	-咕	-鼓	-古	-孤	-合	-和	-火	-呼	-乎	-糊	-唬	-货
-虎	-忽	-哄	-慌	-换	-结	-叽	-唧	-快	-拉	-落	-浪	-剌	-喇	-棱
-愣	-唠	-李	-亮	-灵	-溜	-搂	-瞜	-落	-乱	-捋	-磨	-抹	-摸	-闹
-挠	-弄	-拢	-哝	-配	-皮	-腔	-气	-囚	-屈	-撒	-撕	-搎	-闪	-扇
-哨	-梢	-稍	-渗	-生	-声	-省	-着	-实	-势	-式	-飕	-腾	-蹬	-抠
-搜	-弹	-醒	-希	-头	-性	-兴	-幸	-相	-歪	-味	-秧	-悠	-张	-正
-怔	-整	-著	-灼											

二、单音节后缀的构词能力强

单音节后缀的构词能力强是北京官话构词法的另一特点。据马彪统计,单音节后缀构成的词在普通话中约占总词数的33%,在北京话中约占总词数的45%,在哈尔滨方言中约占总词数的65%。③

我们再具体考察一下单音节后缀在《北京口语语法》(周一民,1998)和《黑龙江方言词汇研究》(聂志平,2005)中的构词情况。《北京口语语法》中比较详细地列举了"巴、达、拉、喽、哧、咕、道、腾/登、哥"9类单音节后缀以及带此类后缀的动词共549个。其中,由后缀"巴"组成的动词有217个,由"达"组成的动词有77个,由"拉"组成的动词有33个,由"喽"组成的动词有26个,由"哧"组成的动词有50个,由"咕"组成的动词有53个,由"道"组成的动词有17个,由"腾/登"组成的动词有

---

① 聂志平《黑龙江方言词汇研究》,吉林人民出版社,2005年,第14页。
② 用例取自马彪《汉语语用词缀系统研究》,中国社会科学出版社,2010年,第79—82页。有部分改动。
③ 参见马彪《汉语语用词缀系统研究》,中国社会科学出版社,2010年,第105页。

39 个,由"哥"组成的动词有 37 个,这些词缀和动词与黑龙江方言的一致率非常高,最高者达 100%,最低者也达 78.38%。①

《黑龙江方言词汇研究》收录的单音节后缀虽然只有 14 类,但由它们组成的词却高达 850 多个。② 如:

A+挺(60 个词):捂挺、烤挺、咯挺、沤挺、嘽挺、拔挺、烙挺、控挺、饿挺、闹挺、吵挺、酸挺、累挺、忙挺、闷挺、痒挺③

A+道(22 个词):嗔道、怪道、说道、问道、损道、正道、忙道、艮道、狠道、神道、恶道、鬼道

A+嗒(22 个词):耷嗒、掴嗒、抹嗒、倔嗒、嘎嗒、出嗒、蹿嗒、审嗒、靸嗒、呲嗒、拽嗒、悠嗒、抻嗒、捎嗒、闻嗒、忽嗒、拧嗒、撸嗒、搡嗒、煽嗒、吧嗒、甩嗒

A+咕(24 个词):奘咕、塞咕、计咕、讲咕、瞿咕、撅咕、捏咕、捝咕、杵咕、打咕、挤咕、夹咕、毛咕、披咕、拧咕、委咕、旮咕、扎咕、瘪咕、别咕、踩咕、蛐咕、日咕、捅咕

A+乎(47 个词):二乎、近乎、胖乎、悬乎、邪乎、喇乎、暄乎、晕乎、炼乎、面乎、温乎、狼乎、行乎、碎乎、忙乎、歇乎、笑乎、嘘乎、朝乎、拥乎、贴乎、茄乎、杵乎、咋乎、嫌乎、烦乎、吹乎、拉乎、煽乎、就乎、恋乎、怪乎、觑乎、岔乎、党乎、凑乎④

A+拉(30 个词):皮拉、粗拉、刻拉、壳拉、划拉、胡拉、拉拉、拽拉、呲拉、提拉、抖拉、拐拉、撇拉、攉拉、搁拉、爬拉、扑拉、匐拉、臊拉、嗍拉、团拉、刮拉、袜拉、扒拉、拨拉

A+巴(405 个词):煮巴、煎巴、烀巴、烤巴、燷巴、熬巴、焯巴、炒巴、炖吧、燎巴、烧巴、蒸巴、燀巴、捻巴、擦巴、刷巴、扯巴、挖巴、掏巴、淘巴、捞巴、扎巴、扫巴、搬巴、描巴、掸巴、挣巴、拼巴、摈巴、拧巴、扔巴、抓巴、拉巴、搣巴、拎巴、扛巴、抠巴、撅巴、挠巴、拴巴、搂巴、抱巴、损巴、抽巴、搓巴、摊巴、揎巴、扬巴、抹巴、挽巴、揉巴、捡巴、拆巴、补巴、摁巴、擀巴、推巴、焜巴、撅巴、捅巴、攉巴、披巴、撮巴、攒巴、扶巴、掐巴、扯巴、掰巴、揪巴、对巴、兑巴、捝巴、撸巴、尝巴、镩巴、叠巴、馏巴、兜巴、毁巴

A+哧(21 个词):嚷哧、闷哧、叨哧、倒哧、翻哧、抠哧、够哧、棱哧、护哧、蒯哧、撩哧、巴哧、跋哧、掰哧、挠哧、舞哧、刮哧、绕哧⑤

A+性(44 个词):娇性、生性、驴性、牛性、恼性、喜性、酸性、尿性、绝性、改性、快

① 参见聂志平《黑龙江方言词汇研究》,吉林人民出版社,2005 年,第 12—14 页。
② 马彪《汉语语用词缀系统研究》,中国社会科学出版社,2010 年,第 109 页。
③ 以下用例取自聂志平《黑龙江方言词汇研究》,吉林人民出版社,2005 年,第 26—79 页。
④ 参见聂志平《黑龙江方言词汇研究》,吉林人民出版社,2005 年,第 36—40 页。
⑤ 参见聂志平《黑龙江方言词汇研究》,吉林人民出版社,2005 年,第 51—53 页。

性、狂性、仁性、死性、糖性、邪性、矫性、积性、瘳性、奘性、灵性、臊性、长性、瘦性、用性、外性、旺性、筋性、龙性、薄性、贼性、搋性、念性、狗性、尖性、少性、脾性、体性、扬性、疑性、由性、左性、足性、火性

A+叽(19 个词)：倒叽、尿叽、哽叽、隔叽、赖叽、磨叽、沫叽、个叽、杠叽、固叽、嘎叽、计叽、碎叽、肉叽、呱叽

A+皮(13 个词)：插皮、臭皮、错皮、狗皮、刮皮、鸟皮、抢皮、俏皮、臊皮、铁皮、显皮、咬皮、左皮

A+登(37 个词)：巴登、搬登、迟登、拆登、猜登、撅登、撑登、捯登、蹾登、杠登、换登、丢登、堆登、逛登、晃登、紧登、满登、啷登、棱登、眯登、迷登、闹登、挠登、盘登、乒登、扑登、快登、体登、绕登、算登、悠登、折登、搊登

A+气(12 个词)：牛气、霸气、大气、囊气、匪气、狗气、熊气、帅气、硬气、素气、时气、硶气

A+实(45 个词)：膀实、逗实、敦实、肥实、狠实、虎实、魁实、撩实、欢实、忙实、瓷实、厚实、闯实、差实、喀实、发实、搭实、见实、款实、楞实、蛮实、迫实、平实、气实、受实、旺实、凶实、雄实、严实、硬实、值实、屁实、挺实、恶实、靠实、泼实、扬实、轴实、火实、愣实、俏实、显实、匀实、足实、苗实

A+楞(88 个词)：巴楞、霸楞、白楞、摆楞、别楞、拨楞、扯楞、搓楞、撅楞、翻楞、糊楞、焦楞、毛楞、涮楞、瓢楞、扑楞、逛楞、转楞、归楞、斜楞、透楞、横楞、架楞、圈楞、麻楞、沙楞、团楞、眯楞、歪楞、挽楞、拘楞、包楞、搁楞、个楞、硌楞、攉楞、立楞、拉楞、撬楞、桥楞、茄楞、挖楞、袜楞、弯楞

由此可见，单音节后缀在北京官话中的构词能力很强。

关于单音节后缀成词后的词类分布情况，马彪曾列出过表格进行比较：①

单音节后缀成词后的词类分布表

单音节后缀分布	词数	词缀数	动词数	形容词数	副词数	名词数
普通话	128	54	66	54	0	1
北京方言	400	103	250	148	2	0
哈尔滨方言	671	60	206	457	4	4

① 取自马彪《汉语语用词缀系统研究》，中国社会科学出版社，2010 年，第 105 页。

可见,动词和形容词是单音节后缀成词后的主要词类。其中,北京方言比哈尔滨方言的动词数量要多,而形容词数量要少。哈尔滨方言中"-的"后缀的构词能力很强,由它构成的形容词占据一定比例,因而,哈尔滨方言中的形容词比动词要多出很多。不仅在哈尔滨,"-的"后缀在整个东北方言中都具有超强的构词能力。据马彪统计,普通话与北京官话中加"-的"的形容词数量对比是 0 : 326。① 《哈尔滨方言词典》中由单音节后缀"-的"构成的词约占总词数的 27%。② "-的"后缀不仅构词数量多,而且类型十分丰富。"AA的"式如"登登的","AB 的"式如"冷清的","AB 的"式如"敞亮儿的","ABCD 的"式如"跟头把式的","ABC 儿的"式如"喜爱人儿的","ACD 的"式如"木个张的","ABCD(E)的"式如"大舌头唧叽的","ABB+的"式如"神叨叨的","ABCDD+的"式如"老娘们儿家家的","AABB+的"式如"白白话话的"等等。③

三、单音节后缀的语用色彩鲜明

状态词缀"是一种介于构词词缀与构形词缀之间的词缀,而其构词、构形意义都不十分明显,一般没有实在的词汇义也不具备确定的语法意义"。④ 状态词缀分前缀、中缀和后缀,单音节后缀是其中一种,因其具有描写性,也称单音节描写性状态后缀。"是突出某种形象、情态、色彩的语用词缀。描写,具体说就是模拟形态、增加色彩、显示语域。"⑤

北京官话中的单音节后缀组成的词以动词和形容词为主,意即这些词缀的使用要么侧重动态情貌,要么突出感情色彩、要么凸显评价意义,总之,在语用上有着鲜明的色彩。

以北京官话中构词能力最强的"巴"后缀为例,由"巴"构成的词多为动词。构成新词后,原有的词根语素义基本没有什么变化,但由于后缀的加入,却增加了一些语用功能:有的能加深程度,有的能突出说话人的主观感情色彩,有的能凸显评价意义。如:⑥

　　1. 你看他那熊样儿,领导表扬他几句儿就**扬巴**起来了。(表示不满)

　　2. 你看你疯的,衣服袖子都**挣巴**坏了! 一双新鞋没穿几天,帮儿就**挣丌**了。(表示责怪)

---

①　马彪《汉语语用词缀系统研究》,中国社会科学出版社,2010 年,第 107 页。
②　马彪《汉语语用词缀系统研究》,中国社会科学出版社,2010 年,第 103 页。
③　参见马彪《汉语语用词缀系统研究》,中国社会科学出版社,2010 年,第 96—98 页。
④　马彪《汉语语用词缀系统研究》,中国社会科学出版社,2010 年,第 20 页。
⑤　马彪《汉语语用词缀系统研究》,中国社会科学出版社,2010 年,第 55 页。
⑥　用例 1—3 取自聂志平《黑龙江方言词汇研究》,吉林人民出版社,2005 年,第 49 页。其中句 3 "夯"字原文为"榨",非是,今正。

3. 你看那小孩儿,**<u>奓巴奓巴</u>**能走道儿了。(表示称赞)

由“巴”还可以构成少量形容词,如:①

紧巴、干巴、苦巴、糊巴、渣巴、弯巴、抽巴、捂巴、蔫巴、皱巴、倔巴、涩巴、甜巴、死巴、瘦巴、歪巴、斜巴、赖巴、挤巴、酸巴、翘巴、撅巴、落巴、嘎巴、兴巴

在原有词根义的基础上,加上后缀“巴”的词增加了“不情愿、不喜欢、厌恶”等感情色彩。如②:

4. 这个月花销大,手头有点儿**<u>紧</u>**。
5. 这个月花销大,手头有点儿**<u>紧巴</u>**。
6. 花缺水了,叶子都**<u>蔫</u>**了。
7. 花缺水了,叶子都**<u>蔫巴</u>**了。
8. 今天的饭有股**<u>糊</u>**味儿。
9. 今天的饭有股**<u>糊巴</u>**味儿。

例4、例6、例8,都是客观描述。例5、例7、例9都增加了语用色彩。例5增加了描写性,暗含着由经济紧张带来的窘迫感。例7增加了“怜惜”“不悦”甚至“责怪”的感情色彩,例9增加了“厌恶”“不满”或“责怪”的感情色彩。

由“巴”构成的名词不多,如“磕巴、结巴、瘫巴、哑巴、齁儿巴”等,这些名词所指代的都是有某种疾病的弱势群体。在口语中,这些称呼往往有轻微的贬义色彩。

有些后缀兼具动态和形态特征,由它构成的词既有动词的语法功能,又有形容词的描写性和强烈的感情色彩。如:

叨咕、叽咕、挤咕、捅咕、闹哄、忙乎、摆划、掺和、哼唧、扒拉、踅摸、攮弄、摩挲、倒腾、翻腾、扑腾、侧歪、颤悠、晃悠、转悠

这些动词也能像形容词那样有AABB式重叠,如“叨叨咕咕、捅捅咕咕、闹闹哄哄、忙

① 以下用例取自安天伟《东北方言词缀“巴”的研究》,吉林大学硕士学位论文,2018年,第19页。
② 用例4—9为自拟。

忙乎乎、摆摆划划、掺掺和和”等。在加强程度的同时又增加了词语的描写性：小动作反复进行。同时，还具有了贬义色彩。①

北京官话的单音节后缀中，“-性”“-叽”“-气”“-实”“-楞”等后缀构成的形容词较多。如：②

-性：

贬义：娇性、生性、驴性、牛性、恼性、酸性、狂性、死性、糖性、邪性、矫性、犟性、奘性、臊性、薄性、贼性、狗性、尖性、扬性、由性、左性、火性

褒义：喜性、尿性、快性、仁性、灵性、长性、旺性、龙性、少性、足性

中性：绝性、瘦性、筋性

-叽：

贬义：尿叽、赖叽、磨叽、沫叽、固叽、碎叽、肉叽

-气：

贬义：牛气、囊气、匪气、狗气、熊气、硗气

褒义：牛气、霸气、大气、帅气、硬气、素气

-实：

贬义：凶实、恶实、愣实

褒义：膀实、敦实、肥实、虎实、魁实、欢实、牤实、瓷实、厚实、闯实、发实、款实、蛮实、迫实、平实、旺实、雄实、严实、硬实、值实、屁实、挺实、靠实、泼实、轴实、火实、愣实、俏实、匀实、足实、茁实

中性：狠实、差实

-楞：

贬义：焦愣、毛愣、瓢楞、麻愣、拘愣、桥愣、稀愣、疵愣、拽愣、拐愣、窄愣

褒义：透愣、鼓愣、闯愣、沙愣

以上单音节后缀构成的形容词中，贬义词 49 个，褒义词 51 个，中性词 5 个。后缀“-实”构成的词多呈褒义色彩，后缀“-性”“-叽”“-愣”构成的词多呈贬义色彩。呈褒义色彩的形容词增加了“喜爱、赞赏”等评价义。呈贬义色彩的形容词增加了“不满意、不喜欢、厌恶”等评价义。原有的词根义在单音节后缀的作用下，具有了鲜明的语用色彩。

---

① 马彪《汉语语用词缀系统研究》，中国社会科学出版社，2010 年，第 70 页。

② 以下用例取自聂志平《黑龙江方言词汇研究》，吉林人民出版社，2005 年，第 54—78 页。

形容词加后缀"-的"是北京官话构词的突出特点之一,①特别在东北地区是一个主要的构词手段,具有突出的描写性和地方口语色彩。跟后缀"-的"组合以后,"-的"前的字大多读阴平且重读,"的"读轻声。词语的描写性都大大增强。如"AB 的"组合:

腻歪的、干巴的、密实的、凉哇的、鼓囊的、娇滴的、辣蒿的、密麻的、热辣的、火辣的、笑嘻的、笑眯的、喜洋的、乱蓬的、软塌的、软囊的、苦森的、腥蒿的、胖墩的、病殃的、病歪的、贼溜的、冷飕的、乱糟的、乱腾的、直勾的、胆儿突的、孤零的、矮墩的、野歹的、狠歹的、气冲的、白茫(茫)的、白花(花)的、破歪的、明晃(晃)的、沉甸的、厚墩的、满登的、懒洋(洋)的、灰溜的、灰突的、灰蒙的、醉醺的、黑黢的、黑压的、黑沉的、空荡的、空落的、毛糙的、大咧的、假惺的、急冲的、甜滋的、黏糊的、血淋的、壮实的、皮实的、肥实的、冒失的、慌张的、窝囊的、流气的、邪乎的、臊乎的、臭乎的、油乎的、气乎的、红乎的、血乎的、潮呼的、黑糊的、乱哄的、闹哄的、彪哄的、毛烘的、臭烘的、牛烘的、光溜的、瘦溜的、滑溜的、稀溜的

上述大多数词都带有贬义色彩,即便原有的词 AB(B)是褒义,加"-的"以后的感情色彩也会有细微变化。如"笑嘻嘻——笑嘻的""笑眯眯——笑眯的""油乎——油乎的"。很明显,与"ABB"组合相比,"AB 的"组合略带贬义。"笑嘻嘻"和"笑眯眯"是中性的,"笑嘻的"和"笑眯的"则隐含着对发出"笑"的人或调侃或不满的主观评价。"油乎"是褒义,"油乎的"则带有强烈的"厌恶"义。

有的词原本是贬义,跟"-的"组合后又增加了"不悦、不满"等评价义。如:②

10. 这人活得**窝囊**。

11. 这人活得**窝囊的**。

12. 老师不在时班里可**闹哄**了。

13. 老师不在时班里**闹哄的**。

例 11 和例 13 的描写性都有所增强。例 11 增加了"瞧不起""气愤""责怪"等感情色彩。例 13 增加了"不悦""不满""厌恶""气愤"等感情色彩。

---

① 据马彪《汉语语用词级系统研究》考察,徐州方言和长沙方言中也有带"的"后缀的构词方式,而且长沙话中这类词语的数量不在少数,约占总词数的 55%,三种方言甚至有交叉的词语,这在一定程度上反映了方言词语的源流与渗透关系。

② 用例 10—13 为自拟。

又如"AB 儿的"组合：

> 乐呵儿的、笑呵儿的、敞亮儿的、亮堂儿的、顺当儿的、软和儿的、利索儿的、利亮儿的、脆生儿的、凉丝儿的、凉哇儿的、凉飕儿的、辣蒿儿的、毛嘟儿的、甜滋儿的、影绰儿的、泪汪儿的、真绰儿的、宽绰儿的、乐滋儿的、油汪儿的、亮晶儿的、亮铮儿的、粉嘟儿的、粉扑儿的、红扑儿的、对付儿的、湿漉儿的、黄澄儿的、蔫嘎儿的、松快儿的、漂亮儿的、老实儿的、轻巧儿的、丢当儿的、厚道儿的、零星儿的、机灵儿的、筋道儿的、潮呼儿的、面乎儿的、晕乎儿的、匀乎儿的、胖乎儿的、黑糊儿的、黏糊儿的、闹哄儿的、臭烘儿的、刺儿哄儿的、球哄儿的、毛烘儿的、光溜儿的、滴溜儿的、酸溜儿的、稀溜儿的、匀溜儿的、顺溜儿的、薄溜儿的、瘦溜儿的、凉快儿的、轻快儿的、滑溜儿的

"AB 儿的"组合多数呈现出褒义色彩，尽管加"儿"前的词 AB 是贬义的，在"AB 儿的"组合中也变为了褒义或贬义程度有所降低，如："蔫嘎、凉飕（飕）、刺儿哄、黑糊、黏糊、闹哄、臭烘、晕乎、球哄"原来均为贬义词，在"AB 儿的"组合中感情色彩都发生了变化，原有的贬义色彩程度降低或完全消失，不同程度地增加了"喜爱"义。如"凉飕的"传达的是对"凉"的厌恶，"凉飕儿的"则显示出对"凉"的略微喜爱。"臭烘的"表达的是对臭味的极度厌恶，"臭烘儿的"则表达对臭味的略微喜爱、欣赏。

又如"AB（儿）的"组合：

> 红通（通）儿的、圆乎（儿）的、绿油（儿）的、蓝盈（盈）儿的、直溜（儿）的、温乎（儿）的、暖乎（儿）的、热乎（儿）的、暄乎（儿）的、软乎（儿）的、香喷（儿）的、美滋（儿）的、齐刷（儿）的、热腾（儿）的、喜滋（儿）的、暄腾（儿）的、真亮（儿）的、严实（儿）的、沙楞（儿）的、准称（儿）的、客气（儿）的、和气（儿）的、痛快（儿）的、乱乎（儿）的、烂乎（儿）的、悬乎（儿）的、傻乎（儿）的、粗拉（儿）的、稀拉（儿）的、皱巴（儿）的、眼巴（儿）的、紧巴（儿）的、羞答（儿）的、虎绰（儿）的、穷嗖（儿）的、麻酥（儿）的、慢悠（儿）的、慢腾（儿）的、疲塌（儿）的、懒塌（儿）的、赖蒿（儿）的、颤巍（儿）的、晃荡（儿）的、模糊（儿）的、迷糊（儿）的、结实（儿）的、勾搭（儿）的、溜达（儿）的

感情色彩是中性或褒义的词"AB"，在"AB（儿）的"组合中都呈褒义。"AB（儿）的"组合的喜爱程度高于"AB 的"组合。

感情色彩是贬义的词"AB"，在"AB（儿）的"组合中贬义程度有所降低，甚至略带"欣赏、喜爱"等褒义色彩，如："傻乎（儿）的"表达的是"喜爱"甚至"欣赏"的主观评价。在

"AB 的"组合中贬义程度有所加重,如"勾搭的"比"勾搭"的厌恶之情明显加重。

总之,跟"-的"组合后的词语更具有描写性。或凸显语境,或增强语气、或突出特征、或表达好恶,都有鲜明的口语色彩和地方色彩。

第四节　词汇的语用意味丰富

北京官话在词义系统方面的突出特点集中表现在语用意味上。北京官话的词汇常常在基本概念义的基础上增加了生动形象、细致入微、夸张幽默、讽刺诙谐等诸多语用意味。

一、造词意味取向追求生动传神

造词时在表达概念之外的意味追求叫做意味取向。意味取向有多种,取向实现往往与造词手段关联。取向为明白易晓,一般用语素义直接合成,如"宇宙、老人、小狗";取向为形象生动,多用隐喻和转喻等造词手段,如"黑洞、白首、红颜";取向为亲切可爱,常用叠字方式造词,如"拜拜、狗狗、泡泡",等等。北京官话的词汇系统,在造词意味取向上多表现为生动传神的语用追求。

（一）常用隐喻、转喻手段造词

隐喻和转喻是北京官话词汇系统的常用造词手段。隐喻造词和转喻造词能大大增强词语的生动性与形象性。隐喻是"以一事物描写或替代另一关联事物的思维或认知方式",①是源概念域向目标概念域的投射。"通过认知和推理将一个概念域映合作用到另一个概念域上,使得语句具有隐喻性,从而可获得隐喻义。B 所具有的典型的、经验性的、惯例性的意义就会映合到 A 上。"②"如果说隐喻是不同认知域之间的投射,那么转喻是相接近和相关联的不同认知域中,一个突显事物替代另一事物,如部分与整体、容器与其功能或内容之间的替代关系。"③北京官话中隐喻造词或转喻造词的例子比比皆是。如:

猫冬、猫月子:这两个词借助于相似性联想,将猫在睡觉、捕鼠时喜欢躲藏起来的特征放大,再投射到东北农民冬季在家避寒防寒、女性生产后整月内不能出门等生活习俗当

---

① 赵艳芳《认知语言学概论》,上海外语教育出版社,2001 年,第 96 页。
② 王寅《语义理论与语言教学》,上海外语教育出版社,2001 年,第 309 页。
③ 赵艳芳《认知语言学概论》,上海外语教育出版社,2001 年,第 116 页。

中。"**猫腰**"的"弯腰"义，也是由猫常有的弓腰动作的形象转喻而来。

尥蹶子：把骡马等动物发怒时突然跳踢后腿与人突然发脾气吵闹时的相似性联系起来，把前者的形象投射到后者身上，使"发脾气"的形象活灵活现。

擀毡：抓住了手工制毡时在毛上反复喷水、擀压致使其粘结在一起的形象特征，用来转喻毛发等的打结、难以梳理。

倒粪：原指为增加肥效，让粪发热而刨开粪堆、捣碎粪块，需反复多次。转指令人厌烦的唠叨埋怨。转指义的生成机制是，把"倒粪"的反复性与无效话语的重复性相联系，把"粪"令人生厌的联想义投射到"絮叨、重复"的话语上，使讽刺意味顿生。

球子：指调皮捣蛋的孩子，熊孩子，一般指男孩儿。此词把"球"弹跳滚动的属性投射到孩子身上，使熊孩子"好动、顽皮"的形象活灵活现。如"他是个球子，别惹他"（此"球子"指好打架斗殴的"混混儿"）。"**浑球**"（不明事理的人）、"**滚球子**"（滚开、走开）等又在"球"的概念义的基础上进一步泛化、转移，产生新义。

"**疙瘩**"（[̠ka·ta]）是北方官话特别是东北地区常用的词，其本义指"球形、块状突起"的具体事物，如"线疙瘩、肉疙瘩、咸菜疙瘩、鸡皮疙瘩、笤帚疙瘩、疙瘩膘（凸起的块状肌肉）、疙瘩汤（一种有很多小面团儿的汤食）"。形容不平整的表面说"疙瘩溜秋""疙里疙瘩"。都十分形象。当喻指抽象事物时，就使之变得形象可解，如"**愁疙瘩**（愁绪）、心上的疙瘩（疑团）"。"**疙瘩**"所指之物通常具有"小"的特点，与"最小的子女"发生关联，转喻生成的词"**老疙瘩**"，指最小的子女，有喜爱、疼爱之意；"**宝贝疙瘩**"指非常受宠爱的孩子。还有"**这疙瘩、那疙瘩**"（这个地方、那个地方）的所指也隐含"小"义。常用的结果，"**疙瘩**"的词类也由名词转化为量词，表示少量，如"就那么一**疙瘩**面，不够干啥的"。"**疙瘩**"的所指由具体向抽象的转化是隐喻认知机制的效应表现，其语义的扩大、转移、泛化是人们隐喻认知和转喻认知不断深化的结果。

北京官话中存在大量如上述的隐喻造词和转喻造词，在语用上大大增强了话语的生动性、形象性；用于文学表达，可获得幽默诙谐的修辞效果。

（二）善用直观、形象的语素造词

北京官话中很多词语具有很强的直观性、形象性，与成词语素的直观性、形象性不无关系，很多词语仅看字面的组合就会让人忍俊不禁，如：

与外貌有关的：

锛儿喽巴相：额头大得很难看。

大板儿牙：比较宽大的门齿。

狗头狗脑：形容狡猾不正派的样子。

鼓耳囊腮：鼓鼓囊囊的样子。

红眼巴瞎：形容视网膜充血眼睫湿的样子。

猴头巴脑：轻佻不稳重的样子。

豁牙露齿：形容牙齿脱落难看的样子。

驴脸呱搭：脸又呆又长。

肉眼泡儿：眼睑凸起肿胀的样子。

傻大黑粗：又高又黑又壮的样子。

双眼暴皮：双眼皮。

蒜头儿鼻：下端大而圆的鼻子。

腆胸洼肚：形容耀武扬威的样子。

歪瓜裂枣儿：比喻丑陋或不成材的人。

与行为、举止有关的：

巴眼儿：看热闹。

笨嘴笨舌：表达不清，没有口才。

扯老婆舌：背后传闲话，搬弄是非。

干咽吐沫：希望获得却不能获得而着急的神态。

横踢马槽：比喻不讲理，不合群的样子。

鸡生格斗：相互间因为隔阂而争吵。

急皮酸脸：发火翻脸的样子。

急头白脸：心里着急、情绪波动、脸色难看。

精神跳旺：很精神的样子。

举撂暴跳：形容生气的样子。

撅腰瓦腚：弯腰撅屁股的样子。

噘嘴绷腮：形容生气的样子。

里挑外撅：处处挑起事端。

拿五做六：装腔作势。

挠头：觉得为难、不好办。

牛皮晃腔：高傲、神气的样子。

捧臭脚：拍马屁，阿谀奉承。

破马张飞：形容粗暴鲁莽。

人前显圣：喜欢在人前显示高明。

伸腿拉跨：坐着或躺着的姿势过于随便而有失体面。

四仰八叉：形容摔倒的样子。

随帮唱影：随大流儿。

舔嘴巴舌：形容没吃够的馋相。

挖门盗洞：竭力寻找能达到个人目的的途径。

舞马长枪：形容粗暴鲁莽跟人吵架的样子。

舞舞咋咋：比比划划、虚张声势。

一惊一乍：胆小自扰，受惊而发出叫声。

应名打鼓：打着很大的名声。

长腰提气：借别人的声望提高自己的地位。

描写情境、状况、情态的：

薄皮拉眼：薄而不美观。

暴土扬扬：尘土四处漂浮的样子。

背包罗伞：形容远行或搬家时所携带的家用物品多而累赘。

踩破门槛子：到家里去的人或次数多。

苍蝇抱蛋：比喻紧贴不放。

呲啦毛儿：有闹事的迹象。

大气儿不敢出：紧张得默不作声。

黑爪子挣钱白爪子花：干活的挣钱，不干活的花钱，泛指各种不公平现象。

空手套白狼：不付出代价而获得好处。

烂眼枯瞎：破烂不堪的样子。

满地找牙：比喻挨打后伤痕累累。

满嘴跑舌头：比喻能说而又缺少根据。

盆儿朝天碗儿朝地：比喻家中乱七八糟的样子。

跑细了腿儿：为某事奔走而劳苦。

屁股沉：讽刺客人久坐不去。

七个碟子八个碗：形容菜肴丰盛。

前腔贴后腔：形容饿得厉害。

求爷爷告奶奶：苦苦地求人办事。

人嫌狗不理：品行、性格等都无可取之处，使人厌恶。

身大力不亏：身材高大一定有力气。

屎堵屁股门子：比喻事态很急，不能再等待了。

甩开腮帮子：形容吃东西两腮大动狼吞虎咽的样子。

水裆尿裤：形容肋赃的样子，也指活儿干得不地道、质量差。

胎里坏：挖苦人品行生来就坏。

掏心窝子：发自内心。

忘了姓啥：形容高兴、得意得头脑昏乱。

鸦默雀动：不出声息。

一条道儿走到黑：比喻固执己见，不变通。

一锥子扎不出血来：形容人性格迟钝反应慢。

爹着胆子：勉强克服恐怖心理，鼓起勇气去做。

占着茅坑儿不拉屎：处其位而不谋其事。

二、词语摹状细致入微

（一）程度副词表义精确细腻

北京官话中很多词类描摹事物、性状时都精确入微，如：程度副词中"老"和"精"都表示较高的程度，"老"修饰的形容词通常表示"浓厚、高深、粗大"等义，一般属于"宏量级"，如"老长、老深、老远、老宽、老粗、老多、老大、老厚、老高、老沉、老重"等；而"精"修饰的形容词通常表示"单薄、浅近、细小"等义，一般属于"微量级"，如"精短、精浅、精窄、精细、精瘦、精薄、精稀、精泞、精淡、精潮、精湿、精松、精瘪"等。"老"和"精"在所修饰的形容词语义分布上正好构成对立、互补的关系。再如：常在形容词后作补语的程度副词"透"表示最高级别，在"傻透了、坏透了、损透了"中都表示"非常、很"到了极致，而表示较高级别"程度深"的副词则用"坏了、毁了"，如"高兴坏了、愁坏了、渴坏了、饿毁了、你可把我坑毁了"等。"坏了"比"毁了"的适用范围更广。此外，作状语时表示比较级别的程度副词还有"较比"，如"较比近、较比自由"；表示程度轻微的副词有"须/些微儿"，如"须微儿有点热、须微儿等一下"。

有些程度副词因使用频率高、构词能力强，甚至形成了词群，如"齁-"系列：齁/齁（儿）拉/齁拉拉/齁丝拉/齁儿齁儿，后边可加"酸、甜、苦、辣、咸、热、冷、寒碜"等词，表示"程度最高"之义；"贼-"系列：贼/贼拉/贼赤拉/贼得拉/贼个拉/贼丝拉/贼拉拉，后边可加"好、坏、轻、重、沉、慢、快、深、浅、狠、明白、糊涂、结实、狠毒、善良、厉害、窝囊、邋遢、干净、脏、熊、孬、大、小、黑、白、损、贱、奸、灵、涩、虎、机灵、憨厚、小气、大方、阔气、精神、软、硬、脆",表达"非常、特别"之义。"贼-"可以修饰"齁-"系列可修饰的形容词,反之,"齁-"不可以。"贼-"比"齁-"的夸张色彩更浓,语气更强烈,地域色彩更浓郁。"死、死拉"也表示程度加深,一般修饰"犟、倔、沉、懒、热、冷、烫、贵、笨、苦"等消极形容词,表达的都是贬义,而"齁-""贼-"表达的感情色彩可褒可贬。"诚-"系列:诚/诚地/诚价/诚是/诚气/诚着,表示强调之意,如"这人诚好了、雨诚大了、诚价热了、诚地抠了"。

(二)近义词突出细微差别

北京官话的近义词非常丰富,描摹事物时非常细腻、入微,无论是程度的轻重、范围的大小还是词彩的褒贬,都能通过不同词语表现出细微的差别。例如:

1. 表示"看":

瞅、瞧、瞭、盯、撇、撒目(寻找、四处看)、**抹搭**(眼皮下垂)、**夹**(看,贬义)、**翻瞪**(眼睛向上翻瞪人)、**白愣**(以白眼快速扫看)、**立愣**(瞪眼)、**斜愣**(斜眼瞪人)、**腕愣**(恶意瞪人)、**翻愣**(因不满而翻动眼珠)、**候喽**(瞪,睁大眼睛注视,表示不满意)、**核愣**(瞪,睁大眼睛注视,表示不满意)、**候候**(死盯着)、**瓦沟**(因不满意而瞪人)、**转愣**(思考的时候眼珠不断的转动,左看右看的状态)、**眯缝**(眼睑闭拢成一条缝儿)、**分眼儿**(眼珠不在正中而向两边分开)、**翻白眼**(黑眼珠偏斜,露出较多的眼白,是气愤或不满表情)、**递眼色**

2. 表示"逃跑了":

颠儿了、颠鸭子了、挣缨子了、撒鸭子(跑了)、**挠岗**(gàng)**子了、穿兔子鞋了、鞋底子抹油、蹽了**

3. 表示"打":

揍、削(xiāo)**、挺、擂、炮?、捶、拍、啪**(pià)**、捆搭**

4. 表示"批评、挖苦、申斥":

剋、批、磕、唧、损、撸、刷(shuà)**、拍、嗑打、敲打、哏搭、呲搭、臊皮、拧扯**

评判事件性质的程度,从完全肯定到完全否定,中间可能存在程度不等的可能状态,用来表达客观状态和说话人的主观评估态度的副词叫做"情态副词"。在北京官话中,意义相近、情态微别的副词非常丰富。例如:①

1. 表示"至少":

顶不济(至不济)、顶损(最不济)、损到家

这些词语都是表示最小限度的词,都有"最少、至少"的意思,通常表达说话人对事态偏于乐观的判断,主观色彩明显。"顶损"和"损到家"的土俗色彩更浓些。

2. 表示"差不多":

差不点儿、差不离儿、差不啥、不差啥、差一不二、不大离(儿)、不离儿、不禁不离儿

这些词语都表示估量,有"接近、将够"的意思。

3. 表示"最多":

撑死(了)、大不了、顶多、好了好、好许(能)、铆大劲(儿)、满大劲(儿)、至多

这些词语都是表示最大限度的词语,有"最多、至多、充其量"的意思。"撑死(了)"土俗色彩较浓,对估测的状况表示不太乐观。"大不了"有"不在乎、不在意"的意味。"顶多"对情况的估计可乐观可悲观,"好了好、好许(能)"则表示对情况的估计不乐观。"铆大劲(儿)、满大劲(儿)"强调的是费劲、勉强、不容易。

4. 表示"不一定":

不见得、不见起、够呛、未见起(得)、没准儿、指不定

这些词语都表示"不一定""未必",其中"够呛"表示的可能性较小。

5. 表示"可能":

备(背)不住、大估景儿、大估摸、大约姆(摸儿)、不带、好兴好(儿)、怕是、兴、兴

---

① 以下词例参见史慧媛《东北方言的情态域表达》,《戏剧文学》,2012 年第 4 期。

是、兴许、也兴、许是、横、横不（横吧）、横是（的）、横许

这些词语都表示"揣测""估计"，有强烈的主观意味。"备不住"强调"说不定"，"大估景儿""大估摸儿""大约姆（摸儿）"表示"大约""可能"，"不带"强调"不可以""不应该"，"好兴好（儿）"强调对情况估计的乐观态度，"怕是"则强调对情况估计的担忧。"兴"可表达"可能、或许"（兴来兴不来），也可表达"要、应该、可以"（兴你玩，就不兴我玩）；"兴、兴是、兴许、也兴、许是"表示"或许、可能"；"横、横不（横吧）、横是（的）、横许"侧重表达"揣测""可能"。

6. 表示"肯定"：

包管（保管）、保险、保准儿、管保、一准儿、官的、指定、准保、坐定

这些词语表达的都是肯定的语气，主观色彩强烈。

（三）状态词缀增强描写性状

如前文所述状态词缀具有增加色彩、突出形态等方面的描写性功能，有些形容词性的状态后缀能够形成态度、程度、范围系统。如"胖乎（的）、胖乎儿（的）、胖的乎（的）、胖乎乎的、胖不搭儿的"表达的感情色彩就有细微差别。"胖乎儿（的）"表达的是褒义，"胖乎（的）、胖的乎（的）"表达的是贬义，"胖不搭儿的、胖乎乎的"则表达中性色彩。再如"干巴、干巴儿的、干巴的、干巴巴、干干巴巴"表达的是由低到高的程度变化。"干巴"是稍微有点干，"干巴儿的"指比较干（好），"干巴的"则干到了一定程度（不好），"干巴巴"指达到了较高程度，"干干巴巴"则表示"干"的程度更高。又如"热乎、热乎儿的、热的乎（的）、热（的）乎燎、热咕嘟、热腾的"表示的则是适用对象、范围的差别。"热乎"常用于人，"热乎儿的、热的乎（的）、热咕嘟"适用于事物。"热乎儿的"倾向褒义，"热的乎（的）、热咕嘟"则表示贬义。"热咕嘟"适用面比较窄，仅用于空气、汤水等给人的感觉。"热（的）乎燎"的适用范围更小，只适用于表达人被火或烈日炙烤的感觉。"热腾的"只形容冒热气的事物。①

有些单音节状态后缀加在动词后面能够增加动量的约束性、动作的随意性和动态的反复性。如"捅""扭""扒""翻"这 4 个动词加上单音节状态后缀，成为"捅咕""扭搭""扒拉""翻腾"之后，动作的约束性增强，时量变短，由大动作变成了小动作。再如"结巴、

---

① 马彪《汉语语用词缀系统研究》，中国社会科学出版社，2010 年，第 71 页。

勾搭、撺掇、摔打、凑合"等词,都有"随便、不好的行为"之义;"结巴、数叨、搅和、比画、摆弄"都有"动作反复不断"的意思。①

有些单音节状态后缀加在感知性动词后表达"不舒服"的贬义色彩。如由"得很"缩合而成的后缀"-挺",加在感知动词"扎、磨、挤、箍、憋、压、勒、闹、烫、累、冰、噎、堵、闷、烤、烧、呛、硌、拉、杀、熏、胀"之后所表达的主观感受都是不愉悦的。

三、表意上的夸张、幽默

北京官话区几千年来一直在多民族接触交流中,多民族的文化融合使得北京官话不仅生动、形象,而且极具夸张、幽默和讽刺意味,有极强的表现力。"文化底蕴是熟语的社会基础,熟语是随着社会文化的进步而产生的,随着社会文化的发展而发展的,它是以社会文化为背景或理据而形成的。"②北京官话中的熟语是北京官话区各民族几千年来的智慧结晶,是多元文化在语言上的沉淀,是蕴含夸张、幽默和讽刺意味最多的词汇系统。"熟语是一个上位概念,它的范围很大,凡是固定用法、习惯用法、现成的词组或短语都在熟语的范围之内。"③在微观上熟语具备五种属性:1. 语音的悦耳性;2. 语形的定型性;3. 语义的融合性;4. 功能的示美性;5. 使用的现成性。这五种属性综合起来决定着一个语言现象是不是熟语。④

北京官话中蕴含夸张、幽默和讽刺意味的熟语通常包括惯用语、俗语、谚语、歇后语、哨歌等几类。因惯用语、俗语、谚语之间的界定始终存在争议,本文采用三字格、四字格及多字格的说法。

(一) 三字格

三字格是惯用语的常见形式,多以具体的形象、动作行为或夸张的想象来揭示某种抽象的品格、思想、情操,常常表达讽刺意味,例如:

拔橛子: 比喻赶在事件的尾声阶段,没有得到实惠却承担不良后果。

掰镊子: 比喻分清是非曲直。

背黑锅: 比喻代人受过,泛指受冤枉。

① 马彪《汉语语用词缀系统研究》,中国社会科学出版社,2010 年,第 67—68 页。
② 武占坤《汉语熟语通论》,河北大学出版社,2008 年,第 147 页。
③ 崔希亮《汉语熟语与中国人文世界》,北京语言文化大学出版社,1997 年。
④ 张弓长《浅议熟语在相声艺术中的运用》,《渭南师专学报(社会科学版)》,1998 年第 3 期。

瘪茄子：比喻泄气、无精打采。

擦胭粉：比喻刻意修饰、增添光彩。

插杠子：比喻介入他人事项以图获益。

差节气：比喻在见解和能力等方面相形见绌。

唱白脸ル：比喻充当不得罪人的角色。

唱黑脸ル：比喻充当坚持原则、不怕得罪人的角色。

唱喜歌：比喻有所忌讳而专说动听之辞。

撑口袋：替别人争理;(与人)提供方便。

吃错药：讥讽人言谈举止反常。

吃锅烙ル：受连累。

吃枪药：比喻态度粗暴。

杵胡子：行动受挫、无计可施的尴尬样子。

穿小鞋：比喻挟嫌报复。

打进步：送礼。

打快拳：临时应付一下。

掉链子：比喻(关键时刻)发生意外、出现问题。

翻烧饼：比喻事情多次反复。

滚雪球：比喻由个别带一般、由小到大或积少成多。

怦猪头：戏称睡觉,多指白天睡觉。

挤猫尿：谑指伤心失意时流眼泪。

揭疮疤：比喻揭短处,触痛处。

卷檐子：丢面子。

尥蹶子：比喻桀骜不驯、暴怒或情绪失控。

磨豆腐：比喻翻来覆去地说。

尿裤子：形容因恐惧而精神瓦解。

捧臭脚：比喻奉承人或代人吹嘘。

烧高香：比喻走运。

捅窟窿：比喻造成麻烦。

挖墙脚：比喻拆台。

咬眼皮：专说别人缺点。

粘帘子：比喻事情变糟。

折饼子：翻天覆地、变化无常。

支棱毛：比喻桀骜不驯。

直罗锅：使驼背变直,比喻使桀骜不驯的人就范。

抓破脸：比喻感情破裂、公开争吵。

做豆腐：比喻背地里散布谣言;做手脚。

（二）四字格

北京官话中的四字格非常丰富,内容覆盖面广,有描绘人物性格的,如嘎巴流(丢)脆、毛楞三光;有陈述行为动作的,如缩脖端腔、舞了嚎疯;有概括总结生产事项、生活经验的,如锄田抱垄、土里刨食、酸儿辣女、五冬六夏;有品评、讥讽事物现象的,如瞎模糊眼、雁过拔毛、鸭子听雷等。这些四字格有很强表现力的原因离不开附着在词汇意义之上的夸张、幽默、讽刺等语用意味。

使用夸张、幽默、讽刺等手段构成的四字格如:

破马张飞：形容大吵大闹、举止粗野。

屁吱狼嚎：形容大声而特别放肆的闲扯。

抓心挠肝：形容焦急烦躁。

针扎火燎：形容性情急躁且言辞冲动。

髭毛撅腚：不驯服的样子。

放屁崩坑：比喻开玩笑;胡扯。

嗝ㄦ屁朝凉：死(俏皮话)。

一屁仨谎：爱说谎。

三吹六哨：吹嘘、说大话。

扯仨拽俩：形容女人绯闻多。

四六不懂：不明事理。

支愣八撬：物体有凸起。

刀枪不入：比喻顽强或倔强。

倒反天纲：造反。

点香就到：有求必应,招之即来。

肠子悔青：形容非常后悔。

隔山打炮：比喻借助媒介因素达到某种目的。

隔锅上炕：比喻越过某种程序或越俎代庖。

雁过拔毛：比喻利用权势或施展权术攫取经手的他人部分财物。

吆五喝六：大声喊叫（多指人多）。

一星半点：形容很少的一点儿。

指山卖磨：❶ 凭着山上的石头做石磨的交易。比喻空有许诺，难以兑现。❷ 旁敲侧击，指东说西。

上述四字格多表贬义，语体土俗，表义具有整体性，一般不能通过字面意思来理解词语字面的转指意义，而恰恰是这些转指意义赋予了四字格丰富生动的表现力。

（三）五字及五字以上的组合

1. 五字组

闲出屁来了：闲得难受，需要排解或寻找寄托。

心不在肝上：心不在焉。

拉屎往回坐：讽刺人出尔反尔言而无信。

破车爱揽载：自己能力不大却愿意带助别人。

破鼓烂人捶：失势倒霉的人又受别人欺负。

骑脖梗拉屎：倚势欺人。

穷得叮当响：形容贫穷到了极点。

缺德带冒烟：骂人话，指其捉弄人而自以为乐的恶劣行为。

屎窝儿挪尿窝：比喻换的地方和原来一样差。

2. 五字以上组合

北京官话中常用"屎、屁、粪、尿、腚"等词语组合成熟语，充满浓郁的幽默、讽刺意味，贬义色彩十分突出如：

有屁股不愁打

越敬越歪歪腚儿

站河边儿撒尿——随大流（liù）

抱着屁股亲嘴儿——分不出香臭

光屁股拉磨——转圈丢人

灶王爷放屁——神气

被窝里放屁——独吞

鸡蛋壳子揩屁股——喊哧咔嚓

放屁带屎渣子——大意了

跟着火车捡粪——一脸煤(霉)气

八达棍蘸屎——臭揍一顿

吹屎格蛋戴眼镜——假充地科先生

周福岩认为:"作为一种文化体系,东北民间的笑谑艺术对于建构东北人的日常思维乃至促成他们日常生活的再生产来说都是一种不可忽视的重要因素。"[1]熟语是有效表达东北人笑谑艺术的载体之一,生命力顽强地活跃在民间的日常生活中。如下面这些熟语,几个平常的词组合一起,立即现出一个生动有趣的情景,无论用于日常会话还是通俗文艺,只要使用得当,都是极好的语料:

干打雷,不下雨;二八月庄稼人;俩五不知一十;一口吃个胖子;不会走先学跑;一分钱掰两半儿花;忙得脚打后脑勺;拿豆包不当干粮;阎王不记小鬼愁;死猪不怕开水烫;舌头底下压死人;热脸儿碰着冷屁户;好心当成驴肝肺;狗尿台坐上了金銮殿;狗肚子装不了二两香油;活人不/还能叫尿憋死;一杠子/扁担压不出个屁来;一锥子扎不出血来;捡到筐儿里就是菜;心急吃不了热豆包儿;一人吃饱,全家不饿;做酱不咸,做醋就酸、灶坑的井,房顶上开门;没有弯弯肚儿,就别吃(那)镰刀头

北京官话中的歇后语的功能主要是批评、讽刺、詈骂等,目的是使语气变得活泼,生动,幽默,使语言极富韵律,如:

三九天穿裙子——美丽冻(动)人

窝窝头翻个儿——显大眼儿

耗子扛气门芯——愣充大管(馆)子

风箱里的耗子——四面受气

窝窝头掉地上踩一脚——不是个好饼

黄鼠狼下豆杵子——一辈儿不如一辈儿

老鸹(乌鸦)落在猪身上——光看见别人黑,看不见自己黑

---

① 周福岩《方言、二人转与东北地域文化问题》,《民俗研究》,2007 年 6 月。

熊瞎子打立正——一手遮天

老母猪啃碗碴子——一肚子词儿

狗带嚼子——胡勒(lēi)

猪八戒照镜子——里外不是人

连毛胡子吃炒面——里挑外撅

武大郎卖豆腐——人熊货囊

麻子不叫麻子——坑人

汽车压罗锅——死(直)

一张纸画个鼻子——好大个脸呐

上述熟语是北京官话区人民千百年来的智慧结晶,是北方多元文化在口语中的沉淀。北京官话常用熟语来制造笑料,达到夸张、幽默、诙谐、讽刺的修辞效果。

本 章 小 结

本章是对前三章论证的主题"北京话与东北方言自古以来的同源一体性"的归纳总结。在归纳"北京话与东北方言的一致性"和对比"北京官话与其他方言的差异性"的基础上,概括出北京官话区词汇系统的特点,主要表现在词语来源、儿化词语、单音节后缀和语用表达四方面。

1. 词语来源的多元性

北京官话区汉族与北方众多少数民族接触、交流、杂居的状况持续了几千年,汉语中至今保留的少数民族语言底层,如至今仍在沿用的以汉字标写的以少数民族语言命名的地名、山名、水名等,足以反映众多民族语言文化的历史面貌。任何历史的存在都会或多或少地在文化中留下印迹,北京官话区词汇底层词、借词的考察,再一次印证了北京官话来源的复杂性与多元性。

2. 儿化词语数量众多、分布类型广泛、卷舌特点突出

与其他官话方言相比,北京官话的儿化词语呈现出"数量众多""分布类型广泛""卷舌特点突出"的特点。《北京话儿化词典》收录儿化词语 7 400 条,数量远超其他官话方言,最能表明北京话儿化词语众多的特点。北京官话区的儿化词语的分布则呈现出类型广泛的特点:从单音节词到多音节词语均可儿化;大多数实词都能儿化且数量众多;各类语素或词儿化后,生出了新义,多数词类也发生了改变。与其他儿化词语发音状况复杂的

官话区相比,北京官话区以[r]型儿化(卷舌儿化韵)的分布为多,卷舌特点突出。

3. 单音节后缀类型多、构词能力强、语用色彩鲜明

与其他方言相比,北京官话词语单音节后缀的类型更为丰富,而且具有强大的构词能力。很少的几类词缀往往可以构成大量的词语,尤其是"-的"后缀在北京官话中具有超强的构词能力。由单音节后缀构成的词语更具有描写性。或凸显语境、或增强语气、或突出特征、或表达好恶,都有鲜明的口语色彩和地方色彩。

4. 词汇的语用意味丰富

北京官话在语用表达上,常常以幽默、风趣著称,这与其语用意味的丰富性密切相关。北京官话词汇常常借助隐喻、转喻等手段增加词语的生动性与形象性。丰富的程度副词词群、近义词、状态词缀大大增强了词语的描摹性。三字格、四字格及多字格词语的讽刺性、夸张性、幽默性都是几千年来北京官话区人民智慧的结晶,是多元文化在语言中的沉淀,反映的是北京官话区浓郁的地方特色和风土人情。

参考文献

一、著作类

[1] 北京大学中国语言文学系语言学教研室编《汉语方言词汇》,语文出版社,1995 年。
[2] 曹晔晖、张岳编著《中国方言土话地图》,中国时代经济出版社,2008 年。
[3] 常锡桢《北京土话》,天津出版社,1992 年。
[4] 常瀛生《北京土话中的满语》,北京燕山出版社,1993 年。
[5] 陈明娥《日本明治时期北京官话课本词汇研究》,厦门大学出版社,2014 年。
[6] 陈章太、李行健《北方话基础方言基本词汇集》,语文出版社,1996 年。
[7] 崔希亮《汉语熟语与中国人文世界》,北京语言文化大学出版社,1997 年。
[8] 邓英树、张一舟主编《四川方言词汇研究》,中国社会科学出版社,2010 年。
[9] 丁启阵《秦汉方言》,东方出版社,1991 年。
[10] 董绍克《汉语方言词汇差异比较研究》,民族出版社,2002 年。
[11] 高晓虹《北京话入声字的历史层次》,北京语言大学出版社,2009 年。
[12] 葛剑雄、吴松弟、曹树基《中国移民史》,福建人民出版社,1997 年。
[13] 顾黔、石汝杰《汉语方言词汇调查手册》,中华书局,2006 年。
[14] 贺登崧著,石汝杰、岩田礼译《汉语方言地理学》,上海教育出版社,2003 年。
[15] 侯精一《汉语方言概论》,上海教育出版社,2002 年。
[16] 姜维公主编《中国东北民族史》,吉林文史出版社,2009 年。
[17] 金启孮《金启孮谈北京的满族》,中华书局,2009 年。
[18] 金受申《北京话语汇》,商务印书馆,1964 年。
[19] 金醒吾等编著,刘倩、郝琦校注《京华事略·北京纪闻》,北京大学出版社,2019 年。
[20] 冷佛著,姜安校注《春阿氏》,北京大学出版社,2018 年。
[21] 李德滨、石方《黑龙江移民概要》,黑龙江人民出版社,1987 年。
[22] 李如龙《汉语方言的比较研究》,商务印书馆,2001 年。
[23] 李如龙《汉语方言特征词研究》,厦门大学出版社,2002 年。
[24] 李如龙《汉语方言学》,高等教育出版社,2001 年。
[25] 李如龙、苏新春《词汇学理论与实践》,商务印书馆,2001 年。
[26] 李如龙、张双庆《客赣方言调查报告》,厦门大学出版社,1992 年。
[27] 李士良、石方、高凌《哈尔滨史稿》,黑龙江人民出版社,1994 年。
[28] 李世瑜《天津的方言俚语》,天津古籍出版社,2012 年。
[29] 李治亭《东北通史》,中州古籍出版社,2003 年。
[30] 刘俐李《现代汉语方言核心词·特征词集》,凤凰出版社,2007 年。
[31] 刘一《北京话语法》,北京大学出版社,2022 年。
[32] 刘一之、矢野贺子《清末民初北京话语词汇释》,北京大学出版社,2018 年。
[33] 刘云《早期北京话语法演变专题研究》,北京大学出版社,2018 年。

[34] 陆志韦《汉语的构词法》,科学出版社,1964 年。

[35] 陆志韦《北京话单音词词汇》,科学出版社,1956 年。

[36] 罗常培《语言与文化》,语文出版社,1989 年。

[37] 马彪《汉语语用词缀系统研究——兼与其他语言比较》,中国社会科学出版社,2010 年。

[38] 马平安《近代东北移民研究》,齐鲁书社,2009 年。

[39] 穆儒丐著,陈均编订《北京》,北京联合出版公司,2015 年。

[40] 聂志平《黑龙江方言词汇研究》,吉林人民出版社,2005 年。

[41] 彭宗平《北京话里的特殊量词》,北京社会科学出版社,2004 年。

[42] 齐如山《北京土话》,北京燕山出版社,1991 年。

[43] 钱曾怡《烟台方言报告》,齐鲁书社,1982 年。

[44] 钱曾怡《汉语方言研究的方法与实践》,商务印书馆,2002 年。

[45] 钱曾怡《汉语官话方言研究》,齐鲁书社,2010 年。

[46] 钱曾怡《山东方言研究》,齐鲁书社,2001 年。

[47] 桥本万太郎《语言地理类型学》,北京大学出版社,1985 年。

[48] 乔全生《晋方言语法研究》,商务印书馆,2000 年。

[49] 曲彦斌《关东方言土语》,沈阳出版社,2004 年。

[50] 曲彦斌《中国民俗语言学》,上海文艺出版社,1996 年。

[51] 沈健《历史上的大移民——闯关东》,北京工业大学出版社,2013 年。

[52] 苏新春《汉语词汇计量研究》,厦门大学出版社,2002 年。

[53] 孙进已《东北民族源流》,黑龙江人民出版社,1984 年。

[54] 脱脱等《辽史》,中华书局,1974 年。

[55] 王博、王长元《关东方言词汇》,吉林教育出版社,1991 年。

[56] 王福堂《汉语方言语音的演变和层次》,语文出版社,1999 年。

[57] 王辅政、喜蕾《内蒙古现代汉语方言》,民族出版社,1999 年。

[58] 王士元《语言变异和语言的关系》,《汉语研究在海外》,北京语言学院出版社,1995 年。

[59] 温昌衍《客家方言特征词研究》,商务印书馆,2012 年。

[60] 吴歌《锦州方言集注》,远方出版社,2013 年。

[61] 项梦冰、曹晖《汉语方言地理学——入门与实践》,中国书籍出版社,2013 年。

[62] 邢向东《神木方言研究》,中华书局,2002 年。

[63] 徐通锵《历史语言学》,商务印书馆,1996 年。

[64] 游汝杰《汉语方言学教程》,上海教育出版社,2004 年。

[65] 遇笑容、曹广顺、祖生利主编《汉语史中的语言接触问题研究》,语文出版社,2010 年。

[66] 御幡雅文编著,徐毅发校注《华语跬步》,北京大学出版社,2018 年。

[67] 袁家骅《汉语方言概要》,文字改革出版社,1983 年。

[68] 翟时雨《汉语方言学》,西南师范大学出版社,2003 年。

[69] 詹伯慧《汉语方言及方言调查》,湖北教育出版社,2001 年。

[70] 张国岩《锦州方言札记》,白山出版社,2013 年。

[71] 张惠英《汉藏系语言和汉语方言比较研究》,民族出版社,2002 年。

[72] 张美兰《〈官话指南〉汇校与语言研究(上)——〈官话指南〉(六种)汇校》,上海教育出版社,
2017 年。

[73] 张美兰《满汉〈清文指要〉汇校与比较研究》,上海教育出版社,2022 年。

[74] 张清常《胡同及其他》,北京语言学院出版社,1990 年。

[75] 张世方《北京官话语音研究》,北京语言大学出版社,2010 年。

［76］张洵如《北京话轻声词汇》,中华书局,1957 年。

［77］赵杰《满族话与北京话》,辽宁民族出版社,1996 年。

［78］赵元任《新国语留声片课本 甲种 注音符号本》,商务印书馆,1935 年。

［79］肇恒玉、黄殿礼《俏皮东北话》,中国财富出版社,2013 年。

［80］支建刚《豫北晋语语音研究》,上海辞书出版社,2020 年。

［81］中国社科院语言研究所《历史语言学研究》,商务印书馆,2013 年。

［82］周晨萌《北京话语音演变研究》,北京大学出版社,2018 年。

［83］周荐、杨世铁《汉语词汇研究百年史》,外语教学与研究出版社,2006 年。

［84］周一民《北京口语语法》,语文出版社,1998 年。

［85］L. R. 帕默尔《语言学概论》,商务印书馆,2013 年。

二、方志类
吉林省：
［ 1 ］安图县志地方编纂委员会编著《安图县志》,吉林文史出版社,1993 年。

［ 2 ］白城地区地方志编纂委员会编著《白城地区志》,吉林文史出版社,1992 年。

［ 3 ］长春市地方志编纂委员会编《长春市志·民俗方言志》,吉林文史出版社,1995 年。

［ 4 ］长春市地方志编纂委员会编《九台县志》,长春市地方志编纂委员会,2001 年。

［ 5 ］长岭县史志编纂委员会编《长岭县志》,中华书局,1993 年。

［ 6 ］德惠县(市)地方志编纂委员会编著《德惠县志》,长春出版社,2001 年。

［ 7 ］东辽地方志编纂委员会编著《东辽县志》,吉林文史出版社,2002 年。

［ 8 ］抚松县地方编纂委员会编《抚松县志》,中华书局,1994 年。

［ 9 ］和龙市地方志编纂委员会编《和龙市志》,吉林文史出版社,2008 年。

［10］怀德县志编纂委员会编著《怀德县志》,吉林文史出版社,1996 年。

［11］珲春市地方志编纂委员会编《珲春市志》,吉林人民出版社,2000 年。

［12］辉南县县志编纂委员会编《辉南县志(1986—1997)》,吉林人民出版社,2000 年。

［13］浑江市地方志编纂委员会编《浑江市志》,中华书局,1994 年。

［14］吉林省延吉市地方志编纂委员会编《延吉市志》,新华出版社,1994 年。

［15］吉林市地方志编纂委员会编《吉林市简志》,吉林人民出版社,2011 年。

［16］集安市志编纂委员会编《集安县志》,吉林文史出版社,1987 年。

［17］吉林省蛟河市地方志编纂委员会编《蛟河市志》,吉林人民出版社,2006 年。

［18］靖宇县地方志编纂委员会编《靖宇县志(1986—2002)》,吉林人民出版社,2006 年。

［19］辽源市地方志编纂委员会编《辽源市志》,吉林人民出版社,1995 年。

［20］柳河县地方志编纂委员会编《柳河县志》,吉林人民出版社,2006 年。

［21］梅河口市地方编纂委员会编《梅河口市志》,吉林人民出版社,1999 年。

［22］农安县志编纂委员会编《农安县志》,吉林文史出版社,1993 年。

［23］磐石市地方志编纂委员会编《磐石市志(1991—2003)》,吉林文史出版社,2006 年。

［24］乾安县志编纂委员会编《乾安县志》,吉林人民出版社,1999 年。

［25］双辽县志编纂委员会编《双辽县志》,中国青年出版社,2000 年。

［26］双阳县地方志编纂委员会编《双阳县志》,吉林文史出版社,1992 年。

［27］四平市地方志编纂委员会编《四平市志》,吉林人民出版社,1993 年。

［28］松原市地方志编纂委员会编《松原市志》,吉林人民出版社,2006 年。

［29］通化市地方志编纂委员会编《通化市志》,中国城市出版社,1996 年。

［30］通化市地方志编纂委员会编《通化市志(1986—2005)》,吉林人民出版社,1995 年。

[31] 通化县地方志编纂委员会编《通化县志(1996—2000)》,吉林文史出版社,2006年。

[32] 通榆县地方志编纂委员会编《通榆县志(1986—2000)》,吉林人民出版社,2008年。

[33] 图们市地方志编纂委员会编《图们市志》,吉林文史出版社,2006年。

[34] 汪清县地方志编纂委员会编《汪清县志(1909—1985)》,吉林新闻出版局图书管理处,2002年。

[35] 延吉市地方志编纂委员会编《延吉市志》,中华书局,2003年。

[36] 伊通满族自治县志编纂委员会编《伊通满族自治县志(1986—2000)》,吉林人民出版社,2006年。

[37] 永吉县志编纂委员会编《永吉县志》,长春出版社,1991年。

[38] 榆树县地方志编纂委员会编《榆树县志》,吉林文史出版社,1993年。

[39] 镇赉县志编纂委员会编《镇赉县志》,吉林人民出版社,1995年。

辽宁省:

[40] 黑山县地方志编纂委员会编《黑山县志》,辽宁大学出版社,1992年。

[41] 锦西市地方志编纂委员会编《锦西市志》,锦州市文化局,1988年。

[42] 锦县地方志编纂委员会编《锦县志》,沈阳出版社,1990年。

[43] 锦州市人民政府地方志办公室编《锦州市志》,中国统计出版社,1994年。

[44] 绥中县地方志编纂委员会编《绥中县志》,辽宁人民出版社,1988年。

[45] 兴城市地方志编纂委员会编《兴城县志》,辽宁大学出版社,1990年。

[46] 义县地方志编纂委员会编《义县志》,沈阳出版社,1992年。

黑龙江省:

[47] 阿城县志编纂委员会办公室编《阿城县志》,黑龙江人民出版社,1988年。

[48] 宾县地方志办公室编《宾县志》,黑龙江人民出版社,1991年。

[49] 哈尔滨市地方志编纂委员会编《哈尔滨市志·宗教方言卷》,黑龙江人民出版社,1998年。

[50] 黑龙江省地方志编纂委员会编《黑龙江省志·方言民俗志》,黑龙江人民出版社,2001年。

[51] 呼兰县志编纂委员会编《呼兰县志》,中华书局,1994年。

[52] 嘉荫县志编委会编《嘉荫县志》,黑龙江人民出版社,1988年。

[53] 木兰县志编纂委员会编《木兰县志》,黑龙江人民出版社,1989年。

[54] 饶河县地方志编纂办公室编《饶河县志》,黑龙江人民出版社,1992年。

[55] 双城县志编纂委员会编《双城县志》,中国展望出版社,1990年。

[56] 绥化县志编纂委员会编《绥化县志》,黑龙江人民出版社,1985年。

[57] 齐耀瑛总撰《宝清县志》,铅印本,1936年。

[58] 望奎县地方志编纂委员会编《望奎县志》,望奎县人民政府,1989年。

[59] 五常市地方志编纂委员会编《五常县志》,黑龙江人民出版社,1989年。

[60] 依兰县志办公室编《依兰县志》,黑龙江人民出版社,1990年。

[61] 肇州县志编纂委员会编《肇州县志》,黑龙江人民出版社,1987年。

其他:

[62] 北京市地方志编纂委员会《北京市著述志·著述卷》,北京出版社,2011年。

[63] 河北省昌黎县县志编纂委员会《昌黎方言志》,上海教育出版社,1984年。

[64] 马国凡《内蒙古汉语方言志》,内蒙古教育出版社,1997年。

三、工具书类

[1] 曹志耘主编《北京语言大学汉语语言学文萃·方言卷》,北京语言大学出版社,2004年。

[2] 曹志耘主编《汉语方言地图集·词汇卷》,商务印书馆,2008年。

[3] 陈刚编《北京方言词典》,商务印书馆,1985年。

[4] 陈刚、宋孝才、张秀玲编《现代北京口语词典》,语文出版社,1997年。

［5］董绍克、张家芝主编《山东方言词典》,语文出版社,1997年。

［6］段开琏《中国民间方言词典》,南海出版公司,1994年。

［7］高艾军、傅民编《北京话词典》,北京大学出版社,2001年。

［8］哈森、胜利《内蒙古西部汉语方言词典》,内蒙古教育出版社,1999年。

［9］贾采珠编著《北京话儿化词典(增订本)》,上海教育出版社,2019年。

［10］李荣主编,刘村汉编纂《柳州方言词典》,江苏教育出版社,1995年。

［11］李荣主编,刘丹青编撰《南京方言词典》,江苏教育出版社,1995年。

［12］李荣主编《现代汉语方言大词典》,江苏教育出版社,2002年。

［13］李行健主编《河北方言词汇编》,商务印书馆,1995年。

［14］李治亭主编《关东文化大辞典》,辽宁教育出版社,1993年。

［15］刘小南、姜文振编《黑龙江方言词典》,黑龙江教育出版社,1991年。

［16］马思周、姜光辉编《东北方言词典》,吉林文史出版社,1991年。

［17］闵家骥、晁继周、刘介明编《汉语方言常用词典》,浙江教育出版社,1991年。

［18］唐聿文《东北方言大词典》,长春出版社,2012年。

［19］王树声编著《东北方言口语词汇例释》,黑龙江人民出版社,1996年。

［20］徐世荣编《北京土语辞典》,北京出版社,1990年。

［21］许宝华、宫田一郎主编《汉语方言大词典》,中华书局,1999年。

［22］许浩光、张大鸣编《简明东北方言词典》,辽宁人民出版社,1988年。

［23］尹世超主编《东北方言概念词典》,黑龙江大学出版社,2010年。

［24］尹世超编纂《哈尔滨方言词典》,江苏教育出版社,1997年。

［25］张华文、毛玉玲编著《昆明方言词典》,云南人民出版社,2013年。

四、论文类

［1］安天伟《东北方言词缀"巴"的研究》,吉林大学硕士学位论文,2018年。

［2］奥丽佳《汉俄语言接触研究》,黑龙江大学博士学位论文,2012年。

［3］白鸽、刘丹青、王芳、严艳群《北京话代词"人"的前附缀化——兼及"人"的附缀化在其他方言中的平行表现》,《语言科学》,2012年7月。

［4］白利平《东北方言词缀"吧唧"的研究》,《语文建设》,2012年第12期。

［5］白宛如《北京方言本字考》,《方言》,1979年第3期。

［6］包婷婷《浅谈东北方言中的满语成分》,《甘肃高师学报》,2008年第3期。

［7］曹凤霞《建国后五十多年来东北方言研究述评》,《吉林师范大学学报(人文社会科学版)》,2007年第6期。

［8］曹晋英、周玉曼《北方方言法与词类特点例说》,《西昌学院学报(社会科学版)》,2008年第4期。

［9］曹莉萍《浅析满语对东北方言与普通话的影响》,《长春师范学院学报》,2005年第4期。

［10］曹曼莉《东北方言程度副词"老"的3个平面分析》,《衡水学院学报》,2008年10月。

［11］曹曼莉《东北方言程度词"老"的研究》,江西师范大学硕士学位论文,2009年。

［12］曹瑞芳《山西阳泉方言的儿化》,《语文研究》,2006年第2期。

［13］曹万春《〈红楼梦〉的语言艺术——北京方言的特点及妙用》,《保定职业技术学院学报》,2010年第2期。

［14］曹炜、刘薇《北京话第二人称代词句法、语义、语用的历时嬗变(1750—1950)》,《阅江学刊》,2014年10月。

［15］曹炜、蒋晨彧《北京话反身代词的历时嬗变(1750—1950)》,《苏州大学学报》,2013年5月。

[16] 曹嫄《清末民初北京话重叠式副词研究——以蔡友梅〈小额〉等 12 种小说为例》,《合肥师范学院学报》,2018 年 9 月。

[17] 杨茜然《20 世纪初北京话儿化初探——以京味小说〈小额〉为例》,《长春师范大学学报》,2020 年 7 月。

[18] 蔡文婷《浅谈东北方言四字格的结构及修辞特点》,《呼伦贝尔学院学报》,2006 年 10 月。

[19] 常纯民《试论东北方言程度副词》,《齐齐哈尔师范学院学报》,1983 年第 3 期。

[20] 陈伯霖《满语词语在东北方言中的遗留》,《黑龙江民族丛刊》,1994 年第 4 期。

[21] 陈洁《吉林市满语地名与满族文化探析》,《满语研究》,2006 年第 4 期。

[22] 陈姝金《北京话疑问语气词的分布、功能及成因》,《中国语文》,1995 年第 1 期。

[23] 陈薇《东北方言熟语的修辞特色》,《唐山学院学报》,2012 年 7 月。

[24] 陈文娟、李琳、高玲《论东北方言中词缀的理据性》,《现代语文(语言研究版)》,2007 年第 1 期。

[25] 陈松岑《北京话"你""您"使用规律初探》,《语文研究》,1986 年第 8 期。

[26] 陈淑静,《北方话词汇的内部差异与规范》,《河北大学学报(哲学社会科学版)》,1991 年第 3 期。

[27] 陈瑶《官话方言方位词比较研究》,暨南大学博士学位论文,2001 年。

[28] 陈颖《东北官话中"的"的特殊用法》,《现代语文(语言研究版)》,2011 年第 1 期。

[29] 程琪、罗钊《普通话与昆明方言"儿化韵"的比较》,《云南民族大学学报》,2007 年 5 月。

[30] 程亚恒、关乐《〈小额〉词语三则》,《汉字文化》,2019 年第 17 期。

[31] 程亚恒、关乐《〈小额〉词语四则》,《安阳师范学院学报》,2019 年第 3 期。

[32] 迟永长《辽西话表可能的语尾助词"了"(liǎo)》,《辽宁师范大学学报(社会科学版)》,2010 年第 6 期。

[33] 崔荣昌、王华《从基本词汇看北京话同普通话和汉语诸方言的关系》,《语文建设》,1999 年第 2 期。

[34] 崔棠华《东北方言源于古词语例析》,《辽宁大学学报(哲学社会科学版)》,1993 年第 2 期。

[35] 崔娅辉《周口方言儿化研究》,《科教文汇》,2011 年 4 月。

[36] 戴昭铭《"满式汉语"和京腔口音》,《满语研究》,2016 年第 2 期。

[37] 丁石庆《达斡尔语地名的文化透视》,《黑龙江民族丛刊》,1998 年 2 月。

[38] 董联生《"雅库特"鄂温克语地名浅述》,《北京文物》,1986 年 3 月。

[39] 范庆华《东北方言中附加式词》,《延边大学学报》,1992 年 2 月。

[40] 范庆华、郎景禄《说"猫"、"尥蹶子"——兼谈东北方言与普通话词语之比较》,《东疆学刊》,1999 年第 2 期。

[41] 方梅《北京句中语气词的功能研究》,《中国语文》,1994 年第 2 期。

[42] 方梅《指示词"这"和"那"在北京话中的语法化》,《中国语文》,2002 年第 4 期。

[43] 冯常荣《东北话的特点及流行特色》,《东北史地》,2008 年第 1 期。

[44] 冯苗《咸丰方言儿化现象初探》,《中部社科研讨会论文集》,2019 年 10 月。

[45] 冯蒸《北京方言土语、口语辞书和语汇索引述要》,《汉字文化》,2013 年第 1 期。

[46] 高纯《从〈儿女英雄传〉看道光、咸丰、同治时期北京话中的旗人语》,《现代语文(语言研究版)》,2012 年第 8 期。

[47] 高纯《〈儿女英雄传〉中的北京方言词语研究》,南京师范大学硕士学位论文,2007 年。

[48] 高荷红《从记忆到文本:满族说部的形成、发展和定型》,《西北民族研究》,2016 年第 4 期。

[49] 高杨《东北方言中的满语借词》,广西师范学院硕士学位论文,2010 年。

[50] 耿铭《陕南安康中原官话重叠儿化名词初探》,《新疆教育学院学报》,2017 年 6 月。

[51] 龚千炎《〈儿女英雄传〉是〈红楼梦〉通向现代北京话的中途站》,《语文研究》,1994 年第 1 期。

[52] 顾会田《从赤峰汉语方言词汇的成因和来源看汉、蒙、满语言的融合》,《黑龙江民族丛刊》,2010 年第 6 期。

[53] 顾劲松《涟水方言儿化现象考察》,《河池学院学报》,2012 年 8 月。

[54] 关乐《〈小额〉词语六则》,《汉字文化》,2019 年第 13 期。

[55] 关亚新《满语地名研究的重大突破——〈满语地名研究〉评介》,《满族研究》,2000 年 4 月。

[56] 桂明超、刘涛《普通话和北京话之间存在的根本区别》,《云南师范大学学报》,2011 年 1 月。

[57] 郭风岚《当代北京口语第二人称代词的用法与功能》,《语言教学与研究》,2008 年第 3 期。

[58] 郭萌《动词"整"的动态考察——兼与"搞"、"弄"的对比研究》,暨南大学硕士学位论文,2012 年。

[59] 郭晓颖《浅析东北方言中的日语词汇》,《科技信息》,2012 年第 35 期。

[60] 桂明超、刘涛《普通话和北京话之间存在的根本区别》,《云南师范大学学报》,2011 年 1 月。

[61] 郭正彦《黑龙江方言分区略》,《方言》,1986 年第 3 期。

[62] 郝佳璐《浅谈北京话口语中的单音节程度副词》,《现代语文》,2012 年第 6 期。

[63] 韩彩凤《试析东北方言中的程度副词"咣咣、嗷嗷、嘎嘎、哇哇"》,《哈尔滨学院学报》,2011 年 6 月。

[64] 韩梅《谈东北方言词语"疙瘩"、"蛋子"、"球子"》,《长春师范学院学报》,2010 年 5 月。

[65] 何蔚、王珊《重庆方言的儿化浅析》,《文学教育(上)》,2012 年 6 月。

[66] 何赟《贵州思南方言的儿化》,《铜仁学院学报》,2017 年 8 月。

[67] 何占涛《东北满族文化认同研究——朝阳满语地名的社会语言学探究》,《满语研究》,2011 年第 1 期。

[68] 贺雪梅《陕北晋语词汇研究》,陕西师范大学博士学位论文,2014 年。

[69] 贺阳《北京牛街地区回民话中的借词》,《方言》,1990 年 2 月。

[70] 贺阳《北京话的语气词"哈"字》,《方言》,1994 年第 1 期。

[71] 贺巍《东北官话的分区(稿)》,《方言》,1986 年第 3 期。

[72] 侯恒雷《镇平方言儿化研究》,西南大学硕士学位论文,2008 年。

[73] 胡彩敏《"搁"的新用法——介词》,《汉语学习》,2007 年第 1 期。

[74] 胡光斌《遵义方言儿化的分布与作用》,《方言》,2005 年第 1 期。

[75] 胡华《东北方言"白"类词语群初探》,《辽东学院学报》,2008 年 10 月。

[76] 胡明扬《普通话和北京话(上)》,《语文建设》,1986 年第 2 期。

[77] 胡明扬《普通话和北京话(下)》,《语文建设》,1986 年第 3 期。

[78] 胡艳霞《黑龙江满语、蒙古语地名小议》,《满语研究》,2003 年第 1 期。

[79] 黄金金《锦州方言中代词、介词、词汇后缀的特点》,《辽宁教育行政学院报》,2009 年第 11 期。

[80] 黄利《柳州方言和昆明方言语音比较研究》,广西民族大学硕士学位论文,2019 年。

[81] 黄佩文《〈北京话单音词词汇〉再补》,《方言》,1990 年第 3 期。

[82] 黄平、于莹《东北方言四音格状态形容词研究》,《延边教育学院学报》,2010 年 6 月。

[83] 黄锡惠《汉语东北方言中的满语影响》,《语文研究》,1997 年第 4 期。

[84] 黄锡惠《满语地名与满族文化》,《满语研究》,2000 年 2 月。

[85] 黄锡惠《清代志书中以动物为名之满语水体考释(一)》,《满语研究》,1987 年第 2 期。

[86] 黄锡惠《文献中以动物为名之满语水体续考(一)续》,《满语研究》,1994 年第 1 期。

[87] 黄锡惠《文献中以动物为名之满语水体续考(二)》,《满语研究》,1994 年第 2 期。

[88] 黄锡惠《文献中以动物为名之满语水体续考(三)》,《满语研究》,1996 年第 1 期。

[89] 黄锡惠《文献中以颜色为名之满语水体考释》,《满语研究》,1990 年第 2 期。

[90] 黄锡惠《文献中以自然地理实体地理通名为专名之满语水体考释》,《满语研究》,1989 年第 12 期。

[91] 黄锡惠《文献中与地理方位及数词有关之满语水体考释》,《满语研究》,1990 年第 7 期。

[92] 霍洁《山西太谷方言构词法研究》,山西师范大学硕士学位论文,2019 年。

[93] 计超《哈尔滨方言词缀研究》,广西师范学院硕士学位论文,2013 年。

[94] 季永海《关于北京旗人话对北京话的影响》,《民族语文》,2006 年第 3 期。

[95] 姜天送《东北官话量范畴研究》,哈尔滨师范大学硕士学位论文,2015 年。

[96] 金基石《尖团音问题与朝鲜文献的对音》,《中国语文》,2001 年第 2 期。

[97] 金美《中国东西部民族语地名修辞方法初探——以满语与苗语地名为例》,《满族研究》,2001 年第 2 期。

[98] 江蓝生《〈燕京妇语〉所反映的清末北京话特色(上)(下)》,《语文研究》,1995 年第 1 期。

[99] 姜文振《东北方言的 AA 式叠音词》,《学术交流》,2006 年 11 月。

[100] 蒋理《汉语东北方言中的满语影响》,《满语研究》,1998 年第 1 期。

[101] 蒋文华、李广华《应县方言的儿化现象》,《山西大同大学学报》,2008 年 12 月。

[102] 今福《从东北方言中寻找被废止的满语》,《农村天地》,2004 年第 3 期。

[103] 靳开宇、闫晶淼《黑龙江方言的形成、特点和分区》,《现代语文(语言研究版)》,2009 年第 5 期。

[104] 景体渭《东北地区原始文化和原始语言类型初探》,《松辽学刊》,2001 年第 5 期。

[105] 康玉斌《东北方言动词"造"的语法及语义特征》,《江汉大学学报》,2002 年 4 月。

[106] 李葆瑞《对北京话中两个词的来源的看法》,《吉林师大学报》,1964 年第 3 期。

[107] 李长茂、汪银峰《论〈天通志〉对辽宁方言资料的保存例》,《兰台世界》,2011 年 10 月。

[108] 李丹芷《东北方言泛义动词"整"的探析》,浙江大学硕士学位论文,2015 年。

[109] 李凤仪《〈金瓶梅〉东北方言 100 例》,《大庆高等专科学校学报》,1995 年第 1 期。

[110] 李康澄《关于"方言特征词"理论的回顾及思考》,《武陵学刊》,2011 年 9 月。

[111] 李璐言《双鸭山方言虚词研究》,西南大学硕士学位论文,2018 年。

[112] 李铭娜《关内人口迁移对东北方言的影响分析——以吉林方言语音、特征词为例》,《河北大学学报》,2012 年第 3 期。

[113] 李巧兰《河北方言中的"X-儿"形式研究》,山东大学博士学位论文,2007 年。

[114] 李巧兰《河北晋语区方言的儿化读音研究》,《石家庄学院学报》,2013 年 3 月。

[115] 李荣《汉语方言的分区》,《方言》,1989 年第 3 期。

[116] 李如龙《略论官话方言的词汇特征——官话方言词汇论著读书札记》,《吉林大学社会科学学报》,2014 年第 2 期。

[117] 李如龙《论方言特征词的特征——以闽方言为例》,《方言》,2014 年第 2 期。

[118] 李薇薇《辽西方言特征词说略》,《方言》,2016 年第 1 期。

[119] 李薇薇《北京官话区方言特征词说略》,《渤海大学学报》,2017 年 7 月。

[120] 李巍《移民社会的文化记忆——辽宁民间社火研究》,中央民族大学博士学位论文,2010 年。

[121] 李炜《东北方言中的副词性语素和副词》,《才智》,2011 年第 2 期。

[122] 李炜、和丹丹《北京话"您"的历时考察及相关问题》,《方言》,2011 年第 2 期。

[123] 李无未、冯炜《〈满洲土语研究〉与 20 世纪 30 年代的东北方言》,《东疆学刊》,2010 年第 2 期。

[124] 李无未、刘富华、禹平《〈醒世姻缘传〉与吉林方言词语探源》,《吉林大学社会科学学报》,2000 年第 2 期。

[125] 李无未、禹平《醒世姻缘传"挺"字与今东北方言"ting"音》,《汉语学习》,1998 年第 3 期。

[126] 李小贝《明清小说中的北京语言文化研究——以〈儿女英雄传〉〈小额〉〈春阿氏〉为例》,《中国文学研究》,2016 年第 2 期。

[127] 李雄《东北方言动词结构探讨》,吉林大学硕士学位论文,2012 年。

[128] 李雪《东北方言俗语札记》,《哈尔滨师专学报》,1997 年第 4 期。

[129] 李雪《〈金瓶梅〉东北方言 100 例》指误,《大庆高等专科学校》,1996 年第 1 期。

[130] 李英姿《东北方言研究综述》,《现代语文(语言研究版)》,2008 年第 10 期。

[131] 练春招《从词汇看客家方言与粤方言的关系》,《华南师范大学学报》,2000 年第 3 期。

[132] 梁磊《天津话与北京话轻声词的差异及其原因分析》,《保定师范专科学校学报》,2007 年第

10 期。

[133] 梁玉琳《从论元的角度看东北方言中"整"字的应用》,《大学英语》,2009 年第 3 期。

[134] 林德春《满语地名研究述略》,《吉林师范大学学报》,2011 年 9 月。

[135] 林海燕《谈东北方言派生词构词特点》,《现代交际》,2010 年 12 月。

[136] 林焘《北京官话溯源》,《中国语文》,1987 年第 3 期。

[137] 林焘《北京官话区的划分》,《方言》,1987 年第 3 期。

[138] 刘辰雨《烟威地区方言特征词研究》,山东大学硕士学位论文,2017 年。

[139] 刘春丽《东北官话语法特点补说》,《黑龙江教育学院学报》,2012 年第 5 期。

[140] 刘丹丹《驻马店方言儿化研究》,《艺术科技》,2017 年 5 月。

[141] 刘冬青《北京话副词史(1750—1950)》,苏州大学博士学位论文,2011 年。

[142] 刘冬青《北京话"赶紧"类副词的历时嬗变(1750—1950)》,常州工学院学报,2010 年第 8 期。

[143] 刘冬青《北京话"管"类语气副词的历时嬗变(1750—1950)》,《武汉科技大学学报》,2011 年第
2 期。

[144] 刘冬青、曹炜《北京话"特"类情状方式副词的历时嬗变》,《北京理工大学学报》,2011 年 10 月。

[145] 刘冬青《北京话徒劳类语气副词的历时嬗变(1750—1950)》,《合肥学院学报》,2010 年 9 月。

[146] 刘冬青《北京话"真"类语气副词的历时嬗变(1750—1950)》,《中州大学学报》,2010 年 12 月。

[147] 刘冬青、曹炜《北京话"正"类时间副词的历时嬗变(1750—1950)》,《江南大学学报》,2010 年
12 月。

[148] 刘国石《浅谈满语与东北方言的形成》,《北华大学学报(社会科学版)》,2010 年第 4 期。

[149] 刘海林《黑龙江方言原因介词研究》,《现代语文》,2013 年第 1 期。

[150] 刘洪蒨、冯铁山《烟台方言特征词及其文化内涵》,《现代语文(语言研究版)》,2014 年第 11 期。

[151] 刘倩《东北官话形容词生动式研究》,暨南大学硕士学位论文,2005 年。

[152] 刘爽《辽宁省喀喇沁左翼蒙古族自治县汉语方言词汇研究》,渤海大学硕士学位论文,2020 年。

[153] 刘小丽、何浩《甘肃临潭话中的儿化现象》,《甘肃高师学报》,2016 年第 8 期。

[154] 刘文欣《北方方言中表祈使和描述的"形容词+de"》,《边疆经济与文化》,2006 年第 11 期。

[155] 刘晓梅《期待绚烂绽放:百年东北官话研究述评》,《吉林大学社会科学学报》,2008 年第 1 期。

[156] 刘晓梅、李如龙《官话方言特征词研究——以〈现代汉语词典〉所收方言词为例》,《语文研究》,
2003 年第 1 期。

[157] 刘晓微《东北方言的 AABB 式形容词》,《科教文汇》,2008 年 5 月。

[158] 刘新友《方言中一类形容词的构成及特点》,《松辽学刊》,1984 年 12 月。

[159] 刘勋宁《再论汉语北方话的分区》,《中国语文》,1995 年第 6 期。

[160] 卢甲文《北方话词汇的内部差异与规范化》,《湖北大学学报(哲学社会科学版)》,1993 年第 3 期。

[161] 卢晓侠《东北民俗喜剧中方言的独特气韵》,《学术交流》,2010 年 4 月。

[162] 祖迪《试析东北方言中"老……了"结构》,《牡丹江大学学报》,2012 年 10 月。

[163] 路杨《东北官话泛义动词"整"的研究》,上海师范大学硕士学位论文,2012 年。

[164] 吕丹《黑龙江省满语地名研究综述》,《赤峰学院学报》,2014 年 3 月。

[165] 马希文《北京方言里的"着"》,《方言》,1987 年第 1 期。

[166] 马雪《试论常德方言儿化现象》,《文学界(理论版)》,2011 年 9 月。

[167] 聂有财、冷翔龙《辽河流域满语地名命名方式探析》,《吉林师范大学学报》,2011 年 9 月。

[168] 聂鸿英《中国东北方言动词略析》,《延边大学学报》,2013 年 8 月。

[169] 聂志平《从北京官话看方位词在现代汉语词类体系中的位置》,《浙江师范大学学报》,2004 年第
10 期。

[170] 聂志平《从封闭形式类角度看黑龙江方言与北京话的一致性》,《汉语学报》,2006 年第 2 期。

［171］ 聂志平《东北方言中带后缀"实"、"楞"的双音词语》,《大庆高等专科学校学报》,1998 年 2 月。

［172］ 聂志平《东北方言中的熟语》,《佳木斯教育学院学报》,1998 年第 4 期。

［173］ 聂志平、焦继顺《东北方言中的熟语》,《绥化师专学报》,1997 年第 2 期。

［174］ 聂志平、赵树权《东北方言中的熟语(之三)》,《佳木斯师专学报》,1997 年第 2 期。

［175］ 聂志平《东北方言中一些带后缀的后附式双音词语》,《呼兰师专学报》,2000 年 4 月。

［176］ 聂志平《黑龙江方言口语中的介词》,《佳木斯大学社会科学学报》,2003 年第 2 期。

［177］ 聂志平《〈金瓶梅词话〉中的东北方言词语》,《大庆高等专科学校学报》,1996 年第 3 期。

［178］ 牛汝极、黄晓琴《一部接触语言学理论的力作——赵杰〈北京话的满语底层和"轻音""儿化"探源〉评介》,《满语研究》,1999 年第 2 期。

［179］ 潘登《东北官话体词性词语的构成特点研究》,黑龙江大学硕士学位论文,2010 年。

［180］ 潘虹《东北方言名词词缀研究》,《现代语文(语言研究版)》,2008 年第 4 期。

［181］ 潘栖《大同方言的儿化词研究》,辽宁师范大学硕士学位论文,2014 年。

［182］ 庞壮国《啦巴唧——东北方言中以"啦巴唧"为尾缀的词组》,《大庆高等专科学校学报》,1999 年第 3 期。

［183］ 钱雨《北京话第三人称代词的历史嬗变(1750—1950)》,《苏州教育学院学报》,2011 年 8 月。

［184］ 乔魁生《辽宁方言形容词的多样性和生动性》,《辽宁大学学报(哲学社会科学版)》,1978 年第 4 期。

［185］ 乔全生《山西方言"儿化、儿尾"研究》,《山西大学学报》,2000 年 5 月。

［186］ 邱广君《谈东北方言中的后缀"巴(儿)"》,《汉语学习》,1998 年第 5 期。

［187］ 任永辉《咸阳方言的语法特点》,《咸阳师范学院学报》,2005 年 2 月。

［188］ 沙莉莉《东北方言词"忽悠"流行原因探析》,《学术交流》,2011 年 2 月。

［189］ 邵影《长春市方言介词研究》,上海大学硕士学位论文,2015 年。

［190］ 沈明《晋语的分区(稿)》,《方言》,2006 年 4 月。

［191］ 沈文玉《包头方言中的儿化现象》,《阴山学刊》,2001 年 9 月。

［192］ 盛丽春、韩梅、俞咏梅《东北方言的语义分类——以东北方言中带后缀"巴"的词语为例》,《长春师范学院学报》,2007 年 9 月。

［193］ 盛丽春《东北方言多音节后附加式合成词探析》,《长春师范学院学报》,2012 年 4 月。

［194］ 石慧《官话方言知庄章组的历史演变研究》,陕西师范大学博士学位论文,2020 年。

［195］ 史文静《东北官话表示方位和时间的后加成分与相关词语》,《语文研究》,2010 年第 2 期。

［196］ 史艳锋《豫北晋语的儿化》,《语言研究》,2017 年 1 月。

［197］ 宋青《北京话"因"类连词的发展演变(1750—1950)》,《苏州大学学报》,2012 年第 2 期。

［198］ 宋青、曹炜《北京话并列连词的历史嬗变(1750—1950)》,《学术交流》,2012 年 2 月。

［199］ 宋学《辽宁语音说略》,《中国语文》,1963 年第 2 期。

［200］ 苏春梅、胡明志《从哈尔滨方言中的俄语借词看俄语与汉语的相互影响》,《黑龙江社会科学》,2007 年。

［201］ 苏婷《浅析满语对东北方言与普通话的影响》,《南昌教育学院学报》,2012 年第 6 期。

［202］ 苏新春《论方言特征词的频率选取法》,《学术研究》,2000 年 8 月。

［203］ 孙冬虎《清代以来东北地区民族构成及地名的变迁》,《社会科学战线》,1998 年第 5 期。

［204］ 孙红艳《〈广韵〉日母字在东北方言中的语音演变及成因探析——山东移民"闯关东"对东北方言的影响》,《湖南医科大学学报(社会科学版)》,2008 年第 1 期。

［205］ 孙旭东《东北方言中的满族文化色彩撷谈》,《时代文学(下半月)》,2008 年第 6 期。

［206］ 孙维张、路野、李丽君《吉林方言分区略说》,《方言》,1986 年第 1 期。

［207］ 谭静《哈尔滨方言中的俄源外来词 50 词》,《黑龙江教育学院》,2007 年 10 月。

[208] 谭汝为《天津方言文化研究》,天津人民出版社,2014 年。

[209] 谭停《襄阳方言名词儿化研究》,《湖北文理学院学报》,2016 年 3 月。

[210] 谭停《襄阳话儿化现象研究》,广西大学硕士学位论文,2017 年。

[211] 唐为喜《鄂伦春族与鄂伦春语地名》,《中国地名》,1996 年第 3 期。

[212] 唐七元《从方言同源词看方言特征词研究》,《宜宾学院学报》,2010 年第 11 期。

[213] 陶虹《现代北京话溯源》,《前线》,2003 年第 9 期。

[214] 滕永博《东北官话程度副词研究》,暨南大学硕士学位论文,2014 年。

[215] 童芳华《汉语方言特征词研究中的几个问题》,《河北民族师范学院学报》,2014 年 2 月。

[216] 图穆热《〈红楼梦〉与东北方言》,《社会科学战线》,2000 年第 1 期。

[217] 完颜雯洁《黑龙江现存满语地名的语言学分类》,《黑龙江史志》,2011 年 3 月。

[218] 汪长学《重庆方言儿化音刍议》,《西南师范大学学报》,1996 年 4 月。

[219] 汪化云《关于特征词的确认的探讨——读〈北部吴语的特征词〉》,《黄冈师范学院学报》,2009 年 4 月。

[220] 王岸英《牡丹江流域满语地名之翻译考证》,《民族翻译》,2008 年第 1 期。

[221] 冬梅《内蒙古晋语语法特征疑义》,《宁夏大学学报》,2015 年 3 月。

[222] 王芳《安阳方言的"儿化"和"儿尾"》,《安阳工学院学报》,2013 年 5 月。

[223] 王宏佳《对"汉语方言特征词理论"的理解和补充》,《咸宁学院学报》,2009 年 10 月。

[224] 王洪杰、原永海、王晓霞《东北方言之多字俗语说略》,《通化师范学院学报》,2008 年 11 月。

[225] 王红梅《浅析东北方言中的前附式状态词》,《广西社会科学》,2004 年第 12 期。

[226] 王红梅《东北方言中表持续的动词重叠》,《广西社会科学》,2005 年第 3 期。

[227] 王娟《新郑方言儿化词研究》,云南师范大学硕士学位论文,2015 年。

[228] 王军虎《西安方言词典引论》,《方言》,1995 年第 2 期。

[229] 王玲玲《〈北京话单音词词汇〉的补充》,《方言》,1983 年第 2 期。

[230] 王求是《孝感方言的儿化》,《河池学院学报》,2009 年 7 月。

[231] 王素珍《关于北京官话朝峰片的分区》,《赤峰学院学报(汉文哲学社会科学版)》,2008 年第 1 期。

[232] 王婷《东北方言中的俄语借词研究》,《齐齐哈尔大学学报(哲学社会科学版)》,2010 年第 2 期。

[233] 王榕《浅谈黑龙江方言的特征》,《中国科教创新导刊》,2009 年第 1 期。

[234] 王邵男、董志民《浅谈黑龙江方言和普通话的区别》,《价值工程》,2010 年第 18 期。

[235] 王姝颖《解读北京话与满语关系的奥秘——读〈北京话的满语底层和"轻音""儿化"探源〉》,《中国图书评论》,2011 年 1 月。

[236] 王爽《铁岭方言代词研究》,广西师范大学硕士学位论文,2012 年。

[237] 王西维《简论西安话的构词法》,《咸阳师范学院学报》,2010 年 1 月。

[238] 王晓领《辽西方言中的程度副词研究》,吉林大学硕士学位论文,2009 年。

[239] 王一涛《山西昔阳方言的儿化音变》,《宁夏大学学报》,2011 年 9 月。

[240] 王艺颖《铁岭方言程度范畴研究》,辽宁师范大学硕士学位论文,2022 年。

[241] 王颖《从东北方言词语看东北的多元民族文化》,《社会科学战线》,2004 年 1 月。

[242] 王颖《太原方言构词法研究》,天津师范大学硕士学位论文,2019 年。

[243] 魏兆惠、宋春芳《北京话"干脆"一词的演变》,《北京社会科学》,2011 年,10 月。

[244] 文洋《重庆方言特征词研究》,南京林业大学硕士学位论文,2019 年。

[245] 吴凤霞《辽金时期的民族迁徙与辽西走廊滨海州县的发展》,《广西民族大学学报》,2012 年第 4 期。

[246] 吴昊《黑龙江嫩江方言研究》,青海师范大学硕士学位论文,2011 年。

[247] 吴红波《东北方言中的满语与文化》,《现代语文》,2006 年第 5 期。

［248］吴雪娟《五大连池满语地名考释》，《满语研究》，2008 年第 1 期。

［249］吴云霞《万荣方言语法研究》，陕西师范大学博士学位论文，2002 年。

［250］肖忠纯《隋唐时期辽西地区的移民及其影响》，《内蒙古社会科学》，2014 年第 5 期。

［251］邢娜、叶回苏《东北官话之"整"字探源》，《北方文学》，2012 年第 5 期。

［252］邢向东《关于深化汉语方言词汇研究的思考》，《陕西师范大学学报》，2007 年 3 月。

［253］徐海英《重庆话的儿尾》，《重庆师专学报》，2001 年 9 月。

［254］徐晶《黑龙江方音方言辨正》，《边疆经济与文化》，2005 年 4 月。

［255］徐梦晗《洛阳方言儿缀词修辞功能探析》，《汉字文化》，2018 年第 18 期。

［256］徐艳春《东北、北京、江淮官话动兼方类词研究》，华中师范大学硕士学位论文，2015 年。

［257］徐榕《辽宁境内官话方言程度副词研究》，南京大学硕士学位论文，2019 年。

［258］许皓光《东北方言词汇的构词和修辞特点初探》，《辽宁大学学报》，1994 年第 4 期。

［259］许皓光、刘延新《汉语中的满语借词概述》，《满族研究》，1996 年第 1 期。

［260］许秋华《从子弟书看早期东北方言满语词》，《满族研究》，2012 年第 2 期。

［261］杨春宇、佟昕《东北官话中的泛义动词"整"和"造"》，《大连大学学报》，2013 年第 2 期。

［262］杨春宇《辽宁方言语音研究》，《辽宁师范大学学报（社会科学版）》，2010 年第 5 期。

［263］杨丽娜、盛丽春、高玉秋《东北方言社会新探——谈东北方言词"忽悠"的语法语义特征》，《长春师范学院学报》，2007 年第 6 期。

［264］杨宁《上海话和北京话的"上"——多义词的跨方言对比研究》，《语文研究》，1999 年 2 月。

［265］杨珊珊《云南保山"儿化"现象分析》，《保山学院学报》，2022 年 2 月。

［266］杨松柠、王静敏《浅析黑龙江方言词语的色彩意义》，《大庆社会科学》，2010 年 6 月。

［267］杨永旭、李佳静《民国以前文献中的伊通河流域满语地名原因研究》，《吉林师范大学学报》，2011 年 9 月。

［268］严宝刚《北京话介词"奔"的产生和发展》，《长江大学学报》，2011 年 7 月。

［269］阎红生《从北京的人文背景中看北京话的发展》，《琼州大学学报》，1999 年第 3 期。

［270］闫岩《谈吉林方言中的后缀"挺"》，《长春大学学报》，2008 年第 1 期。

［271］杨正超《中原官话唐河方言形容词短语儿化研究——兼与其他次方言同类现象比较》，《暨南学报》，2013 年 2 月。

［272］易忠《方言词汇概说》，《渝州大学学报》，1993 年第 3 期。

［273］殷作炎《普通话词、北京话词、杭州话词及其他》，《杭州师范学院学报》，1992 年第 5 期。

［274］尹宝玉《哈尔滨方言介词研究》，辽宁师范大学硕士学位论文，2018 年。

［275］尹世超《东北官话中的介词》，《方言》，2004 年第 2 期。

［276］尹世超《说语气词"哈"及"哈"字句》，《方言》，1999 年第 2 期。

［277］俞敏《北京话本字札记》，《方言》，1988 年第 2 期。

［278］詹金沄《洮州方言儿化语汇的文化阐释》，《甘肃高师学报》，2018 年第 6 期。

［279］翟维娟《山西新绛方言的儿化、子尾和重叠》，天津师范大学博士学位论文，2015 年。

［280］张伯闻《〈红楼梦〉北京方言拾零》，《红楼梦学刊》，1980 年 12 月。

［281］张弓长《浅议熟语在相声艺术中的运用》，《渭南师专学报（社会科学版）》，1998 年第 3 期。

［282］张菊玲《满族和北京话——论三百年来满汉文化交融》，《文艺争鸣》，1994 年第 1 期。

［283］张凌云《兰州方言特征词》，西北师范大学硕士学位论文，2015 年。

［284］张美兰《从〈清文指要〉满汉文本用词的变化看满文特征的消失》，中国语文，2016 年第 5 期。

［285］张美兰《明治期间日本汉语教科书中的北京话口语词》，《南京师范大学文学院学报》，2007 年 6 月。

［286］张清常《释"胡同"》，《语言教学与研究》，1985 年第 12 期。

[287] 张清常《一种误解被借的词原义的现象——兼诊"胡同"与蒙语水井的关系》，《语言教学与研究》，1991 年第 4 期。

[288] 张清常《胡同借自蒙古语水井答疑》，《语言教学与研究》，1994 年第 3 期。

[289] 张锐《哈尔滨方言词与北京方言词的比较研究》，黑龙江大学硕士学位论文，2015 年。

[290] 张世方《也谈北京官话区的范围》，《北京社会科学》，2008 年第 4 期。

[291] 张世方《北京话中的等类助词"伍的"》，《语言教学与研究》，2010 年第 1 期。

[292] 张世方《北京话"伍的"的来源》，《民族语文》，2009 年 2 月。

[293] 张素英《辽宁方言词汇和语法同普通话的差异》，《锦州师范学院学报(哲学社会科学版)》，1995 年第 4 期。

[294] 张文《北方官话 200 词表比较》，厦门大学硕士学位论文，2008 年。

[295] 张贤敏《光山方言儿化的分布及语义分析》，《信阳师范学院学报》，2012 年 9 月。

[296] 张云峰《北京话方向介词的历时嬗变(1750—1950)》，《贵州社会科学》，2011 年 8 月。

[297] 张云峰《北京话介词史(1750—1950)》，苏州大学博士学位论文，2011 年。

[298] 张兆金《东北方言程度副词研究》，东北师范大学硕士学位论文，2014 年。

[299] 张振兴《闽语特征词举例》，《汉语学报》，2004 年第 1 期。

[300] 张志敏《北京官话》，《方言》，2008 年第 1 期。

[301] 张志敏《东北官话的分区(稿)》，《方言》，2005 年第 2 期。

[302] 赵枫《方言特征词理论与研究方法综述》，《现代语文》，2014 年 11 月。

[303] 赵杰《北京话中的满汉融合词探微》，《中国语文》，1993 年 4 月。

[304] 赵杰《京郊火器营北京话中的满语词》，《民族语文》，2002 年第 1 期。

[305] 赵君秋《移民对吉林方言的影响》，《才智》，2010 年 12 月。

[306] 赵君秋《东北官话分区补正——与张志敏先生等商榷》，《社会科学战线》，2010 年第 7 期。

[307] 赵丽娜、谭宏姣《东北方言 ABB 式形容词特点略说》，《长春师范学院学报》，2011 年 7 月。

[308] 赵世斌《东北方言中的俗语》，《农村天地》，2005 年 9 月。

[309] 赵树权《东北方言熟语拾零》，《大庆高等专科学校学报》，1998 年 3 月。

[310] 赵先艳《施甸方言的儿化现象》，《文化学刊》，2018 年 6 月。

[311] 郑有仪《北京话和成都话、重庆话的儿化比较》，《重庆师范学院学报》，1987 年第 2 期。

[312] 周福岩《方言、二人转与东北地域文化问题》，《民俗研究》，2007 年 6 月。

[313] 周红《从概念整合理论角度看东北方言"整"的语义阐释》，《沈阳农业大学学报》，2011 年 5 月。

[314] 周荐《双字组合与词典收条》，《中国语文》，1999 年第 2 期。

[315] 周一民《北京话口语语法》，语文出版社，1998 年。

[316] 周一民《〈北京方言词典〉订正》，《方言》，1989 年第 1 期。

[317] 周一民《〈长安里语〉和明代北京话》，《吕梁学院学报》，2023 年第 3 期。

[318] 周一民、朱建颂《关于北京话中的满语词(一)(二)》，《中国语文》，1994 年第 3 期。

[319] 周振鹤、游汝杰《方言与中国文化》，上海人民出版社，1987 年。

[320] 祖迪《试析东北方言中"老……了"结构》，《牡丹江大学学报》，2012 年 10 月。

[321] 朱晓旭《东北官话特色单音节动词社会差异研究——以辽宁省海城市为调查个案》，中央民族大学硕士学位论文，2015 年。

附录一 北京官话区方言特征词调查预选词表 (1 275 条)

＊多音字括注拼音,有音无字尚未考明的词或语素径用拼音表示。下同。

A

挨呲儿
挨骂
挨说
挨宰
矮趴趴儿
爱人儿
爱人肉儿
爱小
安心
揞₁
揞₂
熬扯
傲了巴登

B

八百辈子
八杆子打不着
八开
八宗事儿
巴巴结结
巴结
巴望
吧嗒₁
吧嗒₂
拔
拔份儿
把家
把家虎
把手儿

掰不开镊子
掰扯
白扯
白吃饱儿
白搭
白果
白话
白楞
白脸儿狼
白瞎
百叶儿
摆划
摆弄₁
摆弄₂
摆谱儿
摆邪
败家
败家子儿
扳扳倒
般配
板凳狗
半半道
半半拉拉
半彪子
半大小子
半截腰儿
半瓶醋
半晌
半语子
桦子
傍黑儿

傍亮儿
傍响儿
包葫芦头
包圆儿
宝贝疙瘩
保不齐
保媒拉纤儿的
暴土
爆皮
备不住
背旮旯儿
背气
背影
背字儿
倍儿
被卧
锛儿娄头
锛儿头
笨手拉脚
绷簧
蹦蹦儿
鼻淥
鼻淥嘎渣儿
鼻子不是鼻子脸不是脸
biā 叽
辫
表瓢子
摽劲儿
憋屈
别介
冰碴儿

病包
病包子
病病歪歪
病篓子
波罗盖儿
脖领儿
脖溜儿
拨拉
不错
不错眼珠儿
不大离
不带
不的话
醭面
不得劲儿
不抵
不丁点儿
不光
不离
不起眼儿
不识闲儿
不咋的
步撵

C

擦黑儿
擦屁股
猜摸
踩蛋儿
踩道
踩咕

藏猫猴
草棵儿
差和儿
差壶
掺乎
馋嘴巴子
尝鲜儿
吵吵
炒盘
扯淡
扯老婆舌
扯闲篇
趁早儿
撑死
成年价
成宿
成天价
程子
吃喜儿
吃香儿
吃嘴
眵目糊
冲₁
冲₂
冲盹儿
抽抽
稠糊
瞅
瞅不冷子
瞅空子
臭烘的
出大格
出飞儿
出溜儿
出门子
出血
出张
杵窝子
踹腿
吹灯
吹呼
吹喇叭
戳咕

瓷实
刺挠
刺痒
刺儿拉嘎叽
刺儿头
从打
粗拉₁
粗拉₂
撺嗒
脆生
皴
寸劲儿
搓搓
矬巴子

D

搭调
答茬
答应
打喳喳
打出溜滑儿
打滑
打圈子
打交道
打愣儿
打连连
打绺儿
打垄
打马虎眼
打蔫儿
打耙
打水漂儿
打头儿
打下手
打响鼻儿
打眼
打夜作
打杂儿
大伯子
大肚子
大发
大概其
大估摸

大估摸儿
大姑子
大后儿个
大舅子
大老爷们儿
大老远
大咧咧
大面儿
大拇哥
大拿
大眼儿灯
大油
待会儿
歹毒
在(dǎi)
逮(dǎi)
带劲儿
单摆浮搁
单崩儿
单另
担待
掸
但分
蛋磕子
挡害
档子
刀螂
刀条儿
叨唠
叨登
捣鼓₁
捣鼓₂
倒扯
倒嗤
倒登
倒气儿
倒血霉
到了儿
倒粪
嘚啵
嘚嘚
得意
德行

得弄
逮(děi)
扽
灯泡儿
提拉
提溜
底儿掉
地蹦子
地出溜
地根儿
掂对
掂量
点儿背
电棒儿
电滚儿
垫背
垫补
吊角儿
调门儿
掉背脸儿
掉点儿
掉价儿
掉金豆子
掉腰子
丁点儿
丁事儿
顶嘴
懂行
懂门儿
动换
动气
动窝儿
兜底
兜兜
抖擞
豆角儿
逗闷子
逗笑儿
嘟噜
独门独院儿
肚领儿
堵被窝儿
端斗儿

端肩儿
断碴儿
断顿
堆歪
对付₁
对付₂
对眼儿
多会儿
多咱
躲

E

耳沉
耳朵背
耳朵沉
耳朵底子
耳刮子
耳钳子
二百五
二二乎乎
二乎
二混子
二赖子
二郎腿
二米饭
二皮脸
二踢脚
二五眼
二尾子
二意思思

F

发怵
发河
发昏当不了死
发赖
发冷
发愣
发毛
发苶
发实
发疟子
翻白儿₁

翻白儿₂
翻毛
反桃子
反圈
反群
犯嘀咕
犯合计
饭桶
范儿
妨家的
肥实
废物点心
分水
坟圈子
粉刺
份儿
风三儿
风丝儿
疯
肤皮
服软儿
浮头
富态

G

旮旯儿
疙不溜秋
疙瘩₁
疙瘩₂
疙瘩₃
疙瘩膘儿
疙瘩汤
疙疙瘩瘩
嘎巴儿₁
嘎巴儿₂
嘎巴儿₃
嘎巴儿₄
嘎渣儿
夹(gā)肢窝
该着
改刀
盖帘儿
盖帽儿

干巴₁
干巴₂
干巴呲咧
干碴瓦儿
干打雷
干打雷不下雨
擀毡
钢棒硬正
钢口
岗尖儿
高低
高丽棒子
搞破鞋
咯噔
胳膊拧不过大腿
格路
格三岔五
各个儿
咯影
跟不上趟儿
跟头虫
工夫
弓子
公家
公母俩
狗尿苔
狗刨儿
狗抢屎
够意思
估摸
咕嘟
姑姥姥
姑姥爷
姑奶奶
骨朵儿
骨节儿
箍眼
鼓溜儿
呱嗒
呱嗒板儿
挂拉
挂不住
捆打

拐拉
关板儿
官项
棺材瓤子
惯惯的
光不出溜
光出溜儿
光溜
逛荡
归置
鬼吹灯
鬼风疙瘩
贵贱
滚刀肉
锅烟子
过儿
过话儿
过家家儿
过节儿₁
过节儿₂
过这个村儿，没这个店儿
过作

H

哈哧
哈喇子
哈气
哈腰
哈巴狗儿
哈巴腿儿
哈撒
海话
害口
害臊
㻌实
寒腿
汗腥味儿
行当
行市
薅
好汉不吃眼前亏
好生
好喜

块儿2
快匣子
快性
宽绰儿的
款式

L

lā 拉巴
lá 拉巴
拉帮套
拉倒
拉拉
拉拉蛄
剌子
拉忽
腊八蒜
落空
辣蒿儿的
来菜
赖赖巴巴
卵子
唠叨
捞捎
老八板儿
老半天
老鼻子1
老鼻子2
老大不小
老等
老吊
老疙瘩
老末喀哧眼
老蔫儿
老娘们儿
老实巴交
老呔儿
老汤
老小子
老爷儿
老爷子
落炕
落忙
肋忒

肋忒兵
嘞嘞
乐呵
乐子
肋巴骨
肋叉子
肋条
冷不丁
冷丁
冷孤丁
愣葱
愣头儿青
哩根儿隆
哩哩拉拉
力巴
立马
脸膛儿
炼糊
炼汤儿
晾
撩治
尥蹶子
咧咧
趔趔歪歪
临末了儿
临完
零花儿
零碎儿
零嘴儿
溜达
溜光
溜尖
溜满
溜平
溜严
溜圆
遛弯儿
拢神儿
篓子
漏兜
撸子
缕缕的
缕缕行行

驴粪球子
驴肝肺
驴驹子
履
虑论
罗锅儿
罗圈腿儿

M

抹（mā）搭
麻花儿
麻利
麻麻约约
麻爪儿
蚂蚱
满打
满脸花
满应满许
忙忙叨叨
猫冬
猫耳朵
毛病
毛蛋
猫（máo）腰
冒坏
没红过脸儿
没老没少
没溜儿
没挑儿
没心没肺
没着没落儿
没治
美不滋儿的
门鼻子
门里出身
门脸儿
门子
蒙登
猛不丁
猛孤丁
懵住
眯登
迷登

迷拉马虎
迷里马糊儿
绵子
棉花套子
抿子
明儿个
母子
木个张的
木瓜

N

呐摸
哪门子
那海儿
奶子
耐心烦儿
难缠
脑袋瓜子
脑瓜子
脑壳
闹了半天
闹了归齐
闹天
闹心
哪（něng）么1
哪么2
腻歪
蔫屁
蔫头耷拉脑
碾
念叨
娘儿们
捏儿
捏着鼻子
拧咕
牛屄1
牛屄2
牛性
扭咕
女猫
挪腠窝儿
挪窝儿

O

怄气

P

拍花儿
迫缸子
胖揍
炮仗
炮仗桶子
陪送
赔本儿
捧臭脚
捧怕
皮拉
屁颠儿屁颠儿的
屁驴子
piǎ
瓢儿
撇吃拉嘴
撇拉
贫嘴呱嗒舌
平杵
婆婆丁
婆婆觉
破不拉叽
破大家
破谜儿
破衣拉撒
扑拉
扑腾
潽

Q

喊哧喀喳₁
喊哧喀喳₂
喊哧喀喳₃
骑脖颈拉屎
起打
起根儿
起祸架秧
起腻₁
起腻₂

起小儿
起秧子
气夯夯
气卵子
气累脖子
气嗓
掐子
扦刀
前儿个
钱串子₁
钱串子₂
浅子
欠茬儿
呛呛₁
呛呛₂
腔子
抢嘴
戗面
悄不声
悄没声儿
敲打
敲锣边儿
翘棱
巧劲儿₁
巧劲儿₂
雀蒙眼₁
雀蒙眼₂
俏头
秦椒
轻省₁
轻省₂
清亮
赌等₁
赌等₂
赌好儿
穷得哈
求爷爷告奶奶
球儿嘎₁
球儿嘎₂
糗₁
糗₂
蛐蛐儿
苣荬菜

圈拢

R

绕脚
惹眼
热古都
热忽
仁义
认道
认可
认头
任吗儿
日咕
日头
揉搓
肉咕囊
肉滚儿
肉核儿
肉皮儿
肉头
软和₁
软和₂
软山

S

撒村
撒欢儿
撒丫子
三十儿
三孙子
三天两头
三只手
散落
散德行
散摊子
嗓子眼儿
骚疙瘩
臊哄哄
扫搭
扫听
臊不答
臊皮
沙肝

傻了巴叽
傻柱子
晒干儿
晒阳阳儿
山旮旯儿
扇
善茬子
晌饭
晌午
上火
上脸
上人儿
上心
上眼药儿
捎带脚儿
烧心儿
潲子
舍脸
谁跟谁
身板儿
身子骨儿
深沉
神
神叨
生葫芦头
生疼
省油灯
时不时
时会儿
实心眼子₁
实心眼子₂
实诚
使坏儿
屎
屎盔儿
侍弄
熟腾
手巴掌
手脖子
手闷子
手丫子
瘦溜儿的
舒心

树棵子
树丫巴儿
耍巴
耍活宝
耍钱
刷白
摔嗒
甩子
拴对儿
双棒儿
水葫芦1
水葫芦2
水灵1
水灵2
水皮儿
顺当
顺口儿
顺溜1
顺溜2
顺溜3
顺毛驴
说白了
说口
说了归齐
说死了
说死
说嘴儿
丝丝拉拉
撕巴
死巴
死乞白赖
死性
四六不懂
四致
四周围
松包
松泛
松塔
酸不叽的1
酸不叽的2
酸不叽儿的
蒜苗儿
算计
唆拉蜜
锁子骨

T

趿拉板儿
塌心
溻
塔灰
太姥爷
太爷
弹脑瓜崩
蹚水
趟子车
淘登
套近乎
提气
添彩儿
甜不叽
甜不唆的
填乎
腆脸
挑刺儿
挑礼
挑眼
笤帚疙瘩
挑幌
挑头儿
贴边儿
听喝儿
挺尸
挺实
梃
偷手
头年
头晌儿
头疼脑热
头头脑脑
秃了光叽
秃撸
图希
土鳖
土坷垃
土垃坷
土老冒儿
团弄
团圆媳妇儿
褪套儿
托底
砣儿

W

瓦凉
袜桩子
崴1
崴2
崴3
玩儿邪的
偎窝子
未见准
窝脖
窝憋
窝囊1
窝囊2
窝囊废
窝儿
窝子纸
乌漆麻黑1
乌漆麻黑2
乌秃
无冬立夏
无赖游
伍的

X

稀了光当
稀胎
喜兴
戏匣子
细巴连千
细发
瞎掰1
瞎掰2
瞎虻
瞎说八道
瞎诌
瞎子
匣子
下儿
下把
下不去脚
下货
下三烂
下洼地
下晚儿
下作
鲜亮
闲篇儿
咸个滋儿
嫌乎
显摆
显怀
显魂1
显魂2
现事报儿
现下
现眼
线桄
香饽饽
消停
消息儿
小蹦蹦
小不点儿
小菜儿
小九九
小看
小抠儿
小毛儿毛儿雨
小拇哥
小妞妞
小人儿
小小不言
小咬
笑不叽儿
笑模滋儿
斜楞
鞋窠郎
写字儿
血脖
血糊淋拉

血津儿
心尖儿
新新
信瓤儿
腥咕耐
饧
醒过味儿
熊
暄乎
悬乎
些微
趔摸
寻摸

Y

丫巴儿
哑巴₁
哑巴₂
压马路
烟不出火不冒₁
烟不出火不冒₂
严实
言语
眼力见儿
眼气
眼热
央咯
殃殃饯饯
秧子
洋火儿
洋刺子
仰颏儿
痒痒筋儿
幺蛾子
腰窝儿
咬耳朵
噎脖子
噎人
爷们儿
夜猫子
已就

一把死拿儿
一锤子买卖
一丁点儿
一丢丢儿
一堆
一股脑儿
一水水儿
一天价
一头沉
一小儿
一星半点儿
因由
阴天乐儿
音儿
应点
应声
硬棒₁
硬棒₂
硬山
硬实
硬挣儿
用项
悠千
悠着
油子
油渍麻花
有板有眼
有鼻子有眼
有了₁
有了₂
有两把刷子
有尿
有盼
有时有响儿
有头有脸儿
有一腿
余外
原来挡
远点儿扇着
月季佬
匀和

匀溜
晕高儿

Z

咂摸
咂儿
咂咂
杂八凑儿
砸锅
栽
崽儿
再分
簪
糟践
早班儿
早晌
早已
澡塘子
贼鬼溜滑
贼性味儿
扎猛子
扎煞
咋呼₁
咋呼₂
眨巴
乍猛地
炸锅
痄腮
侧歪
择
占房
仗腰眼
招儿笑儿
折个儿
折箩儿
这晚儿
这阵儿
真亮
镇唬
整儿
正道₁

正道₂
正经
支嘴儿
吱声
直巴楞腾
直打直
直劲儿
指仗
至不济
肘花
主儿₁
主儿₂
主腰子
抓挠₁
抓挠₂
抓挠₃
抓破脸
转腰子
赚头儿
装孙子
壮疙瘩
壮门面
仔细
紫了蒿青
自打
自小
走人
走心
纂儿
嘴巴子₁
嘴巴子₂
嘴不唧叽
嘴皮子
醉么咕咚
嘬瘪子
左撇lǎi子
作脸
坐根儿
坐跟
坐蜡
坐月子

附录二　北京官话区方言特征词调查词表(116 条)

A

挨呲儿
熬扯

B

拔
桦子
背字儿
倍儿
不带
不的话
不丁点儿

C

踩咕
叉
瓶
吃心
冲
皱

D

打耙
大油
嘚啵
逮
抽
地根儿
点儿背
垫补

F

发茶

犯合计
浮头
该着

G

干打雷
擀毡
搁挠
跟
捆打
官相儿
过儿
过话儿

H

哈哧
哈气
害口
顶
哏斥
横是
候候
护皮
欢
欢实
回楦
荤

J

脊梁
就根儿

K

揩哧

靠长儿
坷磣

L

拉忽
卵子
老吊
肋忒
嘞嘞
累
连气儿
炼汤儿
撩治
溜
篓子
履
虑论

M

抹(mā)搭
毛蛋
没治
蒙登

P

盘
胖揍
嘸
婆婆觉

Q

欠茬儿
怯
圈拢

R

认道

S

撒欢儿
扫搭
扫听
臊皮
哨
生(生是)
省油灯
茜

T

溻
贴边儿
梃
图希
褪套儿
托底

W

窝儿

X

下儿
香饽饽
小抠儿
血津儿
信意儿
行的了
熊
些微

鞋窠郎
尳摸

Y

眼力见儿

央咯
幺蛾子
已就
一丢丢儿
有尿

Z

再分
蚱
褶(子)

真亮
住家
走心
嘬瘪子
作脸

附录三　京承小片特征词调查表(162 条)

B

白斋
板儿爷
迸磁儿
返杠
拔份儿
不着三不着两

C

禣
测
苍果
瓨
噌
陈人儿
蹅
撮饭
撮火儿
茶刀
佘儿
冲盹儿
磆

D

打漂儿
抖机灵儿
打卦
哕哕
dén
抖机灵儿
督
乱搭
短

对哝

F

乏
翻车
仿比

G

跟
拐孤
裹乱

H

哈
哈拉
夯
很(hèn)
猴
候
糊脓

J

鸡贼
jì 鸟
局器
尖果
尖孙
经
镜儿
爵儿

K

糠鸡
壳鸹

搭

L

拉趟儿
啷
老的娘儿
老豆腐
老憨
姥姥1
姥姥2
老米
老头儿
老着脸
老凿儿
勒
棱
哩儿联
料估
老家儿
缕缕
虑后

M

妈虎儿
马子
茅司
貌镜
mēimei
闷得儿密
模棱儿
抹腻
镆儿

N

拿食

拿手
馕
闹油
您1
您2

Q

欺心
旗旗
起碗
抢
切愣
茄过
且
怯
怯勺
雀子
呿
焌
全须全尾儿

R

喏定
擩咕
捼

S

闪
失秒
数牙
刷夜
摔咧子
水牛儿
四海

颰
算盘脑袋

T

tǎi
太搞
太以
太太
套里
塔ㄦ哄
套瓷
亭头

W

瓦
兀拉

歪盔子
万安
万牲园
味ㄦ事
卧果ㄦ
伍的

X

下茬子
项当ㄦ
学理
瞎了
心

Y

丫的

轧板ㄦ
亚赛
眼睛毛ㄦ
晕菜
腌
严可严ㄦ
野
一句抄百总ㄦ
疑性
印
淤锅
晕菜

Z

砸密
脏土

怎么着₁
怎么着₂
腙ㄦ
扠
砟
张着神
鐇
着比
这程子
这会子
踪ㄦ
作情
坐实

附录四　锦兴片特征词调查表(246条)

A

挨边靠沿儿

B

八带鱼
把哨儿
掰棒子
白茬儿地
编致
扁了钩
不带戏
不让过儿

C

才跟着
茬子
绰真儿
吃丸子
迟了巴叽
出教儿
出殃

D

打八岔
打个迟
打个透眼儿
打个照
打唠儿
打了个迟
打磨磨丢
打快拳
打下穷儿
大菜

大蛤蜊
大爽的
大姨夫
到不去
道了去儿
待不预儿
带财
地篓儿
地起蛆
点儿低
吊角
顶包儿
抖毛夯翅儿
对象
炖鸡蛋

E

二八扯子
二婚头子
二愣巴蛋

F

发迟
放量子
伏凉儿

G

干巴爪儿
干白豆腐
赶上啥席赴啥席
赶赃
赶着
缸儿
膈恶

个得
个式
阁儿喽
艮毒
弓肩子
狗虫
狗人儿
溜溜儿
姑(gú)
估弄包堆
姑爷子
瓜子
果木
鬼头姜/姜渍腊

H

哈拉房儿
蛤蟆蝌子
蛤蟆泥
海浪头
鼾水
蚶子
喝乌度水
何话
河洛水干
哄着捧着
炸饼
花码儿
花屁小子
话话儿
坏事母子
黄狼子
货郎虫
活计

混沦着

J

家伙儿
夹道子
胛子
嚼咕儿
监牢狱
贱渴
酱菜
筋巴骨
紧巴扯曳
净干
举撂暴跳

K

靠勺
剅
抠坑儿
苦麻子
狂牙

L

落心不落肝
来回过儿
老公
老伙计
老劍儿
老太太
老爷子
老早先
落达
落达帮子
懒豆腐

扔大个儿
楞点儿
狸花儿的
俩目
连泛
连利
拢梳
(卤)虾酱
(卤)虾油
侣猫

M

麻姑节
码磉
卖点儿
卖声
卖腆
忙迭
没彩
没话
没有三块豆腐高
没远话
迷瞪哥

N

拿不起个儿
拿情
熬渴
脑瓜壳子
恶(nē)鼻虎眼儿
能够儿
你老
年下
捏鼓脑子

P

膀胀豆儿
旁姓干儿
皮虾

Q

乞巧
起暴儿
起咕咕鸟儿
气皮肚子
客大爷儿
清(吗)官儿
亲家
穷神

R

人说话
扔去了

S

臊
三锅撑
桑粒儿
沙大虫
霎落
色形
勺
捎边
勺性
山七巧
上海
晌烘歪
上紧儿
神牛儿
生儿
牲口伢子
叔
鼠疮
耍圈了
水衩子
说话打唠儿的
说性

T

太
汰
掏改的
套脓
替(tí)牙
填大坑
甜杆儿
铁子
透珑杯儿
秃荒的
土豆母子
兔子精
腿曲溜儿
屯中儿

W

凹(wā)凸脸
外女儿
霨

X

稀凳活扇儿
瞎撞儿
瞎粪杵子
瞎柳(叶)子
瞎牛儿
虾油小菜儿
小驹儿
小老头
小溜儿
小排风
小幺儿
先头儿
先小儿
歇绷儿
邪巴气儿
心尖儿
心脯子
信及了
信意(儿)
行(的)了
熏甜

Y

眼儿蓝
眼儿乌
洋筲
一绷子
一吒一红
一根人儿
一溜一溜
一名二声
姨父爷
癔病
阴死阳活
影着了
有持劲儿
有挨
有囊有气
又一道劲儿
匀空儿

Z

抓子儿
在量
找不够挨
折(zhě)
猪钢子
抓鼓
抓挠
支客
中(的)了
自火
总班儿
走蹽

附录五　哈肇片特征词调查表(95 条)

B

摆鼻儿
绑丁
本情儿
拨拉魂儿

C

喳咕
车伙子
车迷子

D

打凉了
打拉戏
刀七儿的
甸狗子
叮儿叮儿

E

二膘子
二上(二下)

F

氾儿

G

疙牛儿
嘎撒
乍牙子
赶街
高粱果
隔怪
格格当
格儿
格瓦斯
戈栏
刮刮拉拉
寡
关
管子
光腚光

H

哈地
黑菜
哄送
滑杆子
荒
荒子
晃当人

J

醮油
酒咬儿

K

靠楞
靠边儿站
炕琴
搕
苛勒
克食

L

拉哈辫儿
老臭
老娲
老哇子
量
亮派
溜子
柳串儿

M

码
卖味儿
墁
没劲气
母咯母咯
木克楞

N

粘牙倒齿

P

跑老客
皮毛哈赤眼儿

Q

抢坡

S

上茬
省头
受清风(儿)
输
刷灶

T

态歪
体登人
体轻
贴壳了
屯下

W

崴子
围子

X

细痒
响干(儿)
小线

Y

鸭子听雷
牙干口臭
牙子
洋针
遥
咬木头
要褙
一面青

Z

砸孤丁
这乏子
正得
值实
抓瞎
紫荒
zìr
走驼子
足壮

附录六　黑吉片特征词调查表(269条)

B

拔筥
拔豪横
白扔
班的班儿
半喇半儿
半拉子
棒槌
包圲
薄扇儿
薄刀
拨楞率甲
脖拉嘎子
不当刀儿
不落体
不上线儿
不着窑星

C

蹭
叉儿干尺
磕口
插伙
朝天
扯大澜
诚儿
城圈子
吃劳金
迟故蔫
出外头
串荞麦
窗户镜

截个儿
刺老芽
审高儿
存

D

搭帮
打拔拉脚的
打挂脸子
打哇哇
打踅
大布
大嗑儿
大头参
大眼贼
带刀
带盖摇
待挏儿
当脊
叨搜
道的了
道济
灯笼挂儿
灯笼裤了
刁歪
掉蛋
调嚎横
丁对
顶缸儿
丢羞的
斗
逗咳嗽
端腔

椴焉了

E

耳台子
二层眼
二番脚

F

发冒扬
方舒
放山
粪精

G

疙瘩白
疙瘩鬏儿
嘎码儿
干崩
干老儿
格叽
隔长不短
个对
个捞
根根生生
哏儿
勾
勾嘎不舍
苟批人
古都马蛇的
故故点儿
故丘
寡净
挂架

拐卦
广锹
过房
过码
过做/桌

H

哈什
哈什蚂
哈酒
含不央儿的
好不秧/好末秧
黑心利
猴腿儿
胡徕
划不开戗
华堂
坏菜了
欢造
活该攘丧
活润

J

季季草
夹壮
夹巴道
架弄
煎饼烙子
尖头梢脑
简直杆儿
筋骨囊儿
撅腚棉袄

K

喀拉
卡跟头
糠
克罗
抠/喀
快溜儿

L

拉爬
拉松
剌剌果
癞呆
癞吉八子
老骨眼
老鸹子
老劲儿
老虎妈子
落炕
理
楞实
立刻亮儿
连筋倒
连溜
粮户
量
两经
量呛
蹽丫子
拎风
琉琉儿
柳啦
搂头
露楦头
缕缕行行
缕
罗罗网儿

M

抹达
麻搭山了

马马喳喳
蚂蹄
麻牙
马尿燥
蚂蚱子
茅栏子
毛骨嘟花
毛脚
冒面子
霉费
没大辣气
门斗儿
蒙剌了
面瓜
抿帖
末兜儿

N

拿对
囔馕不揣
攘业
唉唉
挠岗子
挠花
闹幕
脓汰
蔫铁
黏道
撺趟儿
捏铁

P

膀蹄
胖巴粗
跑腿子
屁股鞭
泼楞锤儿

Q

起哈子
抢根菜
翘

俏溜
青杆柳
青乖子
圈慭
权权正正

R

绒毛狗
肉间蛆
懦
软枣子

S

三棱八角的
嗓葫芦
煞
煽大叶
笤条
身称
食黑
刷了
甩箱
死葫芦
随帮唱影儿

T

蹚蹚马/牛
搪性
嚏风
跳猫
铁页子
投亭
托盘
捅猫蛋
头一磨
土龟蛮
土球子
屯不错

W

歪扛斜拉
崴

外屋地
卫生丸儿
稳拿糖瓜
窝生儿的
窝子病
无可无可

X

西蔓谷
瞎蠓
下笨篱
相帮
相应
醒腔儿
玄天二地
熏
寻甜儿

Y

牙揍
眼时
扬兴
爷太
曳特
业障
一大趴拉
一块玉儿
一个来一个事
一溜边光
一小小
一心巴火
一秧爬
衣
阴炉
悠眼
油嗞拉
有来到趣儿
有一打无一状
有盯头
有钢条
原地根儿

Z

扎毛
轧对轧对

乍把
张脚了
指向

搁当
踦划
转

转咒
子盖儿
走马芹

附录七 辽沈片特征词调查表(214条)

B

板脚
包锅
包拢
薄刀
保定
保靠
编笆
扁担勾
不许乎儿
不着

C

操真儿
插驾
茬拉
差早了
场儿
扯大彪
趁是的
诚的
成用
吃黑食
臭鸪鸪
臭球儿
操真儿
出说儿
触
chuá

D

打把儿
打暗儿上

打鼻子
打进步
打壳儿
打狼
打谱儿
打牙帮骨
呆呆儿的
带才
带车子
担谅
当是
挡碍
刀条儿
倒板儿
倒槽
道儿道儿去
灯笼火把
砥实
地豆儿
地瘌子
丁巴儿
盯盯儿
丁门儿
动动儿
盯盯儿4
丁门儿
豆鼠子
堆
堆随
蹲风眼

E

耳乎

F

发脚
反鞭
反盆

G

干绷儿
赶赶儿
赶劲儿
赶毡
疙瘩臁儿
嗝儿喽
格务
够说的
故故鸟儿
挂
管多

H

搋
醋水
夯
嚎喽
好儿
合牙
横(了)
囫囵
花茬儿
火楞
火烈拉
火性

J

假呗

尖子
简直
狡皮赖
叫秧子
揭盖儿
解洽儿
紧鼻子
尽当
紧怕
尽自
进盐酱
经佑
井湾子
就打是

K

开初
开张
客驴
嗑籽儿
哨青
抠手

L

漏兜
来玄
癞癞蛛
老蒯
落性
棱整儿的
立逼
力成
连人儿
连项儿

量气
量呛
撩摆
临完
拢对
虑虑
轮大襟儿
落套

M

马子
满哪儿
忙溜儿
没挡儿
没犯
没好歹
没尽当
没抗儿
没上头
没心拉肠
密
抿怀儿
目搭
能胜儿

N

念苞米话
念三七儿
尿性

P

趴下

盘论
胖揍
谝示
堡(pù)子

Q

七大八
起顶
起始
强起
球子
缺彩
缺贵
雀

R

让强
绕扯
绕摸摸
绒线

S

散通
嗓葫芦
色货
闪错
讪
舍乎
牲性
盛脸

识数儿
摔耙子
甩头
双挂耳
说小话
思谋
四正
撖
酸性

T

泰和
腾冷
体性
梃儿
挺头

W

挖楞
外五六
剜弄
挽扣儿
喂呀

X

希的
惜外
息心
辖
遐儿

下话
下了秋
项眼
销
小打儿
星崩儿
修好

Y

压茬
哑巴缠
厌
扬棒
咬皮
要不的
油梭子
又一路
遇不遇儿

Z

乍凉
炸屁儿
展刮
照说
正正儿
支料
支捂
值个儿
直门儿
左溜

附录八 方言调查合作人信息表(100 人)

序号	姓 名	性别	出生年份	文化程度	调查时间	调查 地 点	幼年语言环境
1	赵兴业	男	1944	初中	2014.1	辽宁省锦州市古塔区	辽宁省锦州市古塔区
2	杜淑芳	女	1960	初中	2014.1	辽宁省锦州市太和区	辽宁省锦州市太和区
3	吴 歌	男	1959	本科	2014.1	辽宁省锦州市太和区桃园村	辽宁省锦州市太和区桃园村
4	张国岩	男	1961	本科	2014.1	辽宁省锦州市凌海市	辽宁省锦州市凌海市
5	乔凤山	男	1960	初中	2014.1	辽宁省锦州市凌海市建业镇博字村	辽宁省锦州市凌海市建业镇博字村
6	王文生	男	1955	小学	2014.1	辽宁省锦州市北镇市廖屯镇小亮甲村	辽宁省锦州市北镇市廖屯镇小亮甲村
7	宋兆贤	男	1975	小学	2014.1	辽宁省锦州市北镇市罗罗堡镇	辽宁省锦州市北镇市罗罗堡镇
8	李海波	男	1938	小学	2014.1	辽宁省锦州市北镇市中安镇高力板村	辽宁省锦州市北镇市中安镇高力板村
9	朱连民	男	1963	高中	2014.1	辽宁省锦州市北镇市廖屯镇大祖村	辽宁省锦州市北镇市廖屯镇大祖村
10	冯景和	男	1931	本科	2014.1	辽宁省锦州市义县义州镇	辽宁省锦州市义县大榆树堡镇
11	何启胜	男	1945	小学	2014.1	辽宁省锦州市义县七里河镇育新村	辽宁省锦州市义县七里河镇育新村
12	陈树军	男	1961	初中	2014.1	辽宁省锦州市黑山县四家子镇	辽宁省锦州市黑山县四家子镇
13	陆景杰	女	1966	初中	2014.7	辽宁省葫芦岛市连山区寺儿堡镇蜂蜜沟村	辽宁省葫芦岛市连山区寺儿堡镇蜂蜜沟村
14	刘艳霞	女	1967	小学	2014.7	辽宁省葫芦岛市建昌县喇嘛洞镇喇嘛洞村	辽宁省葫芦岛市建昌县喇嘛洞镇喇嘛洞村

序号	姓 名	性别	出生年份	文化程度	调查时间	调 查 地 点	幼年语言环境
15	甄玉珠	女	1955	初中	2014.7	辽宁省葫芦岛市南票区台集屯镇	辽宁省葫芦岛市南票区台集屯镇
16	张 满	男	1962	初中	2014.7	辽宁省葫芦岛市建昌市汤神庙镇汤神庙村	辽宁省葫芦岛市建昌市汤神庙镇汤神庙村
17	李恩忠	男	1941	本科	2014.7	辽宁省绥中县	辽宁省绥中县
18	李恩华	男	1946	小学	2014.7	辽宁省绥中县高台镇莲花池村	辽宁省绥中县高台镇莲花池村
19	栗喜涛	男	1963	高中	2014.7	辽宁省兴城市羊安满族乡望宝村	辽宁省兴城市羊安满族乡望宝村
20	张 野	女	1988	本科	2014.7	辽宁省兴城市三道沟满族乡三道沟村	辽宁省兴城市三道沟满族乡三道沟村
21	马宝艳	女	1958	小学	2014.7	辽宁省兴城市高家岭镇	辽宁省兴城市高家岭镇
22	孙业强	男	1975	本科	2014.7	辽宁省盘锦市	辽宁省盘锦市
23	张淑英	女	1946	高中	2015.4	辽宁省沈阳市沈北新区	辽宁省沈阳市沈北新区
24	王 龙	男	1989	硕士	2015.4	辽宁省沈阳市和平区	辽宁省沈阳市和平区
25	王文君	女	1974	大专	2015.4	辽宁省沈阳市新民市	辽宁省沈阳市新民市
26	齐红英	女	1975	大学	2015.4	辽宁省沈阳市法库县	辽宁省北镇市廖屯镇大组村
27	刘 微	女	1975	本科	2015.4	辽宁省辽阳市	辽宁省辽阳市
28	李永香	女	1974	大学	2015.4	辽宁省辽阳市辽阳县	辽宁省辽阳市辽阳县
29	任 成	男	1987	本科	2015.4	辽宁省阜新市	辽宁省阜新市
30	刘议泽	男	1994	中专	2015.4	辽宁省阜新市阜新蒙古族自治县于寺镇	辽宁省阜新市阜新蒙古族自治县于寺镇
31	蒋财林	男	1965	初中	2015.4	辽宁省朝阳市北票市哈尔脑乡旱洼村	辽宁省北票市哈尔脑乡旱洼村
32	吕亚新	女	1985	本科	2015.4	辽宁省朝阳市喀喇沁左翼蒙古族自治县六官营子镇滴达水村	辽宁省朝阳市喀喇沁左翼蒙古族自治县六官营子镇滴达水村
33	韩忠仁	男	1950	小学	2015.4	辽宁省铁岭市双井子镇王家窝棚村	辽宁省铁岭市双井子镇王家窝棚村

序号	姓　名	性别	出生年份	文化程度	调查时间	调查地点	幼年语言环境
34	王桂芝	女	1955	小学	2015.4	辽宁省铁岭市昌图县	辽宁省铁岭市昌图县
35	赵　东	男	1977	大学	2015.4	辽宁省铁岭市西丰县	辽宁省铁岭市西丰县
36	王　宁	男	1994	大专	2015.4	辽宁省铁岭市调兵山市晓南镇泉眼沟村	辽宁省铁岭市调兵山市晓南镇泉眼沟村
37	刘明华	女	1972	大学	2015.4	辽宁省铁岭市开原市	辽宁省铁岭市开原市
38	张　丽	女	1977	本科	2015.4	辽宁省铁岭市开原市	辽宁省铁岭市开原市
39	于　婷	女	1984	大学	2015.4	辽宁省鞍山市立山区千山镇汪家峪村	辽宁省鞍山市立山区千山镇汪家峪村
40	朱　强	男	1976	大学	2015.4	辽宁省本溪市明山区	辽宁省本溪市明山区
41	程穆毅	男	1975	本科	2015.4	辽宁省抚顺市	辽宁省抚顺市
42	路文龙	男	1982	大学	2015.4	辽宁省海城市	辽宁省海城市
43	李厚志	男	1970	大专	2015.7	辽宁省大连市甘井子区	辽宁省大连市甘井子区
44	张晓菊	女	1980	中专	2015.7	辽宁省大连市普兰店区	辽宁省大连市普兰店区
45	赵凤霞	女	1960	初中	2015.7	辽宁省营口市大石桥市	辽宁省营口市大石桥市
46	程国芹	女	1954	高中	2015.7	内蒙古自治区通辽市	内蒙古自治区通辽市
47	赵日强	男	1954	高中	2015.7	内蒙古自治区通辽市	内蒙古自治区通辽市
48	陈德辉	女	1957	中专	2015.7	内蒙古自治区通辽市开鲁县	内蒙古自治区通辽市开鲁县
49	陈跃武	女	1962	本科	2015.7	内蒙古自治区赤峰市翁牛特旗乌丹镇	内蒙古自治区赤峰市翁牛特旗乌丹镇
50	袁　磊	女	1985	本科	2015.7	河北省保定市安国市	河北省保定市安国市
51	郝学杰	男	1936	本科	2015.7	北京市门头沟区军庄	北京市门头沟区军庄
52	曹炳昭	男	1945	高中	2015.7	北京市门头沟区军庄	北京市门头沟区军庄
53	梁　佳	女	1979	博士	2015.7	河北省石家庄市	河北省石家庄市
54	张笑林	男	1991	大专	2015.7	河北省秦皇岛市昌黎县昌黎镇孔庄村	河北省秦皇岛市昌黎县昌黎镇孔庄村

序号	姓 名	性别	出生年份	文化程度	调查时间	调 查 地 点	幼年语言环境
55	王 凯	男	1970	大专	2015.7	河北省衡水市	河北省衡水市
56	隋连平	女	1974	高中	2015.7	天津市	天津市
57	刘景芬	女	1952	初中	2015.8	吉林省白城市	吉林省白城市
58	崔滨华	女	1951	初中	2015.8	吉林省长春市榆树市	吉林省长春市榆树市
59	孙铭儒	女	1979	中专	2015.7	吉林省长春市双阳区	吉林省长春市双阳区
60	唐淑清	女	1955	初中	2015.7	吉林省四平市	吉林省四平市
61	裴云峰	男	1952	大专	2015.7	吉林省长春市公主岭市	吉林省长春市公主岭市
62	孙延河	男	1937	大专	2015.7	吉林省四平市梨树县南道口乡	吉林省四平市梨树县南道口乡
63	吴兆辉	男	1953	大专	2015.7	吉林省四平市双辽市	吉林省四平市双辽市
64	张云龙	男	1952	高中	2015.7	吉林省四平市	吉林省四平市
65	霍连弟	男	1949	高中	2015.8	吉林省通化市柳河县	吉林省通化市柳河县
66	宋艳玲	女	1952	高中	2015.8	吉林省通化市梅河口市	通化 19 年, 梅河口 45 年
67	张连德	男	1955	初中	2015.8	吉林省吉林市	吉林省吉林市
68	郑贺春	男	1954	初中	2015.8	吉林省吉林市磐石市	吉林省吉林市磐石市
69	谭振武	男	1928	小学	2015.8	吉林省吉林市磐石市	吉林省吉林市磐石市
70	张凤芝	女	1961	初中	2015.8	吉林省吉林市磐石市	吉林省吉林市磐石市
71	孟宪德	男	1955	小学	2015.8	吉林省吉林市桦甸市金沙镇珠子营村	吉林省吉林市桦甸市金沙镇珠子营村
72	刘利国	男	1958	小学	2015.8	吉林省吉林市蛟河市庆岭镇解放村	吉林省吉林市蛟河市庆岭镇解放村
73	张学广	男	1951	小学	2015.8	吉林省吉林市舒兰市铁东社区	吉林省吉林市舒兰市铁东社区
74	董光复	男	1945	大学	2015.8	吉林省通化市东昌区乡	出生地辽宁省抚顺市清原满族自治县
75	张延辉	女	1973	大学	2015.8	吉林省延吉市	吉林省延吉市

续　表

序号	姓　名	性别	出生年份	文化程度	调查时间	调查地点	幼年语言环境
76	费国全	男	1968	初中	2015.9	黑龙江省哈尔滨市五常市	黑龙江省哈尔滨市五常市
77	何　静	男	1960	高中	2015.9	黑龙江省哈尔滨市五常市牛家满族镇	黑龙江省哈尔滨市五常市牛家满族镇
78	朱贵增	男	1953	小学	2015.9	黑龙江省哈尔滨市五常市杜家镇幸福村	黑龙江省哈尔滨市五常市杜家镇幸福村
79	张　颖	女	1974	硕士	2015.9	黑龙江省牡丹江市东宁市	黑龙江省牡丹江市东宁市
80	冯　奇	男	1973	大专	2015.9	黑龙江省牡丹江市林口县	黑龙江省牡丹江市林口县
81	孙海波	女	1974	大专	2015.9	黑龙江省七台河市	黑龙江省七台河市
82	支永发	男	1950	初中	2015.9	黑龙江省齐齐哈尔市	黑龙江省齐齐哈尔市
83	李　杰	女	1975	高中	2015.10	黑龙江省佳木斯市	黑龙江省佳木斯市
84	董春光	男	1974	高中	2015.10	黑龙江省鸡西市密山市	黑龙江省鸡西市密山市
85	毛春生	男	1974	初中	2015.10	黑龙江省双鸭山市宝清县	黑龙江省双鸭山市宝清县
86	潘思宇	女	1991	本科	2015.10	黑龙江省伊春市	黑龙江省伊春市
87	林　军	男	1965	高中	2015.10	黑龙江省绥化市	黑龙江省绥化市
88	王亚萍	女	1970	高中	2015.10	黑龙江省绥化市海伦市	黑龙江省绥化市海伦市
89	张玉林	男	1948	小学	2015.10	黑龙江省绥化市庆安县	黑龙江省绥化市庆安县
90	张明杰	男	1970	高中	2015.10	黑龙江省绥化市肇东市	黑龙江省绥化市肇东市
91	尤越凡	女	1975	大专	2015.10	黑龙江哈尔滨市道里区	黑龙江哈尔滨市道里区
92	罗　文	女	1977	大专	2015.10	黑龙江哈尔滨市道外区	黑龙江哈尔滨市道外区
93	郭　萍	女	1975	大专	2015.10	黑龙江哈尔滨市南岗区王岗镇	黑龙江哈尔滨市南岗区王岗镇
94	赵国维	男	1944	高中	2015.10	黑龙江哈尔滨市香坊区	黑龙江哈尔滨市香坊区
95	李亚琴	女	1970	初中	2015.10	黑龙江省哈尔滨市双城区	黑龙江省哈尔滨市双城区

序号	姓　名	性别	出生年份	文化程度	调查时间	调 查 地 点	幼年语言环境
96	郝丽娟	女	1975	大专	2015.10	黑龙江省哈尔滨市阿城区	黑龙江省哈尔滨市阿城区
97	江　萍	女	1978	大专	2015.10	黑龙江省哈尔滨市呼兰区	黑龙江省哈尔滨市呼兰区
98	王新宇	男	1982	硕士	2015.10	黑龙江省哈尔滨市宾县	黑龙江省哈尔滨市宾县
99	刘伟成	男	1974	初中	2015.10	山东省青岛市平度市	山东省青岛市平度市
100	胡家强	男	1973	初中	2015.10	山东省烟台市龙口市	山东省烟台市龙口市

后　记

　　这本小书是在我七年前完成的博士学位论文的基础上修改而成的。在保持论文原有框架的基础上，补上了新调查所得"京承小片"的特征词，改换了其中的部分词项和数据，重写了第四章的第二节和第三节，对其他章节也进行了适当修改补充。想到这本小书即将付梓，心情格外复杂。既有倍感荣幸的欣喜，又难免"丑媳妇将见公婆"的忐忑。生怕自己浅陋的笔墨，未能将导师高瞻远瞩的题旨论证得哪怕是差强人意。但它毕竟是我学生时代结出的青涩果实，那就以此作为对过往求学生涯的一个总结吧。其中未尽如人意之处，也可作为我重新出发的起点。博士毕业后，我又先后参与和主持了"中国语言资源保护工程·辽宁汉语方言调查（锦州、兴城、盘锦、阜新四个方言点）"项目以及辽宁省社会科学规划基金自选项目"基于语料库的辽宁沿海经济带城市方言变化研究"、辽宁省社会科学规划基金重点项目"辽宁省方言交界地带语言接触变异研究"。其间进行的调查研究所得也进一步充实了学位论文，使原有的一些观点和结论更加牢靠。这次论文的修改和出版，也是这七年来学习和研究的阶段性总结。

　　在学位论文的后记中，我曾总结过读博的感悟："读博就是一场修行，是对个人耐力、意志及自我调节能力的巨大考验。在求知的过程中，有'求之不得，寤寐思服'的懊恼，也有思路枯竭、原地踏步的沮丧。有对自我价值的怀疑，也有在既定道路上的徘徊和恐慌……在挫折中不气馁，在进步时不傲骄，淡定从容地面对人生的每一道关卡。在磨难中滋生耐心，在耐心中成就老练，在老练中增长智慧，在智慧中沉稳不断地走向成熟。这就是读博的真谛。"在毕业后的学习和工作研究中，无论遇到怎样的挫折，读博时收获的宝贵精神财富一直都在鼓励我沉稳、勇敢地面对。

　　感谢业师戴昭铭先生的教诲。戴老师治学严谨，尽职尽责，严厉而慈爱，淡泊又满溢童心。每每有问题求教，寥寥数语便能令人如醍醐灌顶。看问题也常常一针见血，切中肯綮。当年论文的得以完成，离不开戴老师的悉心指导。从论文的选题、框架的制定、结构的安排、观点的确立，到成稿后数次逐字逐句的批改，无不凝聚着导师的心血。可惜我才疏学浅，不能将导师交给的任务完成得恰到好处。这也是令我感到十分遗憾的地方。

　　感谢渤海大学文学院学科经费的资助，使我这本小书终有机会面世，这对于我日后学术研究的延续是一种莫大的支持与鼓励。感谢夏中华教授的帮助与提携,使我在几年的语保工作中积累了宝贵的田野调查经验,获得了难得的一手资料。这对于论文中部分观点和结论的印证起到了至关重要的作用。感谢在论文写作过程中研读、学习和参考取用过的众多论著的前辈和时贤作者,没有他们强壮的肩膀,我几乎是难以直立。然而需要说明一点的是,为了行文方便和体现学术面前地位平等,在姓名后一律省略了"先生/女士"等称谓字样。感谢我的同事柳建钰教授,在我遇到困难时,总能够不厌其烦、鼎力相助,是我改稿时"行走的说文解字"和排版时的"高级程序员"。感谢好友吴昊,一次一次耐心细致地帮我修改方言地图,解除了我的后顾之忧。感谢参与论文开题、评阅、答辩的专家,以及上海古籍出版社的毛承慈、张世霖等编辑们,没有他们的大力帮助和辛劳付出,本书不可能这么顺利地出版。

感谢在论文的调查、写作过程中给予我帮助的良师益友张国岩老师、吴歌老师,他们对方言的热爱,立足于乡土、志在民间的研究热情超越了任何功利追求,令我心生崇敬与感动。感谢我的一百多位方言田野调查合作人、几十位网络调查合作人,以及那些为了方言调查顺利开展而无私相助的师友、同学、小伙伴们!还有那些默默付出、给我各种帮助的人,附录里甚至没能留下他们的姓名,但是他们的雪中送炭,让我永远铭记在心。

感谢家人们一直以来的理解和支持。读博期间,七十多岁的母亲忍耐着一身病痛替我担负起照顾孩子的重任,爱人一如既往地在经济上、精神上支持我完成学业。这本小书的出版,也为他们多年来的默默付出画上了一个圆满的句号。

今天是2023年的最后一天,谨以这本书的后记来开启我的"跨年",将一切感恩深藏于心,化为我继续前行的动力。岁序替易,华章日新。律回春渐,开元更张。愿尔祯祥,岁岁如常。

李薇薇

2023 年 12 月 31 日

图书在版编目(CIP)数据

北京官话区词汇研究 / 李薇薇著. —— 上海：上海
古籍出版社，2024. 8 —— ISBN 978-7-5732-1261-0

Ⅰ. H172.1

中国国家版本馆 CIP 数据核字第 2024QU5632 号

北京官话区词汇研究

李薇薇　著

上海古籍出版社出版发行

(上海市闵行区号景路 159 弄 1—5 号 A 座 5F　邮政编码 201101)

(1) 网址：www.guji.com.cn

(2) E-mail：guji1@guji.com.cn

(3) 易文网网址：www.ewen.co

常熟文化印刷有限公司印刷

开本 787×1092　1/16　印张 15.75　插页 5　字数 306,000

2024 年 8 月第 1 版　2024 年 8 月第 1 次印刷

ISBN 978-7-5732-1261-0

H·279　定价：78.00 元

如有质量问题,请与承印公司联系